体能训练学

杨世勇　　唐照华
李　遵　　唐照明　编著

四川科学技术出版社
·成　都·

图书在版编目(CIP)数据

体能训练学/杨世勇等编著. －成都:四川科学技术出版社,2001.12(2019.8 重印)

ISBN 978－7－5364－4868－1

Ⅰ.体… Ⅱ.杨… Ⅲ.全面身体训练 Ⅳ.G808.14

中国版本图书馆 CIP 数据核字(2001)第 089621 号

体能训练学

出品人 钱丹凝
编著者 杨世勇 唐照华 李 遵 唐照明
责任编辑 戴 林
封面设计 李 庆
版面设计 康永光
责任出版 欧晓春
出版发行 四川科学技术出版社
成都市槐树街 2 号 邮政编码 610031
成品尺寸 140mm×203mm
印张 9.25 字数 230 千
印 刷 四川机投印务有限公司
版 次 2001 年 12 月第一版
印 次 2019 年 8 月第九次印刷
定 价 34.00 元
ISBN 978－7－5364－4868－1

内 容 简 介

作者以建立体能训练学为宗旨,力图从系统、全新的角度阐述这门学科,并重点探讨了体能训练的内容、价值、原则,体能发展的敏感期,运动员的身体形态、身体机能训练以及发展运动员力量素质、速度素质、耐力素质、柔韧和灵敏素质的基本理论、基本技术和训练方法。作者还从理论与实践的结合上,系统地总结和论述了国内外不同项目大量优秀运动员体能训练的成功经验和基本规律,提出了发展身体形态、身体机能、运动素质和提高体能训练水平的最佳理论模式,对指导运动员体能训练具有现实的和理论的意义。本书构思新颖、严谨,文字生动流畅,不仅适于体育院系作教科书,也可供教练员、运动员、体育教师、体育科研人员以及部队和武警官兵进行体能训练时参考。

作 者 简 介

杨世勇　男，成都体育学院教授，硕士研究生导师。国际举重联合会A级裁判员，国家级社会体育指导员，第五届中国举重协会委员兼科研委员会副主任，国家体育总局优秀“中青年专业学术技术骨干”，“四川省学术技术带头人后备人选”，全国体育院校教材委员会《举重》教材编写组成员。先后主编及合作撰写《体育科研方法论》《身体训练学》《亚洲举重史》等著作26部，在国内外发表论文100余篇，共约500万字；曾主持和参与10余项研究课题，获国家级、省部级和院级科研、教学成果奖和优秀论文奖20次。先后数十次在国内外重大比赛（如奥运会、亚运会、世锦赛、全运会等）中担任技术官员。1996年被国家教委推选为“全国高校优秀青年体育教师”。2002~2003年在马来西亚任教，培养的学生获英联邦运动会和马来西亚全国比赛奖牌31枚。2004年论文入选并参加了在希腊举行的第28届奥运会科学大会。

唐照华　男，电子科技大学教授，体育部主任，硕士研究生导师。全国普通高校体育教学指导委员会委员，全国高校高水平运动队评估组成员，四川省普通高校体育研究会副理事长，四川省高职院校教师职称评审委员会委员，成都市高校体育协会副主席，国家级排球裁判员。先后参加了《健美操》《功房器械健美入门》《研究生体育导学》《高校体育教程》等著作和教材的撰写工作，发表研究论文40余篇，先后8次获国家级和省部级有关科研教学成果奖。先后数10次担任重大比赛裁判工作，并担任了第29届奥运会排球比赛裁判员。

李遵　女，成都体育学院副教授，国家级体操裁判员，国家级社会体育指导员。先后撰写并出版了《健美操》等多部著作，发表论文30余篇，主持四川省教育厅、四川省体育局研究课题各1项。长期从事健美操的教学训练工作，指导学生先后获1990年全国健美操锦标赛团体一等奖，2000年第六届全国大学生运动会健美操女子单人、男女混双冠军等。

唐照明 女，成都体育学院运动医学系实验师。先后参加了四川省《面向21世纪高等院校实验教学与实验室管理改革研究》《男子举重运动员专项体能评价指标体系的综合研究》等多项省部级课题的科研工作，参加研究的《中医实验教学改革》课题获1996至2001年国家体育总局第三届教学成果二等奖。先后撰写并发表文章10余篇。

前　言

现代竞技运动的一个重要特征是不断发掘运动员竞技能力的潜力,以不断提高运动技术水平。而作为竞技能力主导因素的体能发展水平,对运动成绩的提高起着决定作用。因此,探索和研究发展运动员体能的基本理论与方法,寻求体能训练的最佳理论模式与途径,使体能训练系统化、最优化和日趋科学化,是现代运动训练孜孜以求的重要目标。

对体能的探索是伴随着竞技运动的产生而发展起来的。从第一届奥运会到现在,运动训练经历了自然发展阶段、新技术阶段、大运动量阶段、多学科综合利用暨科学训练阶段。每一个阶段的进步和训练所追求的目标,都是为了最佳地促进运动员体能水平提高,使运动员竞技能力得到最大发展。为此,近几十年来国内外许多学者对体能问题进行了多方面研究,并取得了一定成就。但是,由于多方面原因,人们对体能训练的研究,还落后于训练实践的发展,即使已有的研究,也还没有形成系统、完整的认识。因此,在总结前人成果的基础上,从总体上去认识运动员体能训练问题,揭示体能训练的基本规律,进而建立体能训练学的理论技术体系,是现代运动训练的迫切需要。

在撰写本书过程中,我们力求做到:在系统总结国内外研究成果的基础上,努力探索和揭示体能训练的基本规律,进而创立体能训练学的技术理论体系;努力做到体能训练研究的客观性、科学性、系统性、全面性，做到理论与实践相统一。然而，我们也深深地感到，任何一门学科的建立都不是一件容易的事，体能训练学当然也不例外。编写一门代表新学科的著作，更不是一蹴而就的，还需要进行多方面的长期努力。

本书2001年12月首次出版以来，先后被全国10余所高校选为本科生教材，被全国部分体育院校选为“体育教育与运动训练”专业硕士学位研究生复试教材和研究生教学用书。对此，我们深致谢意。同时，也促使我们进一步提高本书质量，以不负读者厚爱。

根据需要性、科学性、创新性、可行性的原则，本书已先后5次修改并重印。本次修改对部分内容进行了修订，并增加了核心力量训练的内容和思考题。

四川科学技术出版社康利华社长对本书出版给予了多方面支持，成都体育学院有关领导和全国有关专家对书稿内容提出了宝贵意见。在此，谨致以诚挚谢意！

作　者

2010年10月7日

目　　录

第一章　绪　　论

高度分化与高度综合是现代科学技术的两大发展趋势，这种趋势也在体育科学领域反映出来。一方面，体育科学技术的分工越来越细，新学科不断涌现，使体育科学研究的专业化程度越来越高。另一方面，体育科学领域各学科、各专业之间的传统界限正不断模糊和消失，综合性的学科研究显示了巨大优势。特别是体育科学高度分化的发展趋势，运动训练领域新技术、新知识、新的训练方法和理论的不断涌现，运动技术水平的不断提高，体能训练理论研究落后于实践的矛盾日益显露出来。作为运动训练重要内容的体能训练，迫切需要广泛利用现代竞技运动实践和训练理论的研究成果来阐明其一般理论、规律、原则与方法，从而建立体能训练学的理论技术体系，提高体能训练的科学化水平，这是现代体育发展的迫切需要和必然趋势。

第一节　体能训练学的概念

体能训练是运动训练的重要内容，是发展运动员竞技运动能力的重要途径。要建立体能训练学的学科体系，必须首先明确体能训练学的概念。

人们对体能训练理论及基本概念的认识是一个历史的过程。早在远古时期，人类在与大自然的搏斗中所产生的原始体能活动，如攀、蹬、跑步、跳跃、投掷、超越障碍和游泳等，就孕育了现代人类力量、速度、耐力、柔韧、灵敏等运动素质的基本痕迹。随着人类社会的发展，到公元前 776 年 ~ 公元

393年的古希腊奥运会时期，就已经出现了掌握一定训练知识的专业教练员。当时人们已懂得了运用负重练习来发展跳跃能力，用举重物来发展力量的方法。

到了近代，人们对体能训练的有关问题有了更多认识。1787年，德国学者P·菲劳梅发表了《身体形成问题》，阐述了身体练习原理。1836年，德国的韦伯兄弟将力学实验引入运动人体的研究，写出了《人走步器官的运动力学》一书，对走、跑及其他运动结构进行了分析研究。1883年，法国人格拉朗热将生理学应用于运动训练，发表了《不同年龄身体练习的生理学》，用生理学的有关原理阐述了体能练习的一些基本问题。

1896年现代奥运会兴起以后，运动训练先后经历了四个发展阶段。即自然发展阶段（19世纪~20世纪20年代）；新技术阶段（20世纪20~50年代）；大运动量阶段（20世纪60~70年代）；多学科综合利用暨科学训练阶段（20世纪80年代至今），特别是20世纪50~90年代，随着训练实践的不断发展，运动技术水平的不断提高，新兴科学技术在体育领域的应用，新的训练理论、方法不断涌现，运动训练理论有了很大发展，先后形成了一般训练理论、项群训练理论和专项训练理论，运动员体能训练问题的研究受到了普遍重视。前苏联的奥卓林、扎图奥尔斯基、库兹涅佐夫、霍缅科夫、马特维耶夫、库兹涅佐娃、普拉托诺夫，原民主德国的哈雷，原联邦德国的葛欧瑟，加拿大的博姆帕，日本的猪饲道夫，英国的狄克·沃森，美国的霍克，我国的过家兴、田麦久、延烽、董国珍、万德光、王保成、唐思宗、杨世勇等学者，在其著作或发表的文章中，都先后探讨了与体能有关的身体素质训练问题，有些还进行了比较深入、系统的研究。

例如："身体素质"一词来源于前苏联。前苏联的普拉托诺夫，加拿大的博姆帕，我国的过家兴以及西方一些国家的学者在其著作中都表述了这样的观点：身体（素质）训练是直接提高力量、速度、耐力、柔韧和协调性等运动素质的过程，是运动训练的重要组成部分，对运动水平提高有促进作用。但是，由于历史的原因，人们的认识还落后于训练实践的发展。长期以来，许多运动训练研究者将体能训练看做是单纯的身体训练，一直用身体训练的概念来代替体能训练。直到20世纪末，人们才对体能训练的问题有了新的认识。例如：董国珍等认为“体能指运动员机体的基本运动能力，是运动员竞技能力的重要构成部分”（体育院校通用教材《运动训练学》，人民体育出版社，2000年，184页）。柳伯力等认为“体能是指运动员为提高运动技战术水平和创造优异运动成绩所必需的各种身体运动能力的综合”（体育院校函授教材《运动训练学》，人民体育出版社，1999）。王兴等认为“体能即体力与专项运动能力的统称”（《上海体育学院学报》1999年1期）。

根据上述观点和前人的认识，我们认为体能是指运动员机体的运动能力，是竞技能力的重要组成部分，是运动员为提高技战术水平和创造优异成绩所必需的各种身体运动能力的综合。这些能力包括身体形态、身体机能、运动素质。其中运动素质是体能的最重要决定因素，身体形态、身体机能是形成良好运动素质的基础。体能训练的概念可以表述为：体能训练是运动训练的重要组成部分，是结合专项需要并通过合理负荷的动作练习，改善运动员身体形态，提高有机体各器官系统机能的活动能力，充分发展运动素质，促进运动成绩提高的训练过程。它是技术训练和战术训练的基础，并对掌握专项技术、战术，承担大负荷训练和激烈比赛，促进运动员身体健康，防止伤病以及延长运动寿命，都具有极为重要的意义。

鉴于目前许多国家还没有正式使用体能训练学的概念，在外来语和有关体育的词典中也没有看到有关体能训练学的词条，因此，我们只能根据已有的认识和研究成果，结合体能训练实践提出我们的看法。

体能训练学是研究和揭示体能训练的一般规律和基本方法的一门综合性技术理论学科。它从整体上系统地研究和揭示体能训练全过程的一般规律，客观地反映出体能训练的主要特征和基本要素，从而使体能训练更好地为创造优异的专项运动成绩服务。

体能训练学是一门正在形成中的新学科。像其他新学科一样，具有开拓性、创造性以及研究新对象、发现新规律和为人们认识体能训练提供新知识的特点。然而这门学科尚处于形成阶段，这又决定了它的不成熟性，需要在实践中不断地补充和完善。

作为一门新学科的体能训练学，应该是人们已有的全部体能训练知识的系统化和理论化，应该具有理论性和应用性相统一，且重在应用性的特点。这就要求我们在建立这门学科时，既需要高度抽象的理论思维能力，又要有明确的应用目的，做到理论和应用兼而有之，并重在应用。总之，体能训练学既要包括能促进本学科发展的理论，又要能满足现代体能训练实践的需要，为体能训练理论和实践的发展服务。

第二节　建立体能训练学的依据

一、体育科学发展的必然趋势

体育科学从孕育到发展经历了漫长的历史过程。目前，体育科学的发展一方面高度分化，另一方面又高度综合，出现了一体化的发展趋势。体育科学的不断发展，使体育科学体系中已经形成的学科达70门之多。从1979年至今，国内外有关论述体育科学体系的文章中，已经有学者把体能训练列为体育的应用技术学科之列。此外，20世纪90年代末国家体育总局有关体育院校教学计划中，已把体能训练作为一门正式课程提出，并在某些层次的学生中行课。但直到现在，完整、系统地论述有关体能训练理论与方法的学科——体能训练学，还没有形成一个比较系统完善的体系。因此，建立体能训练学的理论技术体系，是现代体育科学发展的必然趋势。

二、运动训练实践发展的迫切需要

现代训练实践有着极为丰富的内容，现代训练实践的发展，给体育科研人员提出了许多亟待解决的课题。仅以运动员运动成绩的提高为例，就涉及150多种因素。而人们对体能训练的内容、价值、原则、素质发展的敏感期以及身体形态、身体机能、力量、速度、耐力、柔韧、灵敏（协调能力）、运动素质转移、各项群运动员体能训练等问题，有些还没有进行系统、深入研究。即使已有的一些研究，也还没有形成系统、严密的体系。对某些体能训练问题的研究还局限于一般化的描述阶段。而运动训练的内容又极为广泛，体能训练又是运动训练的重要组成部分，特别是现代竞技运动的迅速发展，运动水平的不断提高，给运动员体能训练提出了许多新的课题。例如：发展运动员体能的生理学基础，力量与运动员自身激素水平的关系，肌肉收缩形式与发展力量的关系，发展各种力量、速度、耐力、柔韧、灵敏等运动素质的最有效途径与方法等等。因此，从总体上去认识运动员的体能训练问题，建立体能训练学的学科体系，有助于人们科学地认识和研究体能训练的基本理论与方法，对体能训练的基本问题进行系统的总体认识，有助于人们将体能训练实践中的基本问题纳入科学的认识体系，为正确认识体能训练，更好地发挥其效能提供一定的理论依据。

三、训练理论研究的必然结果

体能训练是一个古老的问题，但人们对体能训练问题的系统认识和研究，却是在20世纪50年代以后。特别是20世纪70～90年代，一些体育发展水平较高的国家的学者，先后研究和发表了一些有关身体训练的著作，或在有关训练理论的著作和文章中探讨和研究了与身体训练有关的体能训练问题。例如：前苏联的扎图奥尔斯基、奥卓林、斯切诺娃、马特维耶夫、普拉托诺夫、古列维奇，原民主德国的哈雷，原联邦德国的葛欧瑟，加拿大的博姆帕，日本的猪饲道夫，英国的狄克，美国的霍克，保加利亚的多勃雷夫等人，在其撰写的著作和文章中，都探讨了有关身体训练的许多问题。特别需要指出的是，我国学者在这方面也进行了不懈的努力。例如：过家兴（主编《运动训练学》，1986）、田麦久（主编《运动训练科学化探索》，1988；《运动训练学》，2000）在其主编的著作中，对身体训练和发展运动素质的问题进行了比较深入的专门探讨。胡祖荣、宗华敬、延烽、董国珍、唐思宗、杨世勇（著《身体训练学》，1992）等人在其所撰文章或著作中，也探讨了有关身体训练问题。从1982年起，成都体院、天津体院、北京体院、上海体院、沈阳体院、西安体院、武汉体院等都先后开设了身体训练课程。有三所体院还编印了有关身体训练理论与方法的教材。这些教材或上述研究虽然还没有对体能训练问题从一门学科的角度进行全方位的、总体的论述，有些研究也缺乏内在的逻辑结构和严密的体系，但这些研究为体能训练学的建立打下了坚实基础，使我们有可能在吸收和借鉴前人成果的基础上，去努力探讨和建立体能训练学的理论技术体系。

第三节　体能训练学的研究对象

一门学科的建立必须具有自己独特的研究对象，这对于建立该学科的理论体系具有重要意义。

体能训练学的研究对象是整体化、综合化的体能训练现象，是体能训练的完整过程，体能训练的一般规律、原则、方法，发展身体形态、身体机能和各种运动素质的动作技术，各种运动素质与成绩之间的关系，运动素质各个系统、要素与运动成绩之间的内在联系，素质发展的敏感期，各运动项目运动员的体能训练，运动素质的转移等重要问题。这决定了体能训练学是一个内在完整的技术理论体系。

建立体能训练学的技术理论体系，必须摆正体能训练与专项技术训练、战术训练、心理训练和智力训练的关系。必须明确体能训练学的内在逻辑结构。我们认为：由于体能训练学的研究对象是体能训练的全过程，是各个系统、要素之间的内在联系，同时又是现代运动训练学中分化出来的一个重要内容，因此，它一方面具有自己特定的研究对象和研究方法，同时又要广泛借鉴和吸收其他学科和各个运动项目的研究成果，以充实自己的理论技术体系。可见，体能训练学既是体育的一门应用技术学科，又是现代运动训练的一个重要组成部分和分支。

体能训练学的研究对象，反映了这门学科理论技术体系的主要内容。

第一，体能训练的概念、任务、内容、价值、原则，体能训练与专项技术训练、战术训练、心理训练的关系，各种运动素质发展的敏感期等，构成人们对体能训练本质的基本认识。

第二，从身体形态、身体机能训练理论以及力量、速度、耐力、柔韧、灵敏等运动素质的概念、分类、基本特点、生理机制，发展这些素质的生物学理论与规律，肌肉工作形式与训练效果的关系，发展各种运动素质的基本要求、训练方法和技术动作诸方面，系统地阐述和探讨体能训练的主要问题，构成体能训练的主要内容。

第三，通过各项群运动员体能训练的论述，揭示和探讨各运动项群（或项目）运动员的体能训练问题，有利于根据各项目运动员的具体情况，结合专项特点进行体能训练。

第四，从运动素质转移的机制，运动素质转移的类型，运动素质转移的关系诸方面，探讨和阐述运动素质转移的基本问题，有利于人们根据运动素质转移的基本规律，合理利用运动素质转移的积极效果。

根据体能训练学的研究对象和特点，在研究中我们尽力遵循以下原则。

1. 整体性原则　体能训练学的研究对象是一个有机整体，是一门应用性很强的技术理论学科，应该既具有宏观的特点，又具有微观的特点。它的研究内容是全方位的、多方面的，而不仅仅是对体能训练某个侧面的认识。因此，体能训练学这门学科是从不同的方面和角度，对体能训练进行综合交叉的整体考察，以努力推动和实现体能训练理论与技术研究的突破。

2. 吸收和借鉴的原则　体育科学体系的建立，都是在吸收和借鉴其他科学研究成果的基础上，逐渐丰富和发展起来的。体能训练本身属于技术理论学科，要建立体能训练学的理论体系，就要广泛吸收和借鉴运动训练学、运动生理学、运动解剖学、运动生物化学、运动技术论等学科和各专项运动理论的研究成果及有益经验，这对于建立体能训练学的完整体系具有极为重要的意义。

3. 从实际出发原则　从现代体能训练发展的实际出发，把实际需要和可能结合起来，并不断丰富和完善体能训练的基本内容。做到来自实践，指导实践，接受实践检验，并为实践服务。

第四节 体能训练学的研究方法

“只有依靠辩证唯物主义，我们才能越来越接近客观真理（永远也不能彻底掌握它），而任何其他道路都不能把我们引向客观真理，只能是引向混乱和欺骗。”（《列宁全集》，第18卷146页）因此，辩证唯物主义是指导我们进行科学研究的方法论。体能训练学的研究一方面要以辩证唯物主义的哲学方法论为指导，另一方面还要根据体能训练学的研究对象和特点，运用一些具体的研究方法。

一、逻辑法

任何科学研究都离不开比较、分类、类比、归纳、演绎、假说、综合、证明等逻辑方法。体能训练学的研究既要揭示体能训练的基本规律，又要扩大已有的知识范畴，要实现从“生动的直观到抽象的思维”（《列宁哲学笔记》第155页），就必须运用逻辑方法。只有这样，才能把感性认识上升到理性认识，才能在科学抽象的基础上得出正确的结论。

二、经验法

观察法、实验法、调查法、模拟法、仿生法等，属于科学研究中的经验方法。例如：对体能训练动作、运动素质、运动素质发展的敏感期、各项群运动员的体能训练方法、体能训练与运动成绩的关系等的研究，就要采用观察法、实验法、调查法。在借鉴运动生理学、运动生物化学、运动生物力学、运动训练学、运动技术论等和各项目运动员体能训练研究成果时，要运用移植法。对各种体能训练方法与发展运动素质的关系进行实验研究时，要运用模拟法和仿生法。

三、系统研究法

控制论、信息论、系统论、耗散结构论、协同论、突变论、系统工程方法等，构成了科学研究的系统方法。体能训练本身就是一个多层次、多系列、内在完整的体系和开放系统，要在广泛的信息交流中，使该学科的研究实现从无序到有序，从不够成熟到逐渐成熟。因此，系统方法是体能训练学的重要研究方法。

四、综合研究法

体能训练是一个复杂的完整体系，对体能训练学的研究仍采用过去狭隘的单一研究方法，是难以取得成果的。因此，在研究中往往要采用多学科的、综合的研究方法。这些研究方法不仅包括逻辑法、经验法、系统方法，而且包括文献资料研究法、数学方法、预测方法。广泛利用多学科的综合研究方法，是体能训练研究方法的重要发展方向。

思考题

1. 简述体能训练学的概念及特点。
2. 体能训练学产生的动因和条件有哪些？
3. 体能训练与身体训练有何区别？

第二章　体能训练的基本问题

体能训练涉及众多学科，科学地认识体能训练的内容、价值、原则及体能发展的敏感期等基本问题，对于科学地从事和指导体能训练具有极为重要的意义。

第一节　体能训练的内容

体能是指运动员机体的运动能力，是竞技能力的重要组成部分，是运动员为提高技战术水平和创造优异成绩所必需的各种身体运动能力的综合。这些能力包括身体形态、身体机能、运动素质，其中运动素质是体能的决定因素，身体形态、身体机能是形成良好运动素质的基础。

体能训练是运动训练的重要组成部分，是结合专项需要并通过合理负荷的动作练习，改善运动员身体形态，提高运动员机体各器官系统的机能，充分发展运动素质，促进运动成绩提高的过程。它是技术训练和战术训练的基础，并对掌握专项技术、战术，承担大负荷的训练和激烈的比赛，促进运动员身体健康，防止伤病及延长运动寿命等具有极为重要的意义。

体能训练涉及身体形态、身体机能、运动素质、健康诸因素。身体形态指人体的内外部形状。身体机能是指机体各器官系统的功能，它是身体活动能力的基础。运动素质是机体在中枢神经系统控制下，在运动时所表现出来的各种基本运动能力，通常包括力量、速度、耐力、柔韧、灵敏等。此外，健康（指人在身体、心理及社会适应方面的良好状态）的身体是运动员参加训练活动的必要条件。

构成体能的身体形态、机能、素质三个因素都有相对独立的作用，又有密切联系，彼此制约、相互影响，其中每一个因素的水平，都会影响到体能的整体水平。三个构成因素中运动素质是体能的外在表现，所以，运动训练中多以发展各种运动素质作为体能训练的基本内容（董国珍，2000）。

身体形态、机能、素质的许多指标在很大程度上取决于先天的遗传因素，在后天的自然生长发育过程中，这些指标随着年龄增长产生变化。对一般人来说，身体形态和身体机能只要具备正常的功能，就可以适应日常环境和正常生活活动。但是对于运动员来说，由于他们必须在运动训练和比赛的特定环境里，要在承担超常的运动负荷和极度紧张的心理状态下进行活动。因此，仅仅使身体形态、身体机能和运动素质维持在一般的水平上是远远不够的，而必须在机体正常的生理范围内挖掘其最大潜力，乃至达到生理“极限”水平。由于现代运动成绩已达到极高水平，要创造优异成绩就必须使身体具有适应创造这种高水平成绩的基础。因此，体能训练就要在遗传和人体自然生长发育的基础上，对有机体中的可变异部分给予影响、使之提高，以符合创造高水平成绩的需要。鉴于上述原因，体能训练的根本任务就是要在运动训练中运用各种有效的方法和手段，使运动员各器官系统机能水平和身体形态得到全面提高，运动素质得到全面发展，掌握大量运动技术和技能，从而为专项运动素质的充分发展，以及掌握、改进、提高专项运动技术和专项成绩创造条件。

体能训练的基本内容是充分发展与运动员专项运动成绩密切相关的力量、速度、耐力、柔韧、灵敏等运动素质，从而深刻影响和促进运动员身体形态和机能的改善，提高运动员的健康水平，为专项运动成绩和技术水平的不断发展奠定良好的基础。体能训练包括一般体能训练和专项体能训练。

一般体能训练是指：运用多种非专项的体能练习手段，所进行的旨在增进运动员的身体健康，提高各器官系统机能，全面发展运动素质，改善身体形态，掌握非专项的运动技术、技能和知识，为专项成绩提高打好基础的训练。

专项体能训练是指：采用直接提高专项素质的练习，以及与专项有紧密联系的专门性体能练习，最大限度地发展对专项成绩有直接关系的专项运动素质，以保证掌握专项技术和战术及其在比赛中顺利、有效地运用，从而创造优异成绩的训练。由于项目不同，专项体能训练的内容有很大区别。

一般体能训练和专项体能训练的主要区别详见表2－1。

表2－1　一般体能训练与专项体能训练的区别

	一般体能训练	专项体能训练
任务	1. 提高各器官系统机能，增进身体健康 2. 全面发展运动素质 3. 改善身体形态 4. 掌握非专项的运动技术、技能和知识 5. 为提高运动技术水平创造一定条件	1. 提高与专项有关的器官系统机能 2. 最大限度地发展专项运动素质 3. 塑造专项所需的体型 4. 精确掌握与专项技术、战术有关的知识和技能 5. 促进专项运动成绩和技术水平提高
内容	多种多样的对全面发展运动素质、身体机能有益的身体练习手段，如球类、体操、举重、游戏等	直接发展专项运动素质的练习，以及在动作特点上与专项动作结构相似的练习，或有紧密联系的专门性练习
作用	为专项运动素质的全面发展和专项成绩的提高打好基础	直接提高专项运动素质，促使运动员创造优异的专项运动成绩

两者的主要联系在于：一般体能训练是专项体能训练的基础，一般体能训练为专项运动素质的提高创造必要的条件；专项体能训练则是提高专项运动成绩的特殊需要，并直接为创造优异的专项运动成绩服务。随着专项水平的不断提高，一般体能训练所提供的基础及专项体能训练的要求也要随之改变，以适应专项水平提高后的要求。一般体能训练和专项体能训练总的目标是一致的，有时在训练实践中往往难以截然分开。

第二节　体能训练的价值

价值是指事物本身的属性、用途或积极作用。体能训练的价值集中体现在以下诸方面：

一、促进身体健康

健康是运动员从事运动训练的必要条件，良好的健康状况是系统训练的根本保证。体能训练能够有效地提高运动员内脏器官特别是心血管系统、呼吸系统机能，增强骨骼、肌肉、肌腱和韧带等运动器官功能，并使中枢神经系统机能得到明显改善；同时，对于克服人体生物惰性，促进新陈代谢都具有极为重要的作用。而上述作用能够有效地提高机体对外界环境的适应能力和对疾病的抵抗能力，从而有效地促进运动员的身体健康。

二、充分发展运动素质

现代奥林匹克运动是一种伟大的社会实践活动，各国运动健儿为了创造优异成绩，刻苦训练，奋力拼搏，向人类身体运动能力的极限发起一次又一次冲击。而要充分发展人体运动能力的潜力，在赛场上创造优异成绩，就必须最大限度地发展和提高力量、速度、耐力、柔韧、灵敏和协调能力等运动素质，而体能训练正是实现这一目标的主要途径。通过体能训练，能够有效地发展运动员的力量水平，提高速度和耐力素质，并使运动专项所需的柔韧性得到良好发展，获得更好的灵敏素质和协调能力，使专项运动素质得到最大限度的提高，一般运动素质得到协调一致的发展，为最大限度地创造优异的专项成绩打下坚实基础。

三、保证有机体适应大负荷训练的需要

现代竞技运动竞赛频繁，竞争激烈，运动员要在重大比赛中夺取胜利，创造优异成绩，只有通过大负荷的运动训练，长期对有机体进行生物学改造，掌握娴熟的专项技术、战术才能达到。从第一届奥运会至今，运动训练已经经过了自然发展阶段、新技术广泛应用阶段、大运动量阶段和多学科综合利用（即科学训练）阶段。科学训练阶段的一个重要特点是广泛运用现代科技成果于运动训练，科学、系统地监测训练过程，并在此基础上保证大负荷训练。而大负荷训练要求运动员必须具有强健的体魄，良好的身体机能能力。通过体能训练能够对此打下坚实的基础，并使运动员在不断加大负荷的情况下，承担训练和比赛对有机体的一切要求。

四、有利于掌握复杂、先进的技术

体能训练实际上是使运动员有机体各器官系统功能协调发展，具有完备的从事专项竞技运动能力的过程。不同的运动项目对有机体的运动能力有不同的要求。例如：短跑要求运动员必须具备突出的爆发力、良好的反应速度、快速移动速度和专项柔韧性，以及高度的对快速运动的协调能力；举重则要求最大限度地发展运动员的力量水平和专项动作速度，并对专项耐

力、专项柔韧性和协调性有很高要求；体操、武术、拳击和球类等运动，则对各项运动素质都有很高要求，并且有些技术动作本身就是运动素质的综合表现。只有在充分发展各项运动素质的基础上，才能很好地掌握复杂、先进的技术。而体能训练正是实现这一目的的基本保证，只有通过体能训练，才能为运动员提供掌握复杂、先进的技术和战术的基础。

五、创造优异成绩，延长运动寿命

竞技能力是取得优异成绩的主导因素，是由身体形态、身体机能、运动素质、技术、战术、心理和智力因素所决定的。这7个因素可近似地概括为体能、技能和心理能力（见图2－1）。而体能是由运动员的身体形态、身体机能和运动素质表现出来的。这一特点决定了它是竞技能力的物质基础。没有体能，技能就会成为无源之水，心理能力则成为无的之矢，竞技能力也就无从谈起。据介绍，韩国运动员对体能训练非常重视，体能训练的比例在某些阶段甚至高达70%。他们为每个优秀运动员配备了专门的体能训练教练，这充分说明了体能训练的重要性。

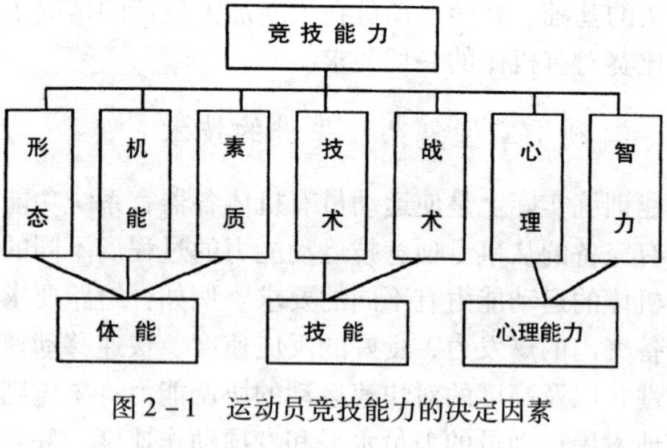

图2－1　运动员竞技能力的决定因素

竞技运动实践已经充分证明，出类拔萃的运动成绩，是建立在雄厚的运动素质发展水平和有机体形态的改变、机能水平的高度发展基础上的。体能训练对身体形态改变越深刻，有机体机能发展水平越高，则其衰退速度也就越慢，保持时间也就越长。这样专项技术、战术发挥和保持的时间相应也会更长，运动水平衰退速度也就更慢，运动员就能更长久地保持高水平的竞技运动能力。表2－2充分说明了体能训练与专项成绩以及保持和延长运动寿命的关系。

表2－2　世界著名男子运动员体能训练水平与专项成绩关系

项目／姓名	专项成绩	体能训练水平	创造并保持优异成绩年龄（岁）	备　　注
欧文斯（美国）	100米:10.2秒 200米:20.7秒 跳远:8.06米 4×100米接力:39.8秒	大学篮球代表队队长，捧球队队员，中学时期（15岁）跳高成绩就达到1.90米	22	第11届奥运会4枚金牌得主，曾在45分钟内创5项、平1项世界纪录。因第二次世界大战使12～13届奥运会停办，故其未能继续创造优异成绩
刘易斯（美国）	100米:9.86秒 200米:19.8秒 跳远:8.91米 4×100米接力:37.5秒	具有非凡的一般体能训练水平。身高1.91米，体重83千克	21～35	第23～26届奥运会9枚金牌得主。曾创造跳远，100米、4×100米接力世界纪录。

续表

项目 姓名	专项成绩	体能训练水平	创造并保持优异成绩年龄(岁)	备　注
张伯伦 (美国)	100米:10.9秒 400米:47秒 跳高:2.02米	20世纪50年代末~70年代初世界著名职业篮球中锋,身高2.16米。技艺非凡,运动水平出类拔萃	22~38	4次被评为美国最佳篮球运动员,连续7年获全国最佳投篮手称号。1962年全年每场平均得分50.4分,并在一场比赛中一人独得100分,1971年投篮命中率为72.7%,均创世界最高记录
阿列克谢耶夫 (前苏联)	三项总成绩:640(推举235+抓举175+挺举230)千克。两项总成绩:445(抓举187.5+挺举257.5)千克 100米:11秒 跳高:1.90米	前苏联国家青年排球队候补队员	23~36	第20~21届奥运会特重量级举重冠军,先后82次打破推举、抓举、挺举和总成绩世界记录
瓦尔达尼扬 (前苏联)	82.5千克级总成绩405(抓举182.5+挺举222.5)千克	30米短跑起跑超过国家队选手。身高1.71米 立定跳远:3.30米 跳高:2.10米	21~32	第22届奥运会和1984年友谊运动会金牌得主,曾先后36次打破75千克、82.5千克和90千克级抓举、挺举、总成绩世界纪录。

续表

项目 姓名	专项成绩	体能训练水平	创造并保持优异成绩年龄(岁)	备　注
博尔特 (牙买加)	100米9.58秒 150米14.35秒 200米19.19秒 4×100米接力:37.10秒	体能水平突出。高1.96米,体重86千克,步幅大、步频快	21至今	第29届奥运会3枚金牌得主,男子短跑100米、150米、200米、4×100米接力4项世界纪录保持者

第三节　体能训练的原则

体能训练是一种专门组织的教育过程。体能训练原则是人们对体能训练客观规律的认识与反映，是体能训练实践普遍规律和基本经验的概括与总结，是进行体能训练必须遵循的准则。

一、系统性原则

系统性原则是指运动员开始从事训练到创造优异成绩，直至运动寿命终结的长期过程中，都应按照体能发展的内在规律，作出相应的合理规划，持续不断地进行训练。系统性原则要求对整个训练过程的体能训练不仅要系统规划，对多年训练不同发展阶段的体能训练，从内容、比重、手段、负荷等方面也应作出系统安排，尤其是在青少年时期以及达到高水平成绩之后，更应周密考虑。人的生长发育在不同年龄阶段具有不均衡性，青少年时期运动素质会表现出发展的“敏感期”，在此阶段就应抓住有利时机，采取相应内容的体能训练，促使其最大限度地良好发展，充分挖掘运动素质潜力，为创造高水平成绩打下基础。而当达到高水平成绩后，运动员有机体形态、机能的改造已相当完善，运动素质的提高处于相对稳定状态，这就需要细致考虑，寻找进一步发展的可能性。

二、全面性原则

全面性原则是指在发展专项运动技能的前提下，应全面安排和充分发展运动员的各项运动素质，特别是儿童和青少年时期，更应全面发展运动素质，提高一般身体机能水平，以促进专项成绩的全面提高。全面性原则的主要依据有以下三点：第一，广泛的、全面发展的运动素质和全面提高的身体机能能力，是达到高水平专项运动技术水平的基本前提和基础。图2－2就说明了这种关系。第二，人体各器官系统之间是相互依赖的，训练后人体产生的各种变化也是相互依存的。发展运动素质要求人体若干系统的同时介入，因此在训练初期，必须采用正确的全面发展运动素质的方法，使发展技术与战术技能所要求的所有形态与机能能力都得到高水平的全面发展。第三，要达到高水平的运动成绩，必须在早期训练阶段全面提高运动素质。因为各运动素质的发展是相互影响、相互制约的。运动素质和运动技能的转移需要一定的基础条件，专项运动素质和技能也需要建立在一般运动素质的基础上。只有全面安排才会创造出这种条件和可能，使专项所需的一切得到充分发展。全面性原则主要适用于儿童和青少年训练时期，全面发展运动素质并不意味着运动员的全部训练时间都用于这种训练。相反，随着运动员的日臻成熟，运动水平的不断提高，其训练也应朝着更为专项化的方向发展。此外，进行全面体能训练还能减少高度专项化训练的枯燥感，提高运动员的练习兴趣，对专项训练起调节作用。

图 2－2　运动训练的主要阶段划分

（引自唐思宗、杨世勇著《身体训练学》，1992）

三、结合专项原则

结合专项原则是指在一般发展的基础上，体能训练必须根据各运动项目的技术、战术和专项能力特点，充分发展专项所需的运动素质，以促进运动员直接创造优异的专项运动成绩。其主要依据是：首先，体能训练的作用集中体现在创造优异专项成绩这一终极目标上，因此体能训练不能偏离运动专项。其次，技术、战术练习是专项训练的重要内容之一，体能训练能为技术、战术训练提供基础。掌握先进的技术是发挥训练水平的重要前提，因此体能训练要和专项技术、战术相结合。再次，结合专项进行体能训练，能使运动员在身体形态以及机能方面对该运动项目的特殊要求产生适应，有利于专项成绩提高。最后，许多项目运动员年轻化的趋势（如科马内奇、伏明霞等 12 岁就已成为世界水平的优秀运动员，苏莱曼诺夫 15 岁就已经 10 余次打破成年举重世界纪录）也迫使体能训练必须紧密结合专项实际。

鉴于上述原因，必须科学地确定体能训练和专项训练的比重；体能训练的内容和手段必须突出重点，并紧密结合专项需要；要确定和充分发展与专项有关的最重要的运动素质和机能，做到有针对性的练习。

四、从实际出发原则

从实际出发原则是指体能训练的安排要因人、因项、因时而异。要从训练对象的个人特点、比赛要求、训练条件等实际情况出发进行安排。从实际出发原则要求体能训练必须要有针对性，要紧紧围绕提高专项成绩和技术水平这一最终目标进行；同时，又要根据运动员的主观和客观条件以及专项需要，合理确定和安排体能练习的内容与负荷；此外，还应使运动员的运动素质在各个方面按比例的平衡发展，以适应提高运动技术水平的要求。

第四节　体能训练的要求

一、要结合专项制定体能训练计划

结合专项制定训练计划是体能训练的基本要求。体能训练必须与专项结合，体能训练动作的设计以及训练方法也应与专项动作紧密结合。制定体能训练计划包括五个步骤：第一，需求分析；第二，确定训练频率；第三，拟定负荷强度；第四，拟定训练量；第五，选择练习的间隙时间。最后通过对运动员专项素质的需求分析，并根据有关运动素质练习的要素和变量，组合形成一个完整的体能训练计划。

二、体能训练的技术动作必须规范准确

体能训练必须强调质量，技术动作规范准确，技术细节准确到位才能确保练习效果。否则不仅会影响体能水平提高，甚至可能出现伤害事故。例如，在练习深蹲发展腿部力量时，有

些运动员甚至教练员不清楚该动作的技术细节（注：该动作分为前深蹲、后深蹲两种，站距分为宽、中、窄三种，起立时包括借助反弹力起立、不借助反弹力起立，轻重量和大重量的呼吸有不同要求，下蹲和起立时膝关节应与脚尖方向一致等），运动员下蹲和起立时没有挺胸直腰，而是弓腰驼背或夹大腿（夹臀或先抬臀部起立），这样练习不仅不能尽快提高腿部力量，还很容易导致腰部受伤（如椎间盘突出或劳损），这种情况在许多项目力量训练中都曾出现。

三、应分五个步骤实施体能训练

任何项目运动员的体能训练都可以分为测试、评估、制定训练目标、制定训练计划和实施训练五个步骤，但在实践中往往没有按照这五个步骤进行。大多数只完成了第一步和第五步，缺乏对测试数据的有效评估和制定明确具体的训练目标，因而不能最有效地提高体能水平。要使体能训练达到最佳效果，必须严格按照上述五个步骤实施训练。教练员必须在大量实证研究和测试的基础上，使训练目标、手段具有针对性，了解运动员缺乏什么能力，需要提高什么能力，根据个人现状制定个体化的训练计划，使目标明确，效果显著。

四、重视与体能发展水平有关因素的综合效应

运动员的体能发展水平不仅与体能训练有关，还与选材、竞赛、医务监督、营养、恢复措施、心理素质、技术水平、战术水平、智力发展水平、日常生活管理及其细节等有关，因此必须重视与体能发展水平有关因素的综合效应，以最大限度地提高体能水平。

五、教练员应具备丰富的实践经验和合理的知识结构

影响一个国家竞技运动水平的因素是多方面的，但教练员人数的多少和水平的高低，是其中一个主要因素。一个国家能够培养出多少世界冠军，首先在于他们能够拥有多少个具有世界水平的教练员。教练员的知识结构和实践经验水平直接关乎执教体能训练的能力，因此必须注重训练实践的积累和理论知识学习。以美国 NSCA 著名体能教练海德里克为例，他不仅在体能训练理论方面有很深研究，而且有很强的训练实践经验，虽然年过半百，仍然可以做出多种高难度的体能训练示范动作，并且能够挺举起 120 千克的杠铃，非常强壮和专业（孙文新等，2009）。

第五节　体能训练的趋势

一、选材重视体能潜力，在敏感期充分发展专项素质

正确的选材是造就优秀运动员的先决条件。因项而异，在选材阶段重视体能发展潜力，在素质发展的敏感期充分发展一般素质特别是专项运动素质，为将来创造优异成绩打下坚实基础是体能训练的基本共识。只有具备良好的体能发展潜力，在素质发展的敏感期充分发展专项素质，才能为运动员将来创造优异成绩打下坚实基础。

二、研究项目制胜规律，有针对性地提高体能水平

研究项目制胜规律，有针对性地提高体能水平是夺取优胜的重要前提。制胜规律是在竞赛规则的限定下，在竞赛中战胜对手夺取优异成绩所必须遵循的准则。制胜因素是竞争双方取

胜对手的要素。制胜因素之间的本质联系是指各要素之间的相互关系及组合方式。竞技体育实践证明，人们对制胜规律的把握首先是从制胜因素的分析入手，并逐渐深化到对制胜因素的本质联系的认识。

表 2－3　部分运动项目制胜因素示例

项目	制胜因素（1）	制胜因素（2）	制胜因素（3）	制胜因素（4）
跳水	难	稳	美	
体操	难	新	美	稳
排球	高	全	快	变
乒乓球	快	转	准	狠、变
游泳（快）	重视技术创新	强化专项力量训练	充分挖掘力量潜力	提高训练整体效应
举重	突出的最大力量	完美的技术	优秀的心理素质。	
同场格斗对抗项目	快	全	连	变、准、控、狠

例如，技能类格斗性同场对抗项目（如摔跤、柔道、拳击等）的制胜因素是：快、全、连、变、准、控、狠。以拳击为例，快是指复杂反应速度快，移动步伐快，出拳速度快；全是指攻防技术要全面；连主要指连续出拳，避免出单拳；变指攻防变化多，进攻时组合多，方法多，使对手找不到规律；准指出拳要准确，打准有效部位；控主要指要加强对训练和日常生活的管理与控制（包括饮食）；狠指要有战胜一切对手的勇气和决心。中国拳击队张传良等教练经过多年探索，总结出了八条拳击项目制胜因素之间的本质联系：第一，以技术、战术为生命；第二，以速度为灵魂；第三，以距离、时间差为突破口；第四，以心理、意志品质为保障；第五，以体能为载

体；第六，以创新求发展；第七，以控制来把握；第八，以赢得比赛为目的。由于较好地把握了项目制胜规律，有针对性地提高了体能水平，中国拳击队邹世明、张小平在2008年奥运会上夺得两枚金牌。

三、部分耐力项目通过高原训练提高机能水平

从20世纪70年代开始，耐力项目高原训练逐渐受到各国关注。高原训练的作用主要有三点：第一，提高有氧代谢能力；第二，促进红血球、血色素上升；第三，增强肌细胞的新陈代谢能力和机体机能的无氧供能能力，提高承受高乳酸负荷的耐受力。中国、美国、日本、澳大利亚等游泳队，中国女子中长跑队等都曾定期专门进行高原训练，并在高原训练的效应期内参赛以提高身体机能水平，创造优异成绩。

四、体能成为竞技制胜的重要因素

目前，世界著名男子篮球选手平均身高超过2.00米，女子篮球选手平均身高超过1.90米；世界著名男子网球选手平均身高达到1.90米，女子网球选手平均身高达到1.80米。世界优秀男子足球运动员的平均身高也接近1.90米。这些项目的运动员除了身材高大，爆发力突出外，还具备突出的起动力、良好的复杂反应速度、移动速度、动作速度、专项耐力、专项灵敏性和专项柔韧性。此外，沙滩排球、篮球、橄榄球、游泳、田径、举重、拳击、摔跤、皮划艇等项目对运动员的体能要求也越来越高，体能已成为竞技制胜的重要因素。

第六节　运动素质发展的敏感期

运动素质发展的敏感期是指：每一种运动素质在儿童、少

年时期有机体自然生长发育的基础上，在某些特定的年龄阶段发展较快，呈现出发展的最佳时期。素质发展的敏感期是运动员选材的重要依据。体能训练必须及时利用这一时期，充分发展能适应专项需要的或能直接为专项服务的运动素质，为创造优异成绩奠定坚实基础。

一、力量发展敏感期

少儿力量素质发展的敏感期是女子 11～15 岁，男子 12～16 岁。其主要依据是：第一，在少儿自然生长发育的过程中，从 12 岁起肌肉总量急剧增加。例如：女孩肌肉质量增加得特别急剧的时期是 11～13 岁；男孩是 12～14 岁，到 14～15 岁时，其肌肉特性与成年人的差异已经缩小。少儿时期主要年龄阶段肌肉重量与体重百分比分别为：出生时为 16.6%，3 岁时为 21%，6 岁时为 21.7%，8 岁时为 27%，12 岁时为 29%，15 岁时接近 33.3%。成年男子为 43.5%，女子为 35%。第二，“肌纤维纵向劈裂学说”也为此提供了依据。学者们研究发现，成年动物（包括人）的肌肉细胞已丧失了合成脱氧核糖核酸及再分裂的能力，而年轻动物则保持着这种能力。后者肌肉发达时，肌肉单元数和毛细血管数都有所增加，肌纤维密度明显增大，这是力量训练使肌纤维产生“纵向劈裂”引起的（前苏联沃罗比耶夫《现代训练的某些构想》，1978）。

（一）绝对力量

女孩绝对力量的增长可分为以下四个阶段：10～13 岁，力量增长很快（特别是屈肌），绝对力量可提高 46%；13～15 岁，增长速度下降，只增长 8%；15～16 岁，增长 14%；16～21 岁，增长 6%。

男孩绝对力量增快的年龄是性成熟期（12～16 岁），平均增长 57.5%；17～20 岁增长速度下降，为 36.6%；21～22 岁只增加9.6%；25岁左右达到成人所能表现的最大力量（德沃尔金等《不同年龄肌肉力量和速度力量素质的变化》，1983）。

（二）相对力量

男、女孩相对力量的增长较平缓。如从12～14岁，每年只增长2%～3%。造成这种现象的主要原因是体重增长较快；在身高增长的最快时期肌肉横断面积增加较少；在身高增长速度减慢时肌肉的增加又相应使体重增加。

（三）速度力量

7～14岁速度力量增长很快，14岁后男孩仍以较快速度增长，而女孩增长幅度相对较小。到16～17岁增长速度开始缓慢下来，这种现象与男、女孩进入青春成熟期内分泌腺开始急剧分泌有关（延烽，1990）。

（四）力量耐力

女孩在7～13岁前处于直线上升趋势，13岁以后开始缓慢发展，14岁以后甚至出现下降现象，这是因为性成熟期的到来使力量耐力受到较为严重的影响。男孩7～17岁，力量耐力则基本上处于直线上升趋势。

二、速度发展敏感期

速度素质发展的敏感期为8～13岁。速度素质的敏感期包括反应速度、动作速度、动作频率、位移速度的自然增长情况。

（一）反应速度

反应速度受遗传影响（遗传力高达0.75以上），后天的训练主要是使受遗传因素决定的反应速度表现出来。少儿6～12岁阶段，反应速度大幅度提高，尤其是9～12岁明显加快，到12岁时达到第一次高潮。12岁后反应速度增长减慢，16～20岁出现增长的第二次高峰（葛欧瑟，1981）。总的来说，反应速度随年龄增长而提高。2~3 岁的反应速度为 0.50~0.90 秒，5~7 岁为 0.30~0.40 秒，12~14 岁时接近成人 0.15~0.20 秒的指标。9~12 岁阶段如果加强系统训练，反应速度增长最快。否则增长就慢或不易提高。

（二）动作速度

4~5 岁小孩的动作角速度为 26.1~37.1 度/秒。随着年龄增长，动作速度不断提高。13~14 岁时，一些动作速度已接近成年人的指标。例如：角速度可达到 42.0~86.1 度/秒。因此，在 9~13 岁时发展动作速度可取得较好成效。

（三）动作频率

人体各环节的最高动作频率是不一样的。腕关节的动作频率最快，踝关节较慢。动作频率随年龄增长而提高。如 11~18 岁，蹬自行车最高动作频率可由 38 转/15 秒提高到 47 转/15 秒。原联邦德国科隆体育学院教授葛欧瑟对 7~19 岁年龄阶段经过训练和未经过训练者短跑步频发展结果进行了研究，结果证明：动作频率与协调性（灵敏素质）有关，6~13 岁是协调性发展的最佳时期。因为在此阶段步频自然增长，并保持在较高水平上。13 岁后步频发展水平下降。未经训练儿童步频下降是中枢神经系统对协调能力的控制随年龄增长产生自然减退造成的。而受训练的儿童则是由于力量增加而导致步长增加，腾空时间延长的缘故。动作频率增长最快的时期是 4~12 岁。训练的最佳时期是 8~13 岁。

（四）移动速度

前苏联日丹诺夫和原联邦德国帕特尔等对青少年跑的最高速度变化的多年研究结果表明：7~13 岁是移动速度提高最快的时期。其中，男孩 8~13 岁、女孩 9~12 岁增长速度最快。男、女孩增长的总趋势是男孩始终持续增长，男孩 13~16 岁期间及以后增长速度高于女孩。女孩在 13~16 岁期间增长速度不稳定，增长值低于男孩。

三、耐力发展敏感期

耐力素质发展的敏感期为：男子 10～20 岁，女子 9～18 岁。由于耐力素质取决于有氧供能系统和无氧供能系统的机能状况，因此耐力发展敏感期与最大吸氧量、心脏循环率、肺的扩张能力、大脑血液循环的动力学特征及血液成分的机能状况等因素有关。

（一）有氧耐力

女孩 9～12 岁时，有氧耐力指标有较大幅度增长，进入性成熟期后 2 年（即 14 岁以后），有氧耐力水平下降，16 岁以后下降速度减慢。男孩 10～13 岁时，耐力指标大幅度提高，出现第一个增长高峰；16～17 岁时有更大幅度提高，出现第二个增长高峰。特别是 16 岁时，60% 强度的有氧耐力指标增长幅度超过 40%。

（二）无氧耐力

男子在 10～20 岁期间，无氧耐力水平逐年增加，并在 10 岁、13 岁、17 岁出现三次增长高峰。特别是 16～20 岁增长幅度最大，说明此时无氧耐力正处在良好发展时期。女子无氧耐力从 9～13 岁均逐年递增。14～17 岁有所下降。出现下降的主要原因是女子在此阶段体重增加较快，与最大吸氧量有关的指标在 14 岁时已接近完成，15～17 岁时仍停留在已有水平上。所以在 15～18 岁期间应加强无氧耐力训练。

总之，发展耐力素质应从培养有氧耐力入手，并在 9～12 岁时就为一般耐力的发展打下基础。从 15～16 岁开始逐渐进行无氧耐力训练，加大无氧耐力训练比例。由于耐力项目出成绩较晚，有其特有的训练规律和成绩增长规律，因此训练中不能拔苗助长，操之过急。否则，其结果将适得其反。

四、柔韧发展敏感期

柔韧素质发展的敏感期为5～12岁。许多运动项目除了对一般柔韧性有一定要求外，主要要求必须具备良好的专项柔韧性。因此，运动员的柔韧性只要能充分满足专项运动的需要，就不必再过多地发展柔韧素质。

五、灵敏发展敏感期

灵敏素质发展的最佳时期是6～13岁。由于许多运动项目对灵敏素质有较高要求，因此在此阶段应充分发展和提高灵敏素质水平。

表2－4　各项运动素质开始和加强训练的时期

运动素质	年龄（岁）							
	5～8	8～10	10～12	12～14	14～16	16～18	18～20	20以上
最大力量			AA′	AB′	BB′	BC′	CC′	→
速度力量			AA′	BB′	BB′	BC′	CC′	→
力量耐力				AB′	BB′	CC′	→	→
反应速度		AA′	BB′	BB′	CC′	→	→	→
动作速度		AA′	BB′	BB′	CC′	→	→	→
动作频率		AA′	AA′	BB′	BB′	CC′	→	→
移动速度		AA′	AA′	AB′	BB′	BB′	CC′	→
有氧耐力		AA′	AA′	BB′	BB′	CC′	→	→
无氧耐力				A′	AB′	BC′	CC′	→
柔韧性	BB′	BB′	BB′	CC′	→	→	→	→
灵敏性	AA′	BB′	BB′	CC′	→	→	→	→

注：男子A、B、C，女子A′、B′、C′。A、A′——谨慎训练，B、B′——提高训练，C、C′——高水平训练，→——继续发展训练。

思考题

1. 简述体能训练的内容。
2. 体能训练有何价值?
3. 体能训练的原则是什么?
4. 体能训练的要求有哪些?
5. 简述素质发展的敏感期及其意义。

第三章　身体形态、身体机能及其训练

符合专项需要的身体形态和良好的身体机能，是达到高水平运动成绩的先决条件。探讨身体形态、身体机能训练的理论与方法，促使身体形态、身体机能训练科学化，是体能训练的重要目标之一。

第一节　身体形态的概念及其意义

一、身体形态的概念

身体形态是指人体外部与内部的形态特征。反映外部形态特征的指标有：高度（身高、坐高、足弓高等），长度（腿长、臂长、手长、头长、颈长、足长），围度（胸围、臂围、腿围、腰围、臀围和头围等），宽度（肩宽、髋宽）和充实度（体重、皮脂厚度等）等。反映内部形态的指标有：心脏纵横径、肌肉的形状与横断面等。

科学研究证明：环境（自然环境、地理环境）和遗传等因素对身体形态有很大影响。

例如：人体形态特征服从伯尔格曼和阿尔林气候法则。即在恒温动物范围内，人类身体尺寸通常随环境气温的降低而增加。生活在低纬度环境中的人通常具有体重小，四肢长，肩、髋狭窄的体格特征；高纬度环境中的人具有胸廓、骨架发达，躯干长，四肢短的体形特点。但是，久居高原、高山地区的人，其体型特征则是胸廓外形和骨骼长度相对增加，主要生理特征为肺活量大，血液中氧饱和度增加。不同地区人体形态的变化表明，人的身体形态结构特点在很大程度上依附于自然环境和地理环境（段海俊："高原地理分布与高原训练"，《体育科学》，1999 年，第 2 期）。此外，从遗传因素来讲，身高的遗传率男子为 79%，女子为 95%；而体重的遗传率男子只有 50%，女子只有 42%。决定身体形态的其他一些指标也有相当大的遗传（见表 3－1）。

表 3－1　身体形态的遗传与环境决定　（%）

身体形态	男		女	
	遗传因素	环境因素	遗传因素	环境因素
身　高	79	21	95	5
坐　高	85	15	85	15
体　重	50～63	37～50	42	58
去脂体重	87	13	78	22
头　宽	95	5	76	24
头　围	94	6	72	28
肩　宽	78	22	78	22
胸　宽	54	46	55	45
胸　围	50	50	50	50
腰　宽	79	21	63	37
盆　宽	75	25	85	15
臂　长	80	20	87	13
臂　围	65	35	60	40
腿　长	77	23	92	8
腿　围	60	40	65	35

（引自谢燕群编著《运动员选材学》，1990）

二、身体形态的意义

1. 身体形态与运动成绩有密切联系。不同的运动项目对身体形态有不同的要求，而遗传和环境等因素对身体形态起着重要的决定作用。因此，选材时应从遗传等因素出发，把具有优越身体形态条件的儿童、少年挑选出来。

2. 身体形态在一定程度上反映着相应的生长发育水平、身体机能水平和竞技水平，身体形态在一定程度上也影响着运动素质的发展。因此，应采用系统科学的方法对运动员的身体形态进行训练，以适应创造优异专项成绩的需要。

第二节　各项群运动员的身体形态特征

一、竞技项目的分类体系

科学认识竞技项目的分类体系，有利于分辨各项目的共同点和差异点，深刻认识其本质属性和固有规律，有利于各种训练方法的相互借鉴和移植，以提高体能训练水平。

关于竞技项目的分类，埃塞林（1845）、莱夏弗特（1910）、托恩格伦（1924）、格兰丁（1940）、法菲尔（1960）、博姆帕（1975）、马特维耶夫（1977）、普拉托诺夫（1984）、田麦久（1984）、过家兴（1986）、唐思宗、杨世勇（1992）等人都曾进行过研究。由于采用的分类标准不同，分类结果有很大差异。目前较有代表性并在体能训练中有较大应用价值的分类体系，是按竞技能力的主导因素和动作结构进行分类（详见表3－2、表3－3）。下面就根据这两种分类体系来探讨各项群运动员的身体形态训练。

表3-2 按竞技能力的主导因素分类

大类	亚类	分组和项目
体能类	速度力量性	短冲：100、200、400米跑，50、100米游泳，赛场短距离自行车，短距离速度滑冰等 跳跃：跳高、跳远、三级跳远、撑杆跳高、高台跳雪等 投掷：标枪、铁饼、铅球、链球 举重
	耐力性	中长距离：800、1 500、3 000、5 000、10 000米跑，竞走，200、400、800、1 500米游泳，长距离速度滑雪、越野滑雪、公路自行车等 超长距离：马拉松、超长距离公路自行车、铁人三项等
技能类	表现性	准确性：射击、射箭、弓弩 难美性：跳水、竞技体操、艺术体操、花样滑冰、武术、花样游泳、绷床、竞技健美操
	对抗性	隔网对抗：（单双人）乒乓球、羽毛球、网球、软式网球、（集体）排球 同场对抗：篮球、手球、足球、水球、曲棍球、冰球、棒球、垒球 格斗对抗：击剑、柔道、摔跤、拳击、散打、跆拳道

（根据田麦久、过家兴等材料改编）

表3－3　按动作结构对竞技项目的分类

大类	亚类	项　　目
单一动作结构	周期性	跑、竞走、游泳、自行车、滑雪、速度滑冰、划船、射击、射箭等
	非周期性	跳高、跳远、三级跳远、撑杆跳高、标枪、链球、铁饼、铅球、举重、高台跳雪等
多元动作结构	固定组合	体操、武术、艺术体操、技巧、花样游泳、马术、花样滑冰、花样滑雪
	变异组合	篮球、手球、足球、冰球、曲棍球、棒球、垒球、乒乓球、羽毛球、网球、排球、摔跤、柔道、击剑
多项组合结构	同属多项组合 异属多项组合	田径十项、田径七项、速滑全能、体操全能、艺术体操全能、武术全能、健美操现代五项、冬季两项

二、各项群运动员的身体形态特征

（一）体能主导类速度性项群

如短跑、短距离游泳、短距离自行车、短距离速滑等。身体形态的共同特征是：体形匀称、身体健壮、肌肉发达、膝踝关节围度较小、髋宽度适中、臀部肌肉向上紧缩、足弓明显、跟腱细长且清晰。

如男子100米世界纪录（9.58秒）创造者牙买加选手博尔特身高1.96米，体重86千克，体形匀称、身体健壮、爆发力突出，步幅大、步频快，是世界男子短跑运动员的杰出代表。

此外，2008年第29届奥运会男子8枚金牌得主，先后荣获14枚奥运会游泳金牌的美国选手菲尔普斯身高1.97米，体重89千克，15 000毫升的肺活量（常人为4 000毫升左右），肩宽腰窄，上肢长2.09米，而腿只有0.81米长，这样的体型结构使他在水中仿佛是一架又细又长的帆船，滑动自如。

（二）体能主导类力量性项群

跳跃、投掷、举重等项目运动员身体形态各有不同。跳跃项目要求运动员身材修长、下肢占身高的比例大、小腿相对较长、跟腱较长、踝围相对较小。投掷项目运动员的身体表现出大型化的趋势，指间距一般可超过身高5～10厘米，肌肉发达。世界优秀男子铅球运动员的克托莱指数（体重/身高×1 000）为610～640，铁饼运动员略低一些，标枪运动员更低；对运动员的肩带和躯干肌群要求很高，躯干呈桶形；手长也是投掷运动员的重要特征。举重是按体重分级别比赛的项目，运动员的体型特征是小级别身材较矮小，大级别身材相对较高大，总体特征是体格健壮、体形匀称、骨骼粗大、胸脯厚实、皮下脂肪少、肌肉线条明显、四肢发达有力、肩宽、手指长、臀部肌肉紧缩上收等。

（三）体能主导类耐力性项群

体型特点是身高中等，腿较长，体重较轻，脂肪少。如男子长跑运动员的理想身高在1.70米以上，女子长跑运动员的理想身高在1.60米以上。中长跑运动员的总体要求是身材匀称修长，脂肪少，肌肉强健、富有弹性，腿长超过身高的一半或与躯干相等，小腿相对较长，骨盆较窄，臀部肌肉紧缩向上，膝、踝关节围度较小，足弓较大，跟腱明显等。

（四）技能主导类表现准确性项群

身体正常而匀称，中胚叶型居多。射击和射箭运动员在体型上没有明显的要求，但不同单项对运动员体型要求有所不同。如手枪运动员要求臂短一些，手大指长。步枪运动员要求臂长一点，臂展等于或者略超过身高。射箭运动员要求臂展比身高略长，同时要求手大指长，以利于开弓时的直线运动。

（五）技能主导类表现难美性项群

身体匀称，五官端正，女子颈部略长，锁骨和肩胛骨较平，四肢稍长，手臂较直，小腿长于大腿，膝关节平直，踝关节略细，跟腱细长清晰，手脚大，骨盆狭窄，臀部肌肉向上紧缩，肌肉呈条形（董国珍，2000）。

（六）技能主导类对抗性隔网对抗项群

运动员体型有不同要求。排球运动员身材高，四肢较长而坐高相对较短，皮脂薄，去脂体重及体质密度大，臂长，手较宽，骨盆相对较窄，小腿长，踝围细，跟腱长。乒乓球项目要求运动员身材匀称，手臂略长，体重适中，腰短，足弓深等。网球运动员体型要求身高适中（世界级的优秀选手女子平均身高超过 1.75 米，男子平均身高超过 1.85 米），身材匀称，手臂略长，臀部小，踝围细，足弓深。

（七）技能主导类对抗性同场对抗项群

身体形态特征可概括为身材高大、胸廓大、手大、脚大；腿长，小腿长；臀部小，踝围小。例如，世界水平的优秀篮球运动员男子身高 2 米以上，女子 1.90 米以上，体形修长，皮脂薄，手大，指间距较大，手臂长而直，腿直而长（腿长超过坐高），臀部较小，踝围细，跟腱长。男子足球运动员身高大致分为 1.75 米左右的“速度力量型”，身高 1.85 米左右的“高大灵活型”，其中，守门员身高在 1.90 米以上，后卫身高在 1.85 米左右。要求下肢较长，而且粗壮有力，跟腱清晰，足弓较大。

（八）技能主导类对抗性格斗对抗项群

要求运动员有较高的身高和较长的四肢，身高和体重保持恰当的比例。身高和四肢较长的击剑运动员可获得有利于接触目标的优越条件。摔跤、柔道、跆拳道、散打和拳击运动员要求四肢较长，肌肉发达有力。

第三节 身体形态训练的方法与要求

一、身体形态训练的方法

体能训练和专项训练是运动员身体形态训练的主要途径。其原因主要在于以下两点：

第一，科学、系统而又适合专项需要的各种体能训练方法对身体形态都有积极影响，根据需要运用相应的体能训练方法，可以对运动员的身体形态产生最佳影响，有利于创造优异的专项运动成绩。

第二，任何科学，合理的专项训练手段对促使身体形态向专项需要的方向发展都有显著和积极的促进作用，几乎所有项目运动员的身体形态训练基本上都是通过专项训练手段和专项训练方法实现的。因此，专项训练是改善和提高身体形态的重要内容。

此外，其他一些特定的形体训练手段，如舞蹈、芭蕾、健身操、持轻器械体操等，对提高运动员的协调能力、节奏感以及形成良好的运动姿态和身体姿势都有积极意义。

二、身体形态训练的要求

（一）应注意遗传因素的影响

在运动员身体形态各项指标中，有的指标遗传度很高（如高度、长度和宽度指标），有的指标遗传度较低（如体重等充实度指标）。因此，在选材时，应重视高度、长度和宽度等形态指标，而与肌肉有关的体重等充实度指标，则应更多地依靠后天的训练加以改善和提高。

（二）要根据项目特点安排身体形态训练

由于各个专项竞技能力的主导因素不同，而这些专项竞技能力又都对特定的身体形态具有一定的依赖性，因此必须根据专项的需要及其对竞技能力的需求特点，安排相应的身体形态练习方法与手段。

（三）要根据生长发育的形态特征安排身体形态训练

人体在不同年龄阶段的生长发育有不同的特征，一般是先长高度，后长宽度、围度和充实度。心脏发育过程中先加大心脏容量，后增厚心壁肌肉，与其相应的竞技能力发展的敏感期亦有不同，身体形态训练应与之相适应，而不可颠倒（体育院校通用教材《运动训练学》，第190页，人民体育出版社，2000）。

（四）要采用多种方法和手段改善身体形态

影响身体形态的因素很多，如遗传、环境（自然环境、地理环境、气候等）、生活习惯、饮食等都会在一定程度上决定或影响运动员的身体形态，因此身体形态的训练不能只从训练的角度出发，也应注意其他手段的运用。例如：技能主导类表现难美性项目如体操、艺术体操、花样滑冰、跳水、健美、健美操等对运动员体型和相对力量等都有很高要求；而摔跤、拳击、举重、散打、跆拳道等按体重分级的项目除了大级别外，对体重均有限制，对相对力量水平等体能素质也有很高要求。因此必须注意饮食和营养的控制，要养成良好的饮食和生活习惯。

第四节　身体机能及其训练

良好的身体机能是达到高水平体能的重要基础，身体机能水平也是体能训练涉及的重要内容之一。

一、身体机能的概念及其意义

（一）身体机能的概念

身体机能是指运动员有机体各器官系统的功能。它是身体活动能力的基础，某一机能水平直接影响着运动时所需要的某一方面能力。

人体生理机能包括中枢神经系统、心血管系统、呼吸系统、消化系统、生殖系统、内分泌系统、物质和能量代谢、感官、体温等等。运动训练中经常涉及的身体机能指标主要有：心血管系统中的心率、血压、血红蛋白、心血管系统运动负荷（哈佛台阶试验）、心电图；呼吸系统中的肺活量、呼吸频率、最大摄氧量；肌肉结构中的肌纤维数量、长度、类型；感官功能中的视觉、听觉、平衡机能；高级神经活动类型，血睾酮等等。

人的一切正常身体机能都是有遗传的，同时又有变异。如血型、血红蛋白、红白肌纤维比例等就表现出遗传特征。神经类型也有强烈遗传基础，且表现出一种显性遗传。其他如最高心率、最大吸氧量、血乳酸系统、ATP、ADP、CP、磷酸盐系统等也主要受遗传影响。例如：心血管系统主要受遗传控制，其中最高心率的遗传系数高达0.859，血型和血红蛋白也完全由遗传决定；呼吸系统中最大吸氧量的遗传率为93.6%。

（二）身体机能的意义

1. 身体机能的许多指标具有强烈的遗传特征，因此必须从遗传学角度选择身体机能突出的儿童、少年，为将来出成绩打下基础。

2. 身体机能的某些指标又是有变异的（如肺活量的遗传性较小，后天训练改变的幅度大），因此应采用科学的训练方法，提高运动员身体机能，为达到高水平成绩奠定基础。

3. 某一机能水平直接影响着运动时所需要的某一方面能

力。例如：体能主导类耐力性项目需要突出的心血管和呼吸系统功能；体能主导类速度力量项目需要突出的神经系统、骨骼肌肉系统、心血管系统功能；技能主导类表现难美性项目需要良好的心血管系统、神经系统和视觉、听觉等感官系统功能；技能主导类表现准确性项目对中枢神经系统以及高级神经活动类型功能要求很高；而技能主导类同场对抗项目对中枢神经系统、心血管系统、呼吸系统、高级神经活动类型等均有很高要求。系统论的观点认为：人体是一个完整系统，各器官系统功能都是相互制约、相互影响的，因此，必须全面发展和提高身体机能，以适应高水平运动训练的需要。

二、身体机能的训练

良好的身体机能是取得高水平运动成绩的先决条件，身体机能的许多指标既受遗传决定，也受环境影响，同时又有变异性，因此必须采用系统、科学的方法提高身体机能。身体机能的训练主要通过体能训练、专项训练的途径去实现。科学合理的体能训练、专项训练可以有效地发展运动员的身体机能；同时，运动员身体机能水平的提高又能有效地促进体能训练水平和专项成绩的提高与发展。

思考题

1. 简述身体形态的概念及其意义。
2. 身体形态训练应遵循哪些原则?
3. 简述身体机能的概念及其意义。
4. 简述体能主导类力量性项群运动员的身体形态特征。
5. 简述技能主导类对抗性同场对抗项群运动员的身体形态特征。

第四章 力量素质训练

力量素质是竞技运动中的首要素质。在许多运动项目中力量是取得优异成绩的基础。在运动中，人体必须表现出一定的力量，有时甚至需要竭尽全力。如世界优秀重量级拳击运动员瞬间爆发的最大击打力量接近400千克；优秀跳高运动员起跳时，腿承受的压力最大可达300~450千克；优秀足球运动员行进间正脚背踢球的最大力量超过700千克。力量对其他素质的发展也起着重要的作用，并且是掌握技术、实施战术、提高运动成绩的重要基础。总之，一切运动活动都离不开力量，力量是运动员体能训练水平的重要指标之一。

第一节 力量素质概述

一、力量的概念与分类

（一）力量的概念

力量是人体运动技能的一种表现形式，是人体或身体某部分肌肉收缩和舒张时克服阻力的能力。肌肉在工作时克服的阻力包括外部阻力和内部阻力。外部阻力如物体重量、摩擦力以及空气的阻力等。内部阻力是指肌肉的黏滞性、各肌肉间的对抗力等。力量由以下三种因素产生：即主动肌的最大收缩力；主动肌和对抗肌、中立肌、支持肌的协同用力；肌肉的牵拉角度以及每个杠杆的阻力臂和力臂的相对长度。力量来源于肌肉。正常成年男子肌肉重量与体重百分比为43.5%，女子为35%。男子运动员的肌肉更为发达，可占体重的45%，而力量性项目优秀男子运动员肌肉比例可达体重的46%以上。科学研究已经证明，人体共有630块肌肉，这些肌肉约由1 300万~3 000万根肌纤维组成，每根肌纤维可产生100~200毫克的力量，假如把全身630块肌肉的肌纤维束成一捆，沿着同一方向用力，那么可产生20~30吨力量（实际上，人的肌肉是无法同时向同一方向收缩做功的）。目前，世界上男子力量可达到以下几个指标：抓举216千克，挺举266千克，深蹲550千克，肩背负重2 840千克（深蹲和肩背负重成绩为20世纪50年代末，美国著名举重选手安德森·保罗所创）。女子为抓举145千克，挺举187千克。20世纪初，比利时姑娘桑德维娜（为马戏团演员）能肩背负重将重达600千克的加农炮从卡车上扛下来。更有甚者，澳大利亚的大卫·希尼于1994年3月9日，在悉尼机场徒手拉动一架重达115吨的波音767飞机，并且拖行了61.18米，可谓力大惊人。

（二）力量的分类

在体育运动中，根据不同项目对力量素质的要求，以及力量表现的形式，可以将力量分为多种类型。例如，根据肌肉收缩的形式，可以将力量划分为静力性力量和动力性力量；根据力量与体重的关系，可以分为绝对力量和相对力量；根据力量表现的形式又可以分为最大力量、速度力量和力量耐力（见图4-1）。

力量的分类
- 按肌肉收缩形式划分
  - 动力性力量
  - 静力性力量
- 按体重与力量的关系划分
  - 绝对力量
  - 相对力量
- 按力量表现形式划分
  - 最大力量
  - 速度力量
  - 力量耐力

图4-1　力量的分类

1. 静力性力量　是指肌肉收缩时产生的力量，可以完成某些静止不动的用力动作，或在整个动作中肢体不产生明显位移的力量，又叫等长力量。例如，直角支撑、平衡动作等所表现出来的力量就属于静力性力量。

2. 动力性力量　是指肌肉收缩或拉长时，使身体或身体某一部分产生位移或推动别的物体产生运动的力量，又叫等张力量。（注：动力性力量实际上又包括绝对力量、相对力量、最大力量、速度力量和力量耐力等，为阐述方便，特分别论述）

3. 绝对力量　不考虑运动员的体重因素，人体或人体某部分用最大力量所能克服最大阻力的能力。对从事系统训练的运动员来说，绝对力量的提高与体重的增加可同步进行。绝对力量的发展水平对投掷项目（如铅球）和按体重分级的举重与摔跤等重竞技项目，在很大程度上起决定性作用。例如：举重、田径的投掷项目等，都要求运动员有很高的绝对力量水平，如美国铅球运动员伍兹（铅球成绩为 22.20 米）的几项力量指标分别为：卧推 230 千克，深蹲 300 千克，高立翻 180 千克。实践证明，男子铅球成绩要突破 20 米，卧推力量指标必须达到 200 千克以上。

4. 相对力量　每千克体重所表现出来的力量称相对力量，它主要反映运动员的绝对力量与体重之间的关系。衡量指标采用力量体重指数，即用每千克体重的力量来表示：

$$\text{相对力量}=\frac{\text{绝对力量}}{\text{本人体重（千克）}}$$

如果绝对力量不变或变化很小，但体重增加，那么相对力量就会变小，这对于相对力量起较大作用的项目是不利的。运动实践证明，体操运动员有关肌肉相对力量比例至少要达到 1.0 才可能完成吊环中的十字支撑动作，也就是说，运动员的绝对力量至少要能够抵消运动员的自身体重。另据扎图奥尔斯基（1968）提供的材料，前跳高世界纪录保持者瓦·布鲁梅尔，在所有20世纪60年代的前苏联跳高运动员中后蹲的相对力量指数最大，为2.21（后蹲最大力量为174千克，纵跳104厘米），而格拉斯科夫和戴克的后蹲相对力量指数仅为1.83和1.73。可见相对力量在许多运动项目中都是决定运动水平的重要指标。表4－1是56千克级、69千克级、85千克级和105千克以上级举重世界纪录创造者的相对力量比较。

表4－1　三个级别挺举世界纪录创造者相对力量比较

序号	体重级别（千克级）	创造者	世界纪录（千克）	相对力量水平
1	56	穆特鲁（土耳其）	168	3.00
2	69	廖 辉（中国）	198	2.87
3	85	张 勇（中国）	218	2.56
4	≥105 以上级	雷扎扎德（伊朗）	263	2.50

从各级别举重世界纪录的发展情况来看，随着体重的增加，相对力量值下降。在重竞技项目中，相对力量最大的运动员是三届奥运会冠军、土耳其人苏莱曼诺尔古。1988年在汉城举行的第24届奥运会举重60千克级比赛中，他先后6次打破世界纪录，总成绩达到342.5千克（抓举152.5千克＋挺举190千克），挺举的相对力量指数达到每千克体重3.17，是世界上举重运动员中相对力量最大的人。

5. 最大力量　是指运动员以最大肌肉力量和最大意志收缩，对抗一种刚好能够克服的阻力时所发挥的最高力值。它的力值主要取决于肌肉横断面和肌纤维的分配及最大意志紧张的能力，即尽可能多地及时动员肌肉的众多运动单位参加用力的能力。同时，最大力量的力值还随工作肌群的关节角度而变化。最大力量指标可以通过运动员一次所能举起的最大重量来表示（注：最大力量与绝对力量的性质有相似之处，这里只是按照现象分类的方法进行分别阐述）。

6. 速度力量　速度力量也叫快速力量，指运动员在特定的负荷条件下所表现出来的最大动作速度。这种动作速度一般是指在最短时间内（通常在150毫秒左右）发挥肌肉力量的能力。所以，“速度力量”的训练实际上是“动作速度”的训练。

速度力量最典型的表现形式是爆发力，它是指在尽可能短的时间内，以最大加速度克服一定阻力的能力。爆发力是由最大力量与最大速度相结合组成。其公式为：

$$\text{爆发力} = \text{力量} \times \text{速度}$$

也可以写成：

$$\text{爆发力} = \frac{\text{力} \times \text{距离}}{\text{时间}}$$

爆发力可在上举物体、空间投掷物体或移动身体时表现出来。它的大小在于力量与速度的正确组合。如跳远中的起跳力即为短时间与最大力量的组合，从而产生最大的踏跳力，使身体在瞬间腾起。也可以用速度力量来表示爆发力：

$$I = F \cdot t$$

式中 I 为速度力量；F 为肌肉收缩力量；t 为肌肉收缩作用时间。

在投掷、拳击、举重、摔跤等许多项目中，爆发力具有极为重要的作用。另外，起动力和反应力（包括弹跳反应力和击打反应力）也是速度力量的组成部分。

7. 力量耐力　是指运动员在克服一定外部阻力时，能坚持尽可能长的时间或重复尽可能多的次数的能力。

根据不同的分类原则和标准，尽管力量可以分为上述7种类型，但在运动训练中最有意义的动力性力量主要是最大力量、速度力量和力量耐力。因此，动力性力量的训练实际上主要指最大力量、速度力量和力量耐力的训练。

二、力的力学特点

根据牛顿第二运动定律，力（F）等于质量（m）乘加速度（a），即 $F = ma$。由此可见，力量的增加可以通过改变质量或加速度两个因素中的任何一个而获得。质量或加速度的改变会导致力量的变化，这对力量训练具有特别重要的意义。力学中常用的两个公式可以说明这一问题。

公式一：$F_{max} = m_{max} \cdot a$

公式二：$F_{max} = m \cdot a_{max}$

式中 F_{max} 为最大力量；m_{max} 为最大质量；a_{max} 为最大加速度。

在第一个公式中，可以通过最大质量发展力量；在第二个公式中，可以通过最大加速度发展力量。在运动员发力的大小与其发力的速度之间保持着一种负相关；同样，在运动员发出的力与其发力时持续的时间之间也存在着一种负相关。即一种因素得到加强的同时，另一种因素相应受到削弱。因此，速度和时间都直接影响着力量的效果。

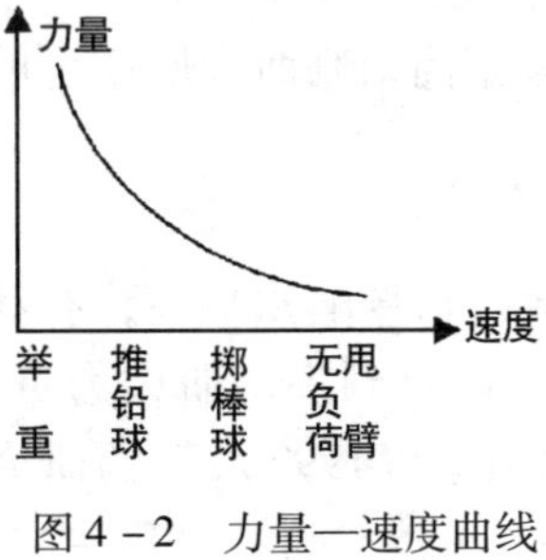

图 4－2　力量—速度曲线
（据博姆帕，1975）

希尔·罗尔斯顿和博姆帕（1975）等人对力量与速度间的负相关研究表明（见图 4－2），在运动员最大用力情况下，质量低则加速度高；而质量增加（从投掷棒球、推铅球、举重）则加速度降低，直至运动完全终止（或超过人的最大力量、质量时的肌肉静力性收缩）。

力的大小与质量的大小直接相关。这种相关只是在移动物体的质量与所加的力都刚刚开始增加时成直线形并行；随着质量的继续增加，所用的力将不会出现同等程度的增加。因此，运动员作用于铅球的力将大于他在举起杠铃时所用的力。费洛列斯库等人（1969）指出，如果将一只7.257千克的铅球推出18.19米，运动员将付出5.07千瓦，而如果抓举举起150千克的杠铃，则只需付出3.16千瓦。

三、影响力量提高的因素

（一）神经冲动的强度与频率

扎图奥尔斯基（1968）的研究表明，大强度力量训练时，中枢神经系统传出的神经冲动的次数可以由休息状态下的每秒5~6次，上升到举起最大重量时的每秒50次。维丹斯基（1885）的研究也令人信服地证明：肌肉收缩的最佳效果不是由于肌肉，而是由于这种神经冲动的合理频率的提高，促使运动员情绪高涨（即兴奋性提高），从而引起调动肌肉工作能力的较多的肾上腺素、去甲肾上腺素、乙酰胆碱及其他生理活性物质的释放，使力量增大（沃罗比耶夫，1967）。因此，中枢神经系统的机能状态可以直接影响肌肉力量，并对力量素质的发挥和发展起着头等重要的作用（多勃雷夫，1983）。如果中枢神经系统传出的神经冲动强度大、频率高，则肌肉所产生的力量就大。

（二）血睾酮水平与血皮质醇水平

血睾酮水平与力量素质有直接关系。血睾酮水平高，有利于提高血液蛋白合成及肌肉蛋白合成，以达到提高肌肉力量，提高训练水平及竞赛成绩的目的。欧阳孝（1992）等的研究证明：一般男子正常睾酮水平在20.97纳摩［尔］/升左右。优秀举重运动员均在27.97纳摩［尔］/升以上，甚至超过

34.97 纳摩［尔］/升。如奥运会冠军曾国强为 35.66 纳摩［尔］/升，9 次打破世界纪录的何灼强血睾酮竟在 55.24 纳摩［尔］/升。胡贤豪等人（1994）的研究也证明：女子举重运动员的血睾酮为 2.05 纳摩［尔］/升，明显高于一般女性（1.43 纳摩［尔］/升）。此外，欧阳孝（1992）等的研究还表明，举重运动员的血皮质醇水平也较高：安静休息状态为 545 纳摩［尔］/升（$n=23$），比其他项目运动员平均值高（471 纳摩［尔］/升）（$n=104$），比正常人（276 ± 66）纳摩［尔］/升（$n=12$）高出一倍。这说明血皮质醇水平与力量素质也有重要关系。

（三）肌肉的形态组织结构

1. 肌纤维类型　肌肉力量的大小取决于不同类型肌纤维的百分比。肌纤维类型分为红肌纤维（慢肌纤维）、白肌纤维（快肌纤维）、中间型肌纤维。快肌纤维的无氧代谢能力比慢肌纤维大得多，因为快肌纤维中 ATP－CP 酶的活性比慢肌纤维大三倍，比酵解酶活性大两倍。快肌的纤维粗，收缩速度快，达到最大张力的时间只需慢肌纤维的三分之一，其收缩的力量也要比慢肌纤维大得多，所以，快肌纤维最适于做短距离、高强度的运动。慢肌纤维的有氧代谢能力比快肌纤维强。因为慢肌纤维有氧氧化酶系统活性高，毛细血管的数量、线粒体的大小和体积、肌红蛋白的含量等均大于快肌纤维，所以，慢肌纤维适合于耐力运动。力量素质主要由快肌纤维决定，快肌纤维百分比高，力量则大。

2. 肌肉的生理横截面　绝对肌力的大小取决于肌肉的生理横截面。肌肉的生理横截面为该肌肉所有肌纤维横截面的总和。每根肌纤维的横截面增粗，则肌肉的生理横截面也相应增粗，收缩力量就随之增大。国内外的大量实验研究证明，力量训练后肌肉体积增大取决于下列因素：①每根肌纤维中的肌原纤维数量增加（戈德斯平克，1964）；②肌纤维中毛细血管的密度增加（福克斯，1976）；③肌肉中蛋白含量增加（戈蹬，1967）；④肌纤维数量增加（埃杰顿，1970）。所有以上变化的结果都使肌肉生理横截面积普遍增大，肌肉横截面每增加1平方厘米，可提高力量6～12千克（博姆帕，1975）。

3. 肌纤维的数量与长度　肌纤维数量多，则收缩力量大。关于肌纤维的数量目前有两种观点。一种认为，人出生后4～5个月肌纤维的数量就已确定。另一种认为，训练后肌肉肥大，除肌纤维增粗外，还由于肌纤维的纵向分裂作用造成肌纤维数量的增加。关于肌纤维长度，美国人达登的研究证明：一个人力量的大小，取决于肌肉的体积。肌肉体积的发展潜力，又主要决定于肌肉长度（指肌肉两头肌腱之间的长度）。例如：有两个人，一个人的肱三头肌长20厘米，另一个人长30厘米，后者长度等于前者的1.5倍，后者横截面的潜力等于前者的$1.5^2=2.25$倍，肌肉力量的潜力等于前者$1.5^3=3.375$倍。训练前两人手臂肌肉体积差不多，经过训练，后者的肌肉体积和力量要大得多。肌肉的长度是遗传的，不受后天训练的影响。

（四）肌肉的反应特性

1. 肌肉的内协调能力　运动单位是指一个运动神经元同它所支配的一组肌纤维。一个运动单位包括3～100根肌纤维，一块肌肉最多可包括700个运动单位。当肌肉工作时，每块肌肉内所包含的运动单位并非全部参与工作，而是一部分运动单位处于相对休息状态。肌肉内协调能力的好坏，取决于能否调动更多的运动单位参加工作。动员参加工作的运动单位数量越多，则力量越大，反之则小。肌肉内协调能力受中枢神经系统的支配和肌肉内部对中枢神经传入的冲动所产生的反应。

2. 肌肉对于神经冲动的反应力　通常训练刺激引起的肌

肉的反应只有肌肉潜力的30%左右（库兹涅佐夫，1975）。因此，采用相同的方法或相同的负荷进行训练只能导致部分肌肉适应训练。为了使肌肉提高适应程度或达到最高适应程度，则必须采用更大强度的刺激，因为力量只是在较大肌紧张的情况下才得以发挥的（多勃雷夫，1983），只有最大刺激才能产生最大效果。可见，系统训练的要求就是逐步提高神经冲动的同步效应，以及对抗肌配合主动肌完成大强度活动的能力，从而使力量得到提高。

3. 营养系统供能状况　肌肉工作时营养的供应直接影响到肌肉力量的发挥。力量首先与肌肉中储备的能量物质有关。在肌肉发挥力量的工作过程中，有机体经过肾上腺交感神经系统来实现中枢神经系统的营养影响。而在较长时间的工作过程中，营养系统的工作还依赖于有氧代谢能力。有氧代谢能力强，才能及时排除肌肉工作时产生的代谢产物，使肌肉更好地工作。

（五）发挥肌肉潜力的能力与技术

肌肉潜力是指所有参加运动的肌肉所产生的力量的总和。库兹涅佐夫（1975）和巴罗加（1978）的研究认为，运动员所能举起重量的潜力应比目前的举重成绩高2.5～3倍。也就是说，根据这一推测，105千克以上级举重运动员应能举起800千克的重量（当然远远高于目前的世界纪录）。发挥肌肉潜力的能力是运动员同时动员众多肌纤维（包括肌肉中心部位及四周部位肌纤维）参与工作的能力。训练有素的运动员具有充分发挥肌肉潜力的能力，可发挥出更大的肌肉力量。

如果肌肉具有举起100千克的潜力，由于生理上的限制，也只能举起潜力的30%的重量（巴罗加，1978），即30千克。因此从理论上看，具有800千克潜力的举重运动员，实际上只能举起240千克的重量。如果利用技术作为媒介，通过一定的专项训练，提高发挥肌肉潜力的能力，运动员的成绩则有可能提高到最大潜力的60%～80%。也就是说，105千克以上级举重运动员应能举起640千克的重量。跳高运动员应能跃过2.70～2.80米的横杆。实现这一目标的可能性，取决于是否使尽可能多的肌纤维同时参加运动的能力（库兹涅佐夫，1975）。

此外，年龄变化、骨杠杆的机械效率、海拔高度、紫外线照射、钾钠代谢水平、生物节律、心理因素以及外界刺激（如温度、气味、声音、光亮等）对肌肉力量发挥均有程度不同的影响。

四、肌肉工作的基本形式

（一）动力性向心克制性工作

肌肉在做向心克制性工作时，肌肉长度逐渐缩短，随着肢体关节角度的变化，肌肉在缩短过程中张力也发生改变。因此，掌握好发挥最大肌力时的关节角度，可收到事半功倍的训练效果。克制性工作是力量训练的主要形式。

（二）动力性离心退让性工作

离心退让性工作时，肌肉被拉长。例如：负重伸肘关节、负重慢速下蹲等。这时阻力是在运动过程中起作用的力。国内外许多学者的研究认为，肌肉在做离心收缩时可以产生更大的张力。实验证明，肌肉做离心收缩时所产生的张力比同一肌肉做向心收缩时所产生的张力大40%。也有的学者认为肌肉做离心收缩并不比做向心收缩所获得的效果大，并很难运用于比赛实践。尽管看法不一，但离心退让性力量训练方法作为力量训练的一种补充手段仍是极为有益的。

（三）静力性等长工作

静力性等长工作是肌肉在对抗固定阻力时的收缩形式。静力性等长工作时，肌肉张力发生变化，但其长度基本不变，在整个动作过程中肢体不产生明显位移。静力性练习比动力性练习能够动员更多的肌纤维参与工作，能够有效地发展最大力量和静力性耐力。

（四）等动性工作

“等动”就是“恒速”的意思。等动性工作时，在整个关节活动范围内，肌肉始终以某种张力进行收缩，而收缩速度始终恒定。由于等动性工作对肌肉长度和张力都有影响，因此，等动力量练习的优点是集等长和等张之所长，避免了两者之不足，使运动员肌肉在各个关节角度上基本均等，且都有足够刺激，从而使每个关节角度上的力量都得到提高（肌肉的四种收缩形式见图4－3）。

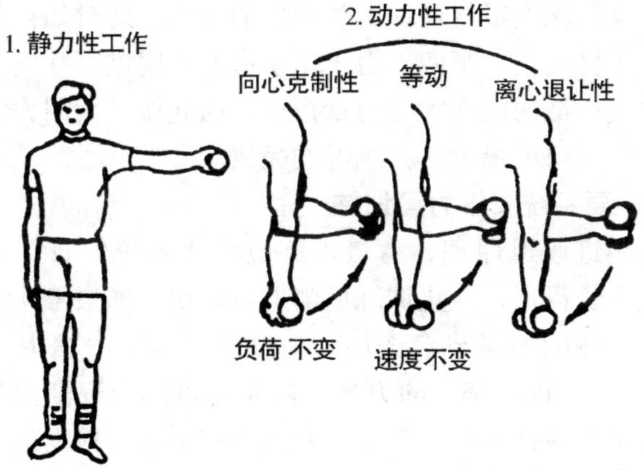

图4－3　肌肉的四种基本收缩形式

（据爱德华·L·福克斯《实用运动生理》，人民体育出版社，1984）

五、力量训练的要求

（一）要掌握正确的呼吸方法

由于憋气有利于固定胸廓，提高腰背肌紧张程度，因而可以提高练习时的力量。所以极限用力往往要在憋气的情况下才能进行。有人进行背力测定研究发现，憋气时的背力最大，为133千克；在呼气时为129千克；而在吸气时力量最小，为127千克。虽然憋气可提高练习时的力量，但用力憋气会引起胸廓内压力提高，使动脉的血液循环受阻，而导致脑贫血，甚至会发生休克。为避免产生不良后果，力量练习时必须注意以下几点：第一，当最大用力的时间很短，但有条件不憋气时就不要憋气。尤其在重复做不是用力很大的练习时，应尽量不憋气。第二，为避免用憋气来完成练习，对刚开始训练的人，所给予的极限和次极限用力的练习量不要太多，并让其学会在练习过程中完成呼吸。第三，在完成力量练习前不应做最深的吸气，因为力量练习时间短暂，吸的气并不会立即在练习中产生作用。相反，深度吸气增加了胸廓内的压力，此时如再憋气就可能产生不良变化。第四，由于用狭窄的声门进行呼气几乎可达到与憋气类似的同样大的力量指标，因此做最大用力时，可采用慢呼气来协助最大用力练习的完成。

（二）要系统安排力量训练

根据用进废退原理，力量训练应全年系统安排。研究表明，力量增长得快，停止训练后消退得也快；如果停止了力量训练，已获得的力量将会按增长速度的三分之一消退（海丁格尔，1961）。训练获得的力量，停止后虽然会逐渐消退，但一部分力量会保持很久，甚至会永远保持下来。根据优秀运动员的训练经验：每周进行1～2次力量训练，可保持已获得的力量。每两周进行4～6次力量训练，力量可望获得增长；每周进行3～4次力量训练，力量可获得显著增长（万德光，1988）。力量训练不宜在疲劳的状态下进行，否则就不是发展力量，而是发展耐力了。

（三）运用“超负荷训练”以获得超量恢复

优秀运动员的力量训练是建立在“超负荷训练”的基础之上的。所谓“超负荷训练”就是指要求肌肉完成超出平时的负荷。“超负荷训练”通常会引起肌肉成分特别是肌蛋白的分解。“超负荷训练”会导致超量恢复的产生。在超量恢复的整个过程中，肌肉的成分会重新组合，肌蛋白含量得到提高，从而使肌肉更加粗壮有力。因此，要经常不断地安排“超负荷训练”，以引起超量恢复，达到迅速发展力量素质的目的。

（四）力量训练手段和专项动作应力求一致

大多数运动项目的动作结构、用力方向、参与肌肉的用力形式及其工作方式、关节角度等均不相同，各有其自身特点。因此，发展力量时要努力做到一般力量训练和专项力量训练相结合。在安排力量练习时，必须对所从事的专项进行全面深入的分析研究。例如：通过对专项技术的影片分析，了解专项动作结构、关节角度、环节运动的幅度；通过肌电研究了解主要肌群的用力特点、工作方式；通过计算了解采用什么负荷最有利于发展专项力量和一般力量。

（五）要针对运动员个人特点进行训练

由于运动员的年龄、训练程度、健康状况、技战术风格、训练水平、身体素质等均存在鲜明的个体差异性，因此力量训练的安排必须根据运动员的个人特点因人而异，区别对待。另外，青少年时期脊柱正处于生长发育阶段，因此，力量训练必须根据渐进性和适应性原则，进行科学合理的安排，以促进力量水平的迅速提高。

（六）要针对女子生理特点进行训练

女子肌纤维比男子纤细，肌肉重量约占体重的35%，而男子大约为43.5%；女子单位面积肌肉为男子的96%，但肌肉绝对力量仅为男子的60%～80%，爆发力约为男子的42%

~54%。此外，女子的骨骼也比男子纤细，骨重量为男性的60%左右，骨骼的抗断、抗压和抗弯能力均比男子差。这些特征决定了在力量项目上女运动员难与男运动员相比，因此在力量训练时应当考虑女子的生理特点，制定切实可行的计划，特别注重肩带、上肢、腹部和骨盆等薄弱环节的肌肉力量训练。

第二节　力量训练方法

根据肌肉收缩形式，力量训练主要分为动力性力量训练和静力性力量训练两大类。动力性力量训练方法主要由强度（负荷重量）、组数、每组重复次数、每组间歇时间等要素组成（这些要素与发展力量的关系见表4－2），并包括众多的内容（见图4－4）。随着现代训练理论的不断发展，动力性力量训练已成为竞技运动中发展运动员力量最主要和最基本的形式。下面着重从最大力量的训练、速度力量（快速力量）的训练和力量耐力的训练三方面，探讨和阐述力量训练的基本理论和方法（发展各种力量的具体方法参见图4－5）。

表4－2　强度、组数、次数与发展力量的关系

标准 项目 / 目的	强度（重量）（%）	组数	每组重复次数	完成动作速度	每组间歇时间（分钟）
发展最大力量（绝对力量）	85~100	6~10	1~3	快到适中	3
发展速度力量	70~85	6~8	3~5	极快	3
发展小肌群力量或增大肌肉体积	60~70	4~8	6~12	适中到慢	3~4
发展力量耐力	60%以下	2~4	12次以上	适中	3~4

力量训练方法的分类体系
- 1. 静力性力量训练方法
- 2. 动力性力量训练方法
  - （1）克制训练法
    - ①重复法
    - ②强度法
    - ③极限强度法
    - ④快速用力法
    - ⑤极端用力法
  - （2）等动训练法
  - （3）退让训练法
  - （4）超等长训练法
- 3. 电刺激方法

图 4－4　力量训练方法的分类体系

（引自唐思宗、杨世勇《身体训练学》，1992）

一、最大力量的训练

最大力量是指运动员以最大肌肉力量和意志收缩，对抗一种刚好还能克服的阻力时所发挥的最高力值。它的力值主要取决于肌肉的生理横截面和及时动员尽可能多的肌纤维参加用力的能力，以及最大意志紧张的能力。同时，最大力量的力值还随工作肌的关节角度而变化（万德光，1988）。

最大力量的训练特点是所有的或绝大多数的运动单位都参加运动（施罗德，1969）。因此，发展最大力量必须频繁地采用最大或超最大刺激。发展最大力量的训练方法主要有重复法、强度法、极限强度法、极端用力法（注：极端用力法也是发展力量耐力的有效方法）、退让练习法、静力练习法和电刺激法等。这些方法不仅能有效地增大肌肉横截面和发展最大意志紧张的能力，而且也是发展绝对力量、相对力量的主要方法，对速度力量（包括爆发力）和力量耐力的发展也有极为重要的作用。

发展力量的具体方法

- 1. 发展最大力量（包括绝对力量、相对力量）的训练方法
  - （1）重复法
  - （2）强度法
  - （3）极限强度法
  - （4）退让训练法
  - （5）电刺激法
  - （6）静力性练习法（大强度）
  - （7）极端用力的方法
- 2. 发展速度力量的训练方法
  - （1）爆发力的训练
    - ①快速用力法
    - ②超等长练习法
  - （2）起动力的训练
    - ①各种短距离跑的练习
    - ②超等长练习
  - （3）反应力的训练
    - ①超等长练习法
    - ②退让练习法
    - ③模仿练习法
- 3. 发展力量耐力的训练方法
  - （1）极端用力的方法
  - （2）循环练习法
  - （3）等动练习法
  - （4）静力性练习法（小强度）

图 4－5　发展力量的具体方法

（摘编自唐思宗、杨世勇《身体训练学》，1992）

（一）重复法

重复法（见表 4－3）也叫持续不断地重复用力的方法（保加利亚学者多勒雷夫又把这种方法称为“有效组数练习”）。其负荷特征是以 75%～90% 的强度进行练习，每组重复 3～6 次，负重量的大小应随肌肉力量的增加而逐渐加大。

表 4－3　重复法的负荷特征

负荷强度	组　数	每组重复次数	每组间歇（分钟）
75%～90%	6～10	3～6	3

（根据多勒雷夫 1983 年材料改编）

因为训练时增加试举重量和重复次数就是力量提高的标志。所以当运动员能重复更多次数时，便表明力量有了提高，即应增

加负荷重量。重复法不仅能加强新陈代谢，活跃营养过程，引起工作肌群增长，并迅速而有效地提高肌肉力量，而且也能有效地发展运动员的爆发力，改进用力技术的协调性，加强支撑运动器官的机能。重复法在初、中级运动员训练中运用较多，但在高级运动员训练阶段效果相对减少。因为力量的发展在很大程度上是提高杠铃重量和克服这种重量的速度的情况下实现的。因此，随着技术水平的提高，必须结合极限重量进行训练。

重复法在现代训练中得到了比较广泛的运用。例如：古巴女子排球队采用此法做架上半蹲练习，接着做立定跳远练习，路易斯等主力队员半蹲负重高达 300 千克。美国跳远运动员比蒙在创造 8.90 米世界纪录之前的力量训练所采用的方法是递增重量和固定重量相结合的训练法，采用半蹲（8 组，每组 8 次）、负重蹬上板凳（4 组，每组 10 次）、提踵（3 组，每组 20 次）、腘绳肌练习（3 组，每组 8 次）、屈膝肌群练习（3 组，每组 10 次）5 种练习手段，负荷为最大负荷的 80%。此外，前苏联著名运动员、82 次世界举重纪录创造者瓦西里·阿列克谢耶夫及奥运会冠军里格尔特（64 次创世界纪录）、瓦尔达尼扬等经常采用这种训练方法。他们在平时训练中虽很少试举最大重量，但只要完成有效组数的必要的重复次数，就能成功地在比赛中举起最大重量。

（二）强度法

强度法（见表4－4）也叫“最大限度的、短促的用力方法”。其特点是以大的、亚极限和极限重量（即85%～100%

表4－4　强度法的负荷特征

负荷强度（%）	组　　数	每组重复次数	每组间歇（分钟）
85%～100%	6～10	1～3	3

的强度）进行优势工作，训练时逐渐达到用力极限，以后继续用对体力来说是强的、中上的和中等强度的负荷量，直到对这种刺激产生劣性或接近劣性反应时为止（马捷耶夫，1959；万德光，1988）。

强度法保证了神经肌肉用力的高度集中与绝对肌力的发展，能使运动员在肌肉体积没有特殊增加的情况下，使相对力量得到显著提高（楚迪诺夫，1961）。对于需要最大力量的项目的运动员来说，周期性地举极限和亚极限重量可以有效地促进专项工作能力的提高，这早已为彼得罗夫（1970）、梅得维杰夫（1971）、多勃雷夫（1983）等人的研究所证实。

例如：美国铅球运动员伍兹（铅球成绩 22.20 米），采用强度法进行力量训练时，周一、周四练习卧推（5 组，每组 3 ~5 次），弯举（5 组，每组 8 ~ 12 次）；周二、周五练习深蹲（4 组，每组 3 ~ 5 次），高翻（4 组，每组 3 ~ 5 次），负重仰卧转体（3 组，每组 8 ~ 12 次）；周日测验力量。他的力量指标分别达到：卧推 230 千克，深蹲 300 千克，高翻 180 千克，弯举可用 90 千克成组练习。此外，中国和前苏联的许多优秀举重运动员，如中国的吴数德、陈伟强、唐宁生、占旭刚、杨霞、丁美媛，前苏联的皮萨连科、塔拉年柯等都采用过强度法进行训练，并多次打破世界纪录和夺得奥运会金牌。运动实践证明，只要提高强度（尤其是 90% 以上的强度），就能提高运动成绩。但是这种方法需要较大的体力和心理准备，并对中枢神经系统有较高要求，长期使用会在运动员心理上引起较大的疲劳。因此不能仅仅采用这种方法。

（三）极限强度法

极限强度法（见表 4 – 5）又叫“保加利亚法”（万德光，1988）或“阶梯式训练法”，为保加利亚功勋教练员阿巴杰耶夫所创。他采用这种方法使保加利亚举重队于 20 世纪 70 年代崛起于世界举坛，并在世界锦标赛和奥运会比赛中多次战胜前苏联队，使保加利亚成为世界举重强国之一。

表 4－5　极限强度法的负荷特征

负荷强度	90%	95%	97.5%	100%	100%以上
组　　数	3	2	2	2	1～2
每组次数	3	2	2	1	1
每组间歇	均为 3 分钟				

（依万德光，1988）

极限强度法的显著特点是：非常突出强度，几乎每周每天每项都要求达到、接近甚至超过本人当天最高水平，然后减10 千克作两组，再减 10 千克作两组。即开始递增重量，直至当天最大重量，再递减重量。在计划规定的时间内要求组数越多越好，组与组之间的间歇以能休息过来为准，整个训练全年都是这样安排，不作大的调整和变动。

以抓举训练为例，暂定第一阶段抓举强度为 130 千克，经过若干天训练后，适应了这个重量，并能成功抓举两次，就可以增加新的重量（如 132.5～135 千克），开始第二阶段适应性训练，这样不断增加重量，进行新的适应，使训练水平一级一级地提高。

阿巴杰耶夫用以下观点和事实阐明了“极限强度法”的训练理论。他认为，人体有巨大的潜力和对外界环境很强的适应能力，开始训练时对新的刺激不适应，经过一段就能适应。这时，如果不进行新的刺激、新的适应，机能就得不到新的发展，训练水平不可能达到新的高度。所以对旧的刺激适应后，必须给予新的刺激，再求得新的适应。这是符合适应性原则的，也是符合自然界发展规律的。

肌肉细胞学原理也证明了上述训练理论的科学性。由母体内带来的细胞核组织，只有不断地刺激才能发展，否则就会退化。自然界的一些事例也说明，一种新的环境、新的条件，人体不但能适应，而且能在这种新的环境、条件下发展自身。从生理生化的角度来看，据测定在大强度训练后，血液中新肾上腺素含量可增加两倍，从而大大提高激素的含量，皮质素的水平也只有在大重量训练后才会提高。

目前，极限强度法已被举重发达国家广泛采用。极限强度法对发展最大力量虽然极为有效，但这种方法对运动员的中枢神经系统、营养的补充、恢复措施与医务监督等均有很高要求。据阿巴杰耶夫、弗尔纳杰夫（保加利亚，1982）、沃罗比耶夫（前苏联，1977）和郭廷栋（1990）等人的观点，“在激烈紧张的训练中，激素系统起巨大的作用，但长期提高激素系统的活动（超过 7～8 周）能导致其衰竭，甚至引起某些疾病”（郭廷栋《竞技举重运动》，人民体育出版社，1990 年，第 294 页）。因此，不宜长期使用极限强度法，应结合其他训练方法，并注意训练节奏和训练周期。

（四）退让练习法

退让练习法又叫离心收缩（eccentric contractions）法。它与克制性训练方法正好相反，不是肌肉在拉长时收缩，而是在收缩的同时或收缩后被更大的外力拉长，肌肉的起止点被彼此分离。

负重力量训练一般都包含有退让性用力，例如：抓举、挺举、推举、深蹲等许多动作重复多次的用力练习，特别是在退让性的慢放杠铃时，两臂屈肌、腹背伸肌、伸膝肌等在某种程度上都要进行退让性工作。

希尔等（1951）提出退让性练习的理论依据是：肌肉不仅在收缩时能把化学能转化为功，而且在外力拉长肌肉做功时，肌肉也能反过来把功变为化学能。因此，退让性用力除了即时效应（例如制动）外，还能产生积蓄效应（例如，借助反弹力从深蹲中起立或上挺）。

伊万诺夫经 3 个月的试验研究证明，后蹲成绩的最高增长率（平均增长 15 千克）是用退让练习取得的，而最低的增长率（9.2 千克）是靠静力练习取得的。背部力量的最高增长率（32.2 千克）是用静力练习取得的。双腿原地跳高的增长率（17 厘米）是用克制性工作取得的。用肌肉工作的其他练习方法原地跳高则成绩减少。用退让练习的方法减少 1.5 厘米。用静力练习的方法减少 5.4 厘米。可见退让练习对发展腿部力量效果显著。

退让练习法的作用主要表现在以下两方面：第一，退让性练习能比动力性练习对抗更大阻力，能用超出克制性收缩的强度进行练习，因而能给予神经肌肉系统更强的刺激，取得提高力量的效果。例如：运动员深蹲最高成绩是 200 千克，如采用超过 200 千克的重量便无法练习深蹲了，然而他却可以负重 220 ~ 230 千克的杠铃，从直立姿势下蹲（运动员用最大力量抵抗下蹲）。退让性练习法的特点是强调慢放杠铃。学者们研究发现，退让性工作时肌肉的最大张力可比克制性和静力性练习的最大张力大 20% ~ 60%（贝思认为，用退让性工作所取得的紧张可以超过静力性练习极限紧张的 1.2 ~ 1.6 倍），从而使肌肉用力达到更大的紧张程度。第二，退让性练习与克制性工作是密切结合的，在许多情况下为主动用力（克制性收缩）创造了有利的生物力学条件。例如：用抓举、挺举发展力量时，发力前的引膝、上挺前的预蹲等，都是退让性用力的典型体现。这种退让性力量的提高，会大大提高主动用力的效果。

退让性练习的强度一般以 140% ~ 190%（谢苗诺夫等，1964）或 120% ~ 190%（伊万诺夫，1966）为宜。另外，从 0.4 ~ 1.1 米的高处下跳（跳深），也能很好地发展腿部力量。目前，在运动训练中有意识地安排退让练习者还很少。鉴于退让练习对发展力量具有积极作用，在力量训练中应适当安排退让练习。安排退让练习时应注意以下几点：①退让练习应与克制性练习相结合。②可采用特殊装置进行练习。③可采用与克制性练习相同的项目进行退让练习，强度可采用80%～120%的重量。如果用跳深发展腿部力量时，可负小重量进行。④根据威尔霍尚斯基（1977）的观点，退让性工作的优势只有用大重量做慢速动作时才能发挥出来。所以在训练中必须努力使杠铃慢放。慢放杠铃，特别是在最大重量的情况下不仅有助于增加力量，而且有助于意志培养。⑤由于退让练习强度大，训练时还应注意很好地放松。

（五）静力性练习法

表4－6　静力性力量训练的负荷特征

负荷强度	50%以下	50%～70%	70%～90%	90%以上
组　数	2～4	2～4	4～6	3～5
每组持续时间	20秒以上	12～20秒	8～12秒	3～6秒
每组间歇	3～4分钟	3分钟	3分钟	3～4分钟
练习目的	发展力量耐力	发展力量耐力	发展最大力量	发展最大力量

静力性力量练习是肌肉在紧张用力时其长度不发生变化的力量练习，所以静力练习又称为等长收缩。其实纯粹的“等长收缩”是不存在的。对此问题李岳生（1981）曾做过这样的叙述：“生物学家利用现代物理技术，对肌肉组织超微结构进行的研究表明，肌肉在静力收缩时长度的改变，是由于肌原纤维中可收缩原件（原丝）缩短的结果，因而在肌纤维总长度不变时，可收缩原件依然处于收缩状态。这是因为肌纤维本身除了可收缩原件外，还包含有‘串联弹性原件’，在可收缩原件缩短时，串联弹性原件便伸长。”（李岳生《静力练习法发展肌肉力量的生物学基础与实践运用》，《中国体育科技》1981年第1期第35页）。这表明，静力练习时肌肉组织内微

观结构还是要发生变化的，这有助于我们认识静力练习的实质及其对增长力量的作用。

静力性力量训练不仅对提高最大力量作用较大，它还可以发展静力性力量和静力性耐力，如举重的支撑动作。生物学研究证实，静态力量是动态力量（包括快速力量）的基础。静力性练习正是发展静态力量的有效手段之一。

静力性练习之所以能有效地发展肌肉力量，是因为进行静力性练习时肌肉长度基本不变，肌肉收缩所产生的能量基本上表现为肌肉张力增大。由于完成最大紧张度的静力练习时肌肉强直收缩，即运动单位工作同步化，因而能培养和发展极大的张力。由于静力性练习的特点是工作时处于无氧条件下，这就导致能量储备的迅速耗尽，从而迅速出现疲劳。

静力性力量训练一般采用较大重量的负荷以递增重量的方法进行练习。静力性练习除可用于发展最大肌肉力量外，主要用于加强某些薄弱肌肉群的力量，也可用于技术训练。例如：举重挺举中的预蹲，体操中的倒立、十字支撑，射击中的持枪射击等。静力练习还特别适用于伤后恢复阶段的训练。

运动实践证明，静力性练习时肌肉活动的条件与动力性练习时迥然不同，因而两者所训练的力量不完全一样。由于各种运动项目的绝大多数动作均要求快反应、高速度、爆发式地完成以及高度的灵活性和机动性，所以，过多地使用静力练习法，会妨碍动作速度和协调性的发展。使用静力性练习法的目的只是为了克服某些肌群力量发展中的不足和适应某些静止用力动作的需要。

静力性力量练习时应注意以下几点：第一，静力性练习要与动力性练习相结合；第二，静力性练习应与技术动作相一致；第三，应注意呼吸，即在练习前做一次深吸气坚持数秒，然后慢慢呼出。也可以先吸半口气进行极限用力，然后在短促呼吸与短促憋气相交替中完成练习。

（六）电刺激法

电刺激（electromotor stimulation，简称EMS技术）是一种可以引起肌肉产生收缩的技术。它使大脑发出的中枢神经冲动被一种迫使肌肉收缩的电刺激所取代。用电刺激法发展肌肉力量近年来受到人们的重视。鲍尔霍夫斯基（1981）在举重运动员身上进行电刺激的实验表明，运用电刺激法，10天使股四头肌力量由308千克提高到375千克，增长率达21.75%。肱三头肌在经过7~10次电刺激后，力量增加23.8%，围度增加15.7%。与此同时，采用其他方法而不是进行电刺激的肱三头肌围度增加了5.1%，力量只增加8.7%。

电刺激法由科兹于1969年发明。电刺激引起的肌肉收缩本质上与训练时的肌肉收缩是相同的，即消耗能量并产生代谢产物，引起相同的内环境改变，获得的力量一样。一定强度的电刺激获得的力量也能促进运动成绩的提高。电刺激分为两种方法：①直接刺激法：将两个电极固定在肌肉末端，频率为2 500赫兹时，收缩最为强烈。②间接刺激法：使用电脉冲电流仪，通过两个趋肤电极传输到肌肉，不同的电极可以放置在与其有关的运动神经部位，频率为1 000赫兹时肌肉收缩最为理想。

另据郭庆芳等人的介绍，运用电刺激法时，可用电极针扎在肌腹两端，进针深度一般为3厘米，刺激频率为100次/秒，每次时限0.1毫秒，刺激5~7秒，间隔3~5秒，共15分钟，隔日1次。此外，郭庆芳等人的实验还发现（1978）：在训练课后进行电刺激，比非训练日电刺激有效得多。国外专家还建议，用专门电刺激器，因人而异选择电流强度，连续刺激10秒，每块肌肉休息间隔50秒，每次训练刺激10次。

国内外学者的研究都发现，用电刺激方法获得的肌肉力量，在停止电刺激后会很快消退。郭庆芳等认为，力量消退的速度与获得这些力量的速度相同。国外学者认为，电刺激后肌力能保持15天，以后下降，但经过3个月仍然超过电刺激以前的水平。这与国内外有关专家对力量训练的生物学规律研究所得出的结论相一致，即很快获得的力量，在停止训练后消失得也快，逐渐获得的力量，保持的时间也长。

电刺激发展力量的方法可以作为力量训练的一种辅助手段，可应用于因创伤而不能正常训练，又特别需要保持竞技状态的运动员。

二、速度力量（快速力量）的训练

速度力量（或称快速力量）是速度与力量的综合表现，它的提高受速度素质和力量素质的牵制。因此，力量和速度决定快速能力的发展（库兹涅佐夫，1970；多勃雷夫，1983）。生理学研究证明，肌肉收缩时缩短的程度与速度和负荷有关。负荷较大，则肌肉缩短较少，而且速度较慢；当负荷为零时速度最大；当负荷达到肌肉刚刚不能承担时，速度变成零，从而产生最大等长收缩的张力。因此，只有使速度和最大力量两方面都得到提高，才能在各种外部负荷的情况下使动作速度得到提高。训练实践证明，要提高速度是比较困难的，而提高力量却比较容易。例如：近40年来，举重各级别的世界纪录提高了20%～30%，而反映速度项目的100米短跑的提高幅度却未超过4%。因此，广泛采用发展力量的练习，是提高速度力量的主要途径。

速度力量的决定因素是肌肉收缩速度。许多运动项目都是在快速节奏或爆发用力的情况下完成的。器械的出手速度，投掷时的鞭打速度，各种情况下的起动速度，体操的团身、转体速度等，都是速度力量的突出表现。速度力量的典型表现形式主要有：爆发力、起动力、反应力等。

（一）爆发力的训练

爆发力是指以最短的时间（150毫秒以内）、最大的加速度克服一定阻力的能力。爆发力的大小是由参与活动的所有肌肉群的协同用力来决定的，它是速度力量项目运动水平的决定因素。爆发力的提高也同样有赖于最大力量水平的发展。如果最大力量发展不够，爆发力则不能达到很高水平，所以，发展最大力量的训练方法同样也适合于发展爆发力。

施罗德认为，爆发力训练的主要特点是，用于训练中的主要刺激，与完成动作的类型及发力的大小密切相关。例如：疾跑时运动员腿部力量的冲力可达到其自身体重的3.5倍，而投掷标枪时，其腿部力量相对小得多（伊万诺娃和韦斯，1969）。因此，爆发力训练的主要刺激是加速度。在非周期性运动项目中（如跳远、投掷），爆发力是取得优异成绩的决定因素，而在周期性项目中（如短跑），爆发力则是被反复而快速地运用。因此，应根据不同项目特点发展爆发力。

发展爆发力的方法主要有快速用力法和超等长性练习法等。

1. 快速用力法　快速用力法（见表4-7）的练习特征是以最快的收缩速度，克服一定的器械重量，以发展运动员爆发力。它包括以下两种训练形式：

（1）中等强度快速用力法：其特点是用70%~85%的强度，用最大速度练习4~6组，每组重复3~6次。这种方法对提高肌肉力量的爆发性发挥极为有效，特别是采用抓举、挺举等形式（或高抓、高翻挺）发展爆发力时更是如此。田径运动中的投掷和跳跃、体操、击剑、跳水以及任何有起跳动作的非周期性运动（如排球）项目，爆发力的大小都直接影响着运动成绩。因此，可采用这种方法发展爆发力。另外，也可安排负荷较小但快速完成的练习（如实心球练习等）。

（2）小强度快速用力法：其特点是采用30%～60%的强度，练习3～6组，每组5～10次，进行专门发展练习，并使练习的结构和肌肉工作方式尽量接近比赛动作。

快速用力法的原理在于，速度的增长就是力量增长的标志。快速用力法有利于培养运动员的速度意识及快速运动反射的传播。

表4－7　快速用力法的负荷特征

负荷强度（%）	70～85	30～60
组数	4～6	3～6
每组次数	4～6	5～10
动作速度	爆发式	爆发式
间歇（秒）	3～4	3～4

（引自唐思宗、杨世勇编著《身体训练学》，第60页，成都科技大学出版社，1992年）

2．超等长练习法　超等长练习法也叫超长训练法。它实际上是一种把退让练习和克制练习结合在一起的训练方法。超等长练习时，肌肉先做退让工作，并且肌肉被极度拉长，然后再尽快转入克制工作。这种练习的目的在于使纯力量转变成爆发力。其生理机制是牵张反射，即肌肉在退让工作时，肌肉被拉长得超过自然长度，于是引起牵张反射，从而能够产生一种更强有力的克制性收缩，以有效地发展爆发力。

超等长练习发展爆发力的方法和练习内容主要有跳深练习和各种跳跃练习，如用最大速度进行原地纵跳、蛙跳、连续跳台阶、跳栏架、多级跳、跳上、跳下、跳箱等练习。超等长练习的内容、组数和次数，可根据训练要求和运动员个人的具体情况选定。

（二）起动力的训练

在最短时间内（通常不到150毫秒）最快地发挥下肢的肌肉力量，称之为起动力。运动实践证明：最大力量水平是起动力的基本成分，许多力量型运动员（如举重、投掷运动员），尽管其体重大大超过100千克，也未从事过专门的短跑训练，但他们的起动速度都非常出色。

发展起动力的方法很多，以下几种练习对发展起动力具有积极作用。

（1）利用地形地物的各种短跑练习，如沙地跑、上（下）坡跳、跑阶梯等。

（2）利用器械、仪器的各种跑的练习，如穿加重背心的起跑加速、加速跑突然改变动作方向跑、计时短跑、系铅腰带的加速跑、负轻杠铃短跑等。

（3）利用同伴的各种加阻力（助力）的加速跑、牵引跑、听信号改变起跑的准备姿势跑等。

此外，发展弹跳反应力的超等长练习法，如跳深和各种跳跃练习，也是发展起动力的有效手段。

（三）反应力的训练

反应力是指运动着的人体迅速制动，并以很高的加速度朝相反的方向运动的能力。当人体运动时肌肉链制动着人体运动速度，引起牵张反射。在制动的离心阶段，活动的肌肉被拉长，在加速的向心阶段，肌肉迅速收缩、缩短。所以反应收缩形式是一种高度活动的肌肉拉长—收缩周期形式（比勒，1986）。

反应力主要有两种：一种是以跳跃为主的弹跳反应力；一种是以击打、鞭打、踢踹为主的击打反应力。这两种收缩形式的差别在于不同的刺激关系。以跳深为典型的反应形式中，肌肉拉长是因为制动向下运动的身体受重力作用被迫进行的，人们习惯称之为超等长练习。相反，以击打为典型的反应形式中，肌肉拉长是因为对抗肌用力而引起的，这种被拉长的肌肉并不是积极的，因此拉长—收缩周期较跳深时慢得多（万德光，1988）。

1. 弹跳反应力的训练　发展弹跳反应力的方法也主要采用超等长训练法，训练内容主要有以下三方面：

（1）跳深练习：下落高度 50 ~ 110 厘米。如采用较低高度，有利于发展最大速度；采用较高高度，可发展最大力量。要求跳下后立即向上跳起，尽量跳高。这种练习每周可安排两次，每次 4 组。

（2）负重半蹲练习：采用颈后深蹲最大负荷的 90% ~ 130% 的强度做负重半蹲练习，每周安排两次，每次 4 ~ 6 组，每组 3 ~ 5 次。也可采用负重半蹲起踵或负重半蹲跳来发展弹跳反应力。

（3）各种跳跃练习：用最大速度做原地多次纵跳、跨步跳、多级跳、负重连续跳、单足跳、多级蛙跳、连续跳过低栏架、连续跳台阶、跳上跳下等。优秀运动员还往往把短跳练习和长跳练习结合起来进行训练。另外，美国篮球运动员多采用手持轻哑铃蹲跳起、肩负杠铃蹲跳起（22.5 千克）、负重分腿跳（45 千克，要求快速）、负重提锤（70 千克）等练习来发展弹跳反应力。

2. 击打反应力的训练　许多竞技运动项目都有击打、鞭打、踢踹、出手等动作。发展击打反应力，特别是发展对抗肌的力量能力是这些运动项目训练的重要任务。在优秀运动员中发展击打反应力，主要有以下几种训练方法：

（1）退让性练习法（即离心收缩，发展对抗肌力量）：

①卧推：负荷 110% ~ 150%，即超过自己最大负荷 10% ~ 50%，加助力推起，加保护慢放下。

②深蹲：方法同上。

③仰卧直臂下压：两手持哑铃，直臂下压时快，直臂后摆时慢。

（2）模仿性练习法（发展对抗肌和击打速度等）：如利用滑轮拉力器、橡皮器、石块、短棒等模仿击打、投掷、踢和踹等动作，用轻杠铃快速平推以发展出手的速度力量等。练习时应注意动作完成的幅度，完成动作前的拉长动作以及具有足够引起鞭打性的肌肉紧张。开始位置（关节角度）必须和比赛动作的开始位置一致，根据所选负荷和运动员的训练状态，此练习每组不得超过 5～8 次。

（四）速度力量训练的基本要求

（1）速度力量的提高不仅取决于肌肉收缩的速度，而且也有赖于最大力量的发展。因此，在发展速度力量时，要尽最大可能提高肌肉的最大力量。

（2）要在已经获得力量的基础上，在快速完成动作的过程中，培养表现这种力量的能力。这种能力的培养，首先要掌握完整的技术动作，并反复练习到较熟练的程度，并以轻负荷开始逐渐过渡到重负荷。在不同重量的负荷练习时都应有速度要求，动作幅度应尽可能达到最大，使之产生最大用力感和最大速度感。在不同结构动作的组合练习中，要强调衔接的协调、自然。

（3）速度力量练习应与单纯发展力量的练习相结合。运动实践中速度力量一般表现在具有一定负荷的练习中。不用负荷或负荷很小的快速动作练习，对神经肌肉系统的作用极其短暂，其训练效果不能适应运动实践中速度力量的要求。在单纯发展力量的练习中，由于负荷较重，动作速度会产生暂时下降，这种暂时下降只有在负荷停止或大量减轻负荷 2～6 周后才会恢复。因此，在动作速度暂时下降时期，应采用一些非极限负荷或无负荷的速度练习，使速度和力量练习结合起来。

（4）对于速度力量的训练，负荷重量要适宜。速度力量训练的最终目的是培养运动员快速完成动作的能力，由于有些速度力量性项目的负荷并不太重（例如男子铅球 7.26 千克，女子铅球 4 千克等），因此以负重训练发展速度力量时，要采用适宜的负荷重量，照顾发展力量和速度的需要，以适应专项要求。

（5）学习动作时，对动作的速度要求应严格区别对待。对不能完成动作速度要求的运动员，要逐渐把他们的注意力从对动作的空间特征的注意转移到对动作的时间特征的注意上来。对难以掌握的、复杂的、速度要求高的动作，要严格按照循序渐进的原则进行。因为动作的空间特征是时间特征的基础，只有完成正确的动作，才能要求提高动作的速度。

三、力量耐力的训练

力量耐力是力量和耐力的综合素质，它是在静力性或动力性工作中长时间保持肌肉工作能力，而不降低其工作效果的能力。根据肌肉工作方式，力量耐力分为动力性力量耐力和静力性力量耐力。动力性力量耐力又可细分为最大力量耐力（重复发挥最大力量的能力）和快速力量耐力（重复发挥快速力量的能力）两种。静力性力量耐力又可细分为最大静力性力量耐力和接近最大静力性力量耐力。

具有静力性力量耐力性质的运动项目很多，典型的有射击、射箭、速滑中的上体姿势、举重的支撑、吊环的十字支撑等项目。要求动力性力量耐力的运动项目多数集中在田径、球类、游泳和体操等项目中。

从肌肉物质交换的关系来看，在静力性力量耐力练习时，肌肉紧张逐渐下降，从而限制了有氧物质和酶作用的供应，肌肉高度紧张时，还会中断这种供应。在动力性力量耐力练习时，肌肉有节律地交替紧张和放松，短时间随血流流通供应有氧物质，易于加快消除疲劳的过程。

根据肌肉物质交换的关系，如要发展一般力量耐力，可采用极限用力的极端数量练习法、等动练习法、循环训练法和负荷强度较低的静力性练习法（静力性练习法详见最大力量训练部分）。

（一）极端用力法

表 4－8　极端用力法的负荷特征

负荷强度（%）	组数	每组次数	每组间歇（分钟）
50～75	3～5	10～12	3～5

（根据多勃雷夫 1983 年材料改编）

这种方法要求训练时做极限数量的重复，即每组试举允许重复 10～12 次这一最大值，直到完全不能做为止。也就是说，要使参加训练的肌肉再也不能收缩，肌肉越来越疲劳，需要从大脑皮层发出补充的神经冲动去激发新的运动单位，才能把每块肌肉充分地调动起来，并去激发新的肌群——即兴奋过程的扩散（约尔丹诺夫，1961）。

保加利亚多勃雷夫（1983）认为："这种训练方法对举重运动员的身体起着最为深刻和全面的结构性以及机能性的影响，而对运动系统和心血管系统则产生更为强烈的影响，这种方法对力量和耐力的发展产生良好影响，并成为大幅度地提高运动成绩的基础。"（《举重运动员的力量、战术和意志训练》，《中国体育科技》1984 年 24 期）

运动实践已经充分证明，这种方法不仅能极为有效地发展运动员的力量耐力，而且也是发展最大力量和培养运动员意志和心理稳定性的有效方法。

（二）等动训练法

等动训练法即等动力练习法，它是利用一种专门器械（等动练习器）进行力量训练的方法。等动练习器的基本结构是在一个离心制动器上连结一条尼龙绳。由于离心制动作用，拉动尼龙绳时的力量越大，器械所产生的阻力也就越大。所以，器械所产生的阻力总是和用力大小相关。等动练习从肌肉用力形式来看，似乎属于克制性工作，但实际上等动练习与纯粹的克制性工作存在较大的区别。因为克制性工作时，肌肉在缩短过程中张力要发生改变，而等动练习时，肌肉一直以某种张力进行收缩，并且收缩速度始终恒定。因此，不能简单地将等动练习看做是克制性工作。

肌肉用力大小与骨杠杆位置有着密切关系，即要受到肌肉群的牵拉角度及每个杠杆的阻力臂与力臂的相对长度的影响。因此，当人体任何一个环节活动时，在它的整个活动范围内，肌肉所表现的力量并不是均匀一致的。当我们做弯举时，总会明显地感觉到肘关节处于 90 度角左右时最吃力（阻力臂最大），因此在一般的动力性训练中，由于外加阻力是固定的，所以，肌肉在屈肘关节的整个活动范围内，负担是不一样的，开始较小，90 度角左右负担量最大，然后又逐渐减小，这样当肘关节处于不同角度时，屈肘肌群所受到的刺激作用也就不一样。用等动练习器进行训练时，当骨杠杆处于有利位置时，肌肉如使劲，用力比较大，器械产生的阻力也大；当骨杠杆处于不利位置时，力量小，器械产生的阻力也就小。这样实际上就等于在肘关节的整个活动范围内，给予了屈肘肌群以不同的负荷（即不同的外加阻力），只要练习者尽力去拉，就能保证在整个活动范围内，肌肉均能受到最大负荷。

进行等动练习时，通常练习重复次数较多，练习速度也因不同的目的而存在区别。这种方法主要用于发展力量耐力，如果改变负荷要求，也可用于发展其他类型的力量素质。

等动练习法在国内外游泳运动员的训练中得到了比较广泛的应用，并收到良好效果。目前还有人使用水下等动练习器来发展游泳运动员力量，并取得一定效果。等动练习可采用如下方法进行：将等动练习器固定在墙壁上、地板上或天花板上，运动员根据各自的专项特点，结合专项动作的方向和幅度，采用不同的负荷进行训练。例如：慢速等动训练，只增加做慢动作的力量耐力；快速等动训练，能使快速和慢速动作力量耐力都得到提高。总之，进行快速等动训练提高的力量耐力比慢速等动训练提高的力量耐力的作用和效果更大。因此，应多进行快速等动训练。

安排等动训练应注意以下几点：第一，每周训练以 2 ~4 次为宜；第二，训练周期至少 6 周或 6 周以上；第三，要结合专项特点进行练习，训练时完成动作的速度应尽可能和专项运动动作一样快，或更快；第四，每一种练习应保证做 2 ~4 组，每组以最大力量做 8 ~15 次（负荷较大时）或 15 次以上（负荷较小时）。

（三）循环训练法

循环训练法是指根据训练的具体任务，建立若干个练习站（或练习点），运动员按照规定的顺序、路线、依次完成每组所规定的练习和要求，周而复始地进行训练的方法。

循环训练要求系统地，按先后顺序进行两臂、肩带、两腿、腹部肌肉练习，以发展多部位力量耐力。循环训练的内容组织需根据练习的设想以及训练目的而定，同时根据“渐进负荷”和“递增负荷”的原则安排训练。负荷强度根据个人情况而定。随着训练水平提高，可逐渐缩短循环一圈所用的时间（见表 4 –9）。

表4－9　循环练习发展力量耐力的负荷特点

练习内容	各站负荷大　小	各站负荷持续时间	重复次数	休息时间	循环次数
力量	大	短	6～12	长、完全恢复	1～2

可采用下面的方案发展力量耐力：

〔方案1〕　此练习可分为10站，每站练习内容：①背人走跑。②推小车。③负重蹲跳。④负重仰卧起坐。⑤俯卧撑。⑥肋木上蹬腿拉臂克服同伴阻力。⑦高立翻挺举。⑧俯卧提拉杠铃。⑨颈后推举。⑩负重山羊挺身。

〔方案2〕　此练习可分为8站，每站练习内容：①站立推举。②颈后宽握引体向上。③颈后负重深蹲。④立卧撑。⑤卧推。⑥弯举。⑦划船（或俯卧提拉杠铃）。⑧负重山羊挺身（或腰部肌群练习）。

运用循环练习法发展力量耐力应注意以下几点：

第一，应根据训练需要和具体任务，预先选定练习内容。由于练习是连续进行的，因此练习内容应是运动员已基本掌握的。

第二，每套循环练习可安排8～10个站，每站内容的安排顺序一般应使身体不同部位的活动交替进行，以发展不同肌群的力量耐力。

第三，练习时不但要注意完成时间和数量，而且要严格质量要求。

第四，为验证一套循环训练的效果，一般应连续使用一段时间。循环练习内容不宜经常变动。

四、各种收缩方式力量练习效果的评价

国内外许多学者，都曾经进行不同肌肉收缩方式练习效果的比较实验和研究，并得出了许多重要的、具有实际应用价值的结论。

（一）动力性练习与静力性练习效果的评价

日本小野三嗣等（1965，1968）对股四头肌进行10周的实验表明，动力性练习效果显著优于静力性练习。还有许多学者认为动力练习比静力练习效果好（埃斯穆森，1959；梅多斯，1959；等）。伯格（1962）、梅多斯（1959）、汉森（1961）等人的研究认为，与动力性练习比较，静力性练习主要能提高静力性用力的力量，而与静力性比较，动力性练习能明显提高爆发性力量。生理学研究已经证明，静力练习时，肌肉活动的性质与动力性工作时不同，运动员在静力性和动力性练习时，获得的力量素质不可能完全相似。因此，绝大多数学者认为：由于各种项目的绝大多数动作均要求快反应、高速度、爆发式完成，还要求高度的协调性与机动性，而过多地运用静力性练习会妨碍动作速度和协调性发展。因此，力量练习应以动力性练习为主，静力性练习只是为了克服某些肌群力量发展的不足和适应某些静止用力动作的需要。

（二）克制训练法与退让训练法练习效果的评价

尤·伊万诺夫（1966）进行3个月的试验结果表明，退让性练习对发展提铃至胸和后蹲力量比克制性练习有效。小野等对举重运动员臂部伸肌进行了29周克制性练习和退让练习的结果表明，1周内力量增长率最高时都达到近5%的程度，但克制性练习是在肘关节45°处力量增加得最多，退让性练习是在135°处增加得最多。约翰逊等（1976）通过试验认为，克制性和退让性两种练习对发展力量的作用没有显著差异。克

鲁齐和维尔顿（1938）对跳深（属于退让练习）和一般跳跃练习作用的对比试验表明，垂直向上跳练习、0.3 米跳深练习和 0.75 ~ 1.10 米跳深练习对深蹲、伸膝力量和弹跳力都有作用，但三者之间无显著差异。

芬兰 K·哈基宁等（1983）对克制性练习和退让性练习进行了一系列试验。首先他们把受试者分成克制性练习组，克制—退让性练习组和退让—克制性练习组，进行 12 周训练表明，深蹲力量提高最多的是克制—退让性练习组（提高 29.2%），其次是退让—克制性练习组（提高 28.6%），较差的是克制性练习组（20.3%）。速度力量以克制性练习组较好，其他两组（特别是退让—克制性练习组）发展速度力量效果不佳（$P < 0.05$）。他们进行的第二种试验分组为克制—退让性练习组和克制性练习组，12 周的试验结果同样表明，前一组比后一组大腿伸肌力量提高显著（两者分别提高 9.9% 和 3.9%），但也同样看出，克制性练习组速度力量提高显著，而克制—退让性练习组甚至稍有下降。在对抓举和挺举成绩的作用方面，克制—退让练习组比克制性练习组提高稍快，但无统计学意义。第三种试验是探讨力量训练对提高神经—肌肉能力的机制，14 名受试者进行 75% 左右的克制性练习和 25% 左右的退让性练习，项目集中于深蹲和一般辅助练习，抗阻力逐渐增加（80% ~ 120%），共训练 16 周。结果表明，头 3 个月力量提高明显，后 1 个月未见提高，大腿伸肌的最大电位活动在训练早期明显增强。上述变化具有显著意义（$P < 0.01 \sim 0.001$）。试验还表明，在头两个月快肌纤维（FT）的平均面积显著增大（$P < 0.01$），慢肌纤维（ST）增加不明显，因而训练早期爆发力的提高与两种肌纤维面积的比值（FT/ST）提高有关。在整个试验期间力量提高与两种肌纤维平均增大有关。上述试验结果表明，主要采用克制性练习，并配合退让性和静力性练习，对发

展力量更为有效，而单独采用任何一种方法训练，在某一训练期末尾力量的提高可能停顿。因此，在力量训练中定期变动练习的性质具有重要意义。

（三）克制性、退让性和静力性练习效果的综合评价

前苏联学者斯洛鲍江（1981）的研究结果证实，把克制性、退让性和静力性等多种肌肉收缩方式结合起来训练能获得最佳结果。效果最佳的负荷分配是：克制性练习占75%，退让性练习占15%，静力性练习占10%。退让性练习和静力性练习一般放在训练课的末尾进行。

“进行各种收缩方式的综合性练习能取得较好的效果，证明了运动训练中突破适应原理的正确性。从生物学角度看，各种肌肉收缩方式混合训练增加了身体对刺激适应的难度，提高了刺激的作用，从而能收到更快提高力量的效果。”（郭廷栋《竞技举重运动》，人民体育出版社，1990年，第259页）

（四）动作速度与提高肌肉力量的关系

对动作速度与提高肌肉力量的关系，国内外许多学者都进行了大量研究。根据C·列里科夫的实验，用中速做动作力量增加较快，慢速和快速练习效果均差一些，但采用变速练习，力量增加最快（见表4－11）。

表4－11　动作速度与提高肌肉力量的关系（10周实验）

顺　序	动作速度	力量提高值（千克）
1	快速	9.0±0.9
2	中速	16.3±0.5
3	慢速	9.5±0.8
4	很慢	11.2±1.1
5	变速	22.2±0.6

（据C·列里科夫）

用不同的速度练习能够更快地提高力量，像用不同的肌肉收缩方式进行训练一样，可以用适应和突破适应的生物学原理加以说明。如果总是用相同的速度练习，身体会较快适应这种刺激条件；如果用不同的速度练习，身体就难以较快适应，并且能不断突破原来适应得较好的条件，因而刺激的作用增大，促进力量更快地提高。总之，采用不同的动作速度发展力量时要根据不同的力量练习动作特点进行安排。例如：深蹲、实力推、硬拉等一些发展绝对肌肉力量的练习动作可采用变速练习；抓举、挺举和快速挺等发展爆发力的练习动作，还是应该用快速练习去提高。因此，在训练中可定期安排快速的、中速的、慢速的深蹲、硬拉、多种形式推举等练习。也可以在一组练习中先做一次快速动作，再做一次中速动作，最后做一次慢速动作。如果每组练习两次，就可以用不同的速度完成。

第三节　力量训练技术动作

发展力量素质，除了必须掌握必要的力量训练理论外，还应该正确掌握发展有关肌群力量的技术动作，并在实践中反复练习。只有这样才能迅速促进力量水平的提高。力量训练包括臂部、肩部、背部、胸部、腹部、腿部和全身部位的 1 000 多个技术动作。同时，力量训练又可以采用徒手（单人、双人）练习、器械（如杠铃、哑铃、壶铃、肋木、实心球、沙袋、沙背心、栏架、组合练习器、拉力器等）练习、组合练习等多种形式。下面根据身体的不同部位，主要介绍现代发展力量过程中经常采用的 105 个技术动作。

一、臂部力量训练

（一）上臂力量训练

1. 窄握距卧推

作用：主要发展肱三头肌外侧头以及胸大肌、三角肌力量。

要领：仰卧在卧推架上，窄握杠铃（握距不超过30厘米），两臂伸直，举杠铃于胸前并下放至胸部，同时两肘外展，把杠铃推起时尽量使用肱三头肌力量，并反复练习。

2. 仰卧颈后臂屈伸

作用：主要发展肱三头肌力量。

要领：仰卧，头伸出练习凳端数厘米，两手分开30厘米，反握杠铃，举在胸前，然后屈肘把杠铃慢慢放下，降至练习凳端，再伸肘把杠铃举回胸前，反复进行。此练习法也可用哑铃进行。

3. 颈后臂屈伸

作用：主要发展肱三头肌力量。

要领：身体直立，两臂上举反握杠铃（也可正握，但反握比正握效果好），握距同肩宽，做颈后臂屈伸动作。做时两臂固定在头的两侧，两肘向上，上体不动，尽量后屈。也可用哑铃、杠铃片等重物进行练习。

4. 颈后伸臂

作用：主要发展肱三头肌上部和外侧部力量。

要领：一腿在后直立，一腿在前。两手各握拉力器一端置颈后，两肘外展，两臂用力前伸使两臂伸直。整个动作过程中，保持头朝下姿势，并反复练习。

5. 弯举

作用：主要发展肱二头肌、肱肌、肱桡肌等力量。

要领：身体直立，反握杠铃，握距同肩宽，屈前臂将杠铃举至胸前。可坐着练习，也可用哑铃等器械练习，还可在综合练习器上进行手持杠铃或哑铃的练习。

此外，也可采用仰卧弯举、肘固定弯举、斜板哑铃弯举进行练习。

6. 窄握距引体向上

作用：主要发展肱二头肌、肱肌、胸大肌和背阔肌力量。

要领：两手间隔不超过 10 厘米，掌心朝下，屈腕成钩，钩住单杠。从悬挂姿势开始，向上拉起至下颌过横杠。然后两肘关节保持在较高位置，以肘关节为轴心，上臂慢慢放下10～15厘米，然后再向上拉起，直至颈部触及横杠。整个动作要缓慢、有节奏、反复进行。

7. 双臂屈伸

作用：主要发展肱三头肌、胸大肌、背阔肌力量。

要领：不负重或脚上挂重物，捆上沙护腿、穿上沙衣等，在间距较窄的双杠上做双臂屈伸。练习时身体成反弓形，两肘紧靠身体两侧。向下屈臂时要充分，还原后重新开始。

8. 仰卧撑

作用：主要发展肱三头肌、三角肌、背阔肌力量。

要领：仰卧，两臂伸直撑在约 50 厘米高的台上或肋木上，屈臂，背部贴近高台（或肋木），然后快速推起至两臂伸直，连续做 10～15 次。也可将双脚抬高加大难度或负重物练习。

（二）前臂力量训练

前臂力量训练主要采用少组数（3～5 组），多次数（16 次以上），组与组之间间歇很短的练习方法。训练时应不断提高负荷（强度），用大负荷量（大强度）给予前臂充分刺激，从而使前臂力量迅速、充分地发展起来。

1. 腕屈伸

作用：主要发展手腕和前臂屈手肌群和伸手肌群力量。

要领：身体直立，两手反握或正握杠铃做腕屈伸，前臂固定在膝上或凳子上，腕屈伸至最高点，稍停顿，再还原。也可坐着练习，用哑铃或杠铃片做交替腕屈伸。也可采用斜板腕屈伸练习。

2. 旋腕练习

作用：主要发展前臂屈手肌群和伸手肌群力量。

要领：身体直立，两臂前平举，反握或正握横杠，用屈腕和伸腕力量卷起重物，反复练习。

3. 斜板正握弯举

作用：主要发展深层屈指肌力量。

要领：两手与肩同宽正握杠铃，把肘关节放在一块斜度约40°的木板上缘。掌心向下，慢慢将杠铃举起、放下。举起时，尽量把杠铃举至颈部。

二、肩部力量训练

肩部力量训练主要是指肩部肌群，特别是锁骨末端的三角肌的力量训练。肩部三角肌有三束肌肉，分为前部、侧部、后部，合起来围绕肩部形成一个圆球。每一束肌肉必须采用专门的动作，单个练习，才能使整个三角肌全面发展。另外，在发展三角肌力量时，做一些发展斜方肌的力量练习，以更有效地发展肩部力量。下面介绍具体的技术动作。

（一）胸前推举

作用：主要发展三角肌侧前部肌肉，以及斜方肌、前锯肌、肱三头肌力量。

要领：两手持铃将杠铃翻起至胸部，然后立刻上推过头顶，再屈臂将杠铃放下置胸部，再上推过头顶，反复练习。也可用哑铃或壶铃练习。

（二）颈后推举

作用：基本同胸前推举。

要领：身体直立，挺胸别腰，握距同肩宽，将杠铃高翻至颈后，然后将杠铃从颈后推起至两臂完全伸直，反复练习。练习时可坐着进行，也可采用宽握距或窄握距进行练习。

（三）翻铃坐推

作用：主要发展三角肌群和斜方肌力量。

要领：两手正握杠铃于体前下胸部，两臂上举杠铃稍高于头，然后被动用力将杠铃下放于颈后，再将杠铃从颈后推起，过头顶后，然后被动用力将杠铃慢慢降至体前下胸部，同开始姿势，反复练习。也可采用多种握距进行练习。

（四）两臂前上举

作用：主要发展三角肌侧部力量。

要领：两手正握杠铃，与肩同宽。向上提起杠铃至头顶高并。上举时肘关节外展，杠铃始终保持在距脸部 30 厘米处。用稳定节奏反复练习。

（五）直臂前上举

作用：主要发展三角肌前部、斜方肌、前锯肌、胸大肌力量。

要领：两脚自然分开，身体直立，两臂下垂同肩宽持铃，直臂向上举起杠铃。也可用哑铃或杠铃片进行练习；还可做仰卧直臂上举。

（六）持铃侧上举

作用：主要发展三角肌前侧部及斜方肌、前锯肌力量。

要领：两脚分开，自然站立，两手持哑铃（或杠铃片）置于肩部，上举过头后，两臂慢慢展开，掌心向下成侧平举。然后还原成开始姿势，重新开始练习。

（七）直臂侧上举

作用：主要发展三角肌、斜方肌、前锯肌力量。

要领：身体直立，两臂下垂持哑铃或杠铃片，做直臂侧上举。也可做侧卧直臂上举、坐姿侧上举。

（八）俯卧飞鸟

作用：主要发展三角肌后部以及斜方肌、胸大肌、大圆肌力量。

要领：俯卧于练习凳上，两臂稍屈，向外侧举哑铃成飞鸟姿势，两臂还原时放松，反复练习。此动作也可采用直立飞鸟、仰卧飞鸟进行。还可用杠铃片进行练习。

（九）俯立侧平举

作用：主要发展三角肌、斜方肌、大圆肌的力量。

要领：上体前屈与地面平行，两臂下垂各执一哑铃，然后两臂向侧举哑铃至最高点，稍停，再还原。

（十）持铃侧前平举

作用：主要发展三角肌群力量。

要领：两脚靠拢站立，双手持哑铃于大腿前，先向两侧同时举起哑铃，然后向前平举，还原至开始位置再重复。练习时，肘关节始终保持稍弯屈。

（十一）两臂侧摆

作用：主要发展三角肌侧部力量。

要领：两臂分开成站立姿势，两手持哑铃同时向一侧举起成“拉弓”姿势，放下后随即向另一侧举起，交替进行。练习时掌心始终朝下，动作连续，速度较慢。

（十二）提肘拉

作用：主要发展斜方肌、三角肌及肱二头力量。

要领：身体直立，正握杠铃，然后提肘将杠铃贴身上拉至下颌，稍停，再还原。也可采用多种器械和握距进行。

（十三）快挺杠铃

作用：主要发展三角肌前部、斜方肌、前锯肌、肱三头肌力量以及身体的协调用力。

要领：两脚前后开立，两手同肩宽握杠铃置于胸前，向斜上方挺举，双腿可配合做前后交叉动作，连续挺。练习时动作速度要快，手腿配合。

（十四）快速平推杠铃

作用：主要发展三角肌前部、胸大肌、肱三头肌、前锯肌力量及冲拳速度和全身协调用力。

要领：两脚前后开立，两手正握杠铃于胸前，向前快速平推，连续练习。要求练习时动作速度快，可配合双腿做前后交叉练习。也可用哑铃进行练习。

（十五）斜上推举

作用：主要发展三角肌前部、肱三头肌、胸大肌、前锯肌力量。

要领：前后（或左右）分腿站立，双手比肩宽握杠铃，举起杠铃置于胸前，连续向斜上方快速推举。要求斜上推举时两臂与上体夹角约为135°。每组练习8～10次，练习时两脚不得离开地面。也可用哑铃进行练习。

（十六）快推

作用：主要发展三角肌、斜方肌力量。

要领：两脚左右开立，两手持哑铃置肩部，两手交替快速向上推举或同时上推。

（十七）倒立臂屈伸

作用：主要发展三角肌、肱三头肌、背阔肌、斜方肌力量。

要领：面对墙，两手与肩同宽撑地，一脚后蹬，一腿后摆成背对墙的手倒立姿势。屈肘下落至肩部靠近支撑点，快速发力推起仍成手倒立。反复练习。也可在倒立架上做。

（十八）直臂绕环

作用：主要发展肩关节周围肌肉力量。

要领：身体直立，两臂下垂持哑铃或杠铃片，做胸前直臂绕环。也可做仰卧直臂绕环。

（十九）推小车

作用：主要发展肩带肌群力量。

要领：练习者直臂俯撑，身体挺直，同伴握其双踝抬起他的身体，做快速用双手着地的向前爬行练习。行走 15 ~ 20 米为 1 组。也可攀台阶，攀台阶上 20 ~ 30 级为 1 组。

三、背部力量训练

背部力量训练的目的是充分发展人体第二大肌肉——背阔肌（股四头肌最大），以及大圆肌、斜方肌、冈下肌、小圆肌、前锯肌以及骶棘肌等肌群力量。在训练时要动作准确，并使肌肉充分收缩，从而使背部力量得到充分发展。

（一）高翻

作用：主要发展背阔肌、斜方肌、骶棘肌力量。

要领：两脚站距约同肩宽，双手正握杠铃，握距同肩宽，挺胸别腰，将杠铃提起至大腿中下部迅速发力，翻举至胸部。还原后再反复练习。

（二）持铃耸肩

作用：主要发展斜方肌力量。

要领：身体直立，正握杠铃，然后以肩部斜方肌的收缩力，使两肩胛向上耸起（肩峰几乎触及耳朵），直至不能再高时为止。还原后反复进行练习。

（三）俯立划船

作用：主要发展背阔肌上、中部以及斜方肌、三角肌力量。

要领：上体前屈90°，抬头，正握杠铃。然后两臂从垂直姿势开始，屈臂将杠铃拉近小腹后还原，再重新开始。上拉时应注意肘靠近体侧，上体固定，不屈腕。为了减少腰部负担，也可将前额顶在山羊或鞍马上进行练习，还可采用各种握距练习，也可采用壶铃、哑铃、杠铃片等器械练习。

（四）俯卧上拉

作用：主要发展背阔肌、斜方肌、三角肌力量。

要领：俯卧练习凳上，两臂悬空持杠铃，两臂同时将杠铃向上提起，稍停，再还原，反复进行。也可采用哑铃和壶铃进行练习。

（五）直腿硬拉

作用：主要发展骶棘肌、背阔肌、斜方肌、臀大肌以及股二头肌、半腱肌、半膜肌、大收肌等伸展躯干和伸髋的肌肉力量。

要领：两腿伸直站立，上体前屈，挺胸紧腰，两臂伸直，用宽握或窄握距握住杠铃，然后伸髋、展体将杠铃拉起至身体挺直。还原后重新开始。每组练习2~5次。上拉时应注意腰背肌群要收紧，杠铃靠近腿部。

（六）宽握距引体向上

作用：主要发展背阔肌、肱二头肌、胸大肌力量。

要领：用宽握距正握（也可用反握）单杠，做引体向上。引体向上时下颌要高过横杠甚至把横杆拉至乳头一线，才能最有效地发展背阔肌。上拉时不要摆动或蹬腿，脚上可系重物。反复练习。也可采用中握距引体向上、杠端引体向上。

（七）颈后宽引体向上

作用：主要发展背阔肌、斜方肌、冈下肌、小圆肌、大圆肌、肱二头肌、肱肌力量。

要领：宽握距正握横杠悬空，然后迅猛地将身体拉起，直到颈背部高过横杠，反复练习。

（八）直臂前下压

作用：主要发展背阔肌、三角肌后部及胸大肌力量。

要领：与直臂前上举相反，两臂前上举握住拉力器，做直臂前下压，反复练习。

（九）双臂下拉

作用：主要发展背阔肌力量。

要领：两手以中等宽度握住拉力器把，坐在拉力器正下方，向下拉，使胸下部碰到拉力器把，同时挺胸。练习时上体不要后仰。还原后重新开始。

（十）宽颈后推

作用：主要发展背阔肌、斜方肌、三角肌、前锯肌、肱三头肌力量。

要领：用高翻动作将杠铃置于颈后，然后宽握杠铃，挺胸别腰，身体直立，两臂自然下垂。用两臂力量将杠铃从颈后推起至两臂伸直，每组练习3~8次。也可采用窄握距颈后推，但宽握距颈后推对发展背阔肌力量效果更好。

四、腰部力量训练

（一）山羊挺身

作用：主要发展伸展躯干和伸髋的肌肉力量。

要领：俯卧在山羊（或鞍马）上，两脚固定在肋木间，两手在颈后固定杠铃或杠铃片（力量较小者也可不负重），做体前屈与挺身起。前屈时慢些，挺起要充分，身体成反弓形。也可俯卧在长凳上，固定两腿做负重的（或不负重）俯卧挺身，或做两端都固定的俯卧挺身静力练习。

（二）负重弓身

作用：主要发展骶棘肌、斜方肌、臀大肌、股二头肌、半腱肌、半膜肌、大收肌力量。

要领：两臂持杠铃于颈后，两腿开立约与肩宽，身体直立，腰和腿收紧，上体慢慢前屈，臀部后移（像鞠躬动作），使上体成水平状态，然后向上挺直身体。可做直腿或屈腿弓身，也可坐在凳上做弓身。

（三）负重体侧屈

作用：主要发展腹内外斜肌、腹直肌、骶棘肌、臀中肌等使躯干侧屈的肌肉力量。

要领：身体直立，两腿开立约与肩宽，肩负杠铃做左右体侧屈。练习时速度不宜太快，反复进行。

（四）负重侧拉

作用：基本同负重体侧屈。

要领：两腿伸直分开站立，一手提壶铃做体侧屈。练习时要求手臂伸直，身体尽量向侧下方弯屈，两侧轮换练习。此练习也可用哑铃或杠铃片进行。也可侧卧在长凳或山羊上，固定两腿做颈后持杠铃片的负重侧卧起。

（五）负重体回环

作用：主要发展躯干伸展，侧倾和屈曲肌群的力量。

要领：两腿伸直分开站立，两手握杠铃片或重物，两臂伸直以腰为轴做体回环动作。练习时速度要慢，反复进行。

（六）俯卧两头起

作用：主要发展伸展躯干和伸髋的肌肉力量。

要领：俯卧在垫子或长凳上，两臂前伸，两腿并拢伸直。两臂和两腿同时向上抬起，腹部与坐垫成背弓，然后积极还原，连续练习。15～20 次为一组。

五、胸部力量训练

发展胸部力量的方法很多，有徒手练习，也有用杠铃、哑铃、拉力器等器械训练者。要注意，所有上体高于下肢的斜板卧推和飞鸟动作有助于发展胸大肌上部力量；而下肢高于上体的斜板卧推和飞鸟动作有助于发展胸大肌下部力量。平卧做卧推时，其效果取决于杠铃推起和放下的位置。如杠铃靠近颈部，发展的是胸大肌上部力量；如杠铃放近乳头一线，发展的是胸大肌中部力量。交叉拉力器练习也是如此，两手相交位置高，发展胸大肌上部力量；反之则发展下部力量。

（一）颈上卧推

作用：主要发展胸大肌上部、肱三头肌和三角肌力量。

要领：仰卧于卧推架上，可采用宽、中、窄三种握距，手持杠铃或哑铃，先屈臂将其放于颈根部，两肘尽量外展，将杠铃推起至两臂完全伸直。反复进行。

（二）斜板卧推

作用：主要发展胸大肌下部、肱三头肌和三角肌力量。

要领：宽握杠铃仰卧于斜板上，脚高于头，朝着胸中部慢慢放下杠铃，肘关节外展与身体成90°角。然后迅速用力向上举起杠铃，再以稳定节奏反复进行练习。此动作也可用哑铃进行练习。

（三）仰卧扩胸（飞鸟）

作用：主要发展胸大肌、三角肌、前锯肌力量。

要领：仰卧在练习凳上，两手各执一哑铃做向体侧放低与上举动作。放低时可稍屈肘，充分扩胸；上举时臂伸直。可采用不同斜度练习，也可用杠铃片做此动作。

（四）直臂扩胸

作用：向前主要发展胸大肌、三角肌前部、前锯肌力量；

向后主要发展背阔肌、三角肌后部、斜方肌力量。

要领：身体直立，两手各持一个哑铃或杠铃片，先直臂向胸前与肩关节成水平位置举起，然后直臂向两侧充分扩胸。还原后反复练习。

（五）直臂侧下压

作用：主要发展胸大肌、背阔肌力量。

要领：两臂侧上举各握住一拉力器，然后用胸大肌和背阔肌力量做直臂侧下压，反复练习。也可做侧卧直臂下压。

（六）宽撑双杠

作用：主要发展胸大肌下部、外部肌肉，以及肱三头肌、三角肌、前锯肌力量。

要领：脸朝下收紧下颌，弓背，脚尖向前，眼视脚尖。两手宽握双杠，屈臂使身体下降，然后再伸臂把身体撑起。屈臂时尽可能使身体降低一些，不要借力，反复进行。此动作也可脚上系重物或穿沙背心进行练习。

（七）俯卧撑

作用：主要发展胸大肌、肱三头肌、三角肌及前锯肌力量。

要领：俯撑在平地上或俯卧架上，两臂间隔同肩宽，然后屈臂将身体下降至最低限度，再伸直两臂将身体撑起。伸臂时两肘夹紧，身体始终挺直上下。可用头高脚低、脚高头低或背上负重三种姿势进行。两手可用宽中窄三种距离支撑。

（八）俯卧撑推起击掌

作用：主要发展胸大肌、肱三头肌、三角肌及前锯肌力量和上肢与躯干的协调用力。

要领：俯卧，两臂伸直撑地，身体保持挺直。屈臂时，胸部接近地面，然后两手快速推离地面，要求击掌一次，缓冲落地。反复练习。

六、腹部力量训练

腹部力量训练的重点是发展腹外斜肌、腹内斜肌、腹直肌和髂腰肌力量。腹肌收缩主要是用来缩短骨盆底部至胸骨间的距离。这种收缩动作在幅度充分的仰卧起坐或仰卧举腿中，只占很小一部分。因此，半仰卧起坐（即上体抬起幅度为全幅度的1/4或1/2）等动作是比较好的发展腹部力量的方法。

（一）仰卧起坐

作用：主要发展腹直肌、髂腰肌力量。

要领：仰卧凳上或斜板上，两足固定，两手抱头，然后屈上体坐起，再还原，反复进行。也可两手于颈后持杠铃片或其他重物负重练习。

（二）半仰卧起坐

作用：主要发展腹直肌上部力量。

要领：平躺地上或练习凳上，两手持杠铃片置于头后，两足固定。上体向前上方卷起，同进两膝逐步弯曲。练习时注意背下部和髋部不能因上体抬起而离开地面或练习凳。用力吸气，放松呼气。收缩时停两秒。也可将负重物放在胸前上部进行练习。

（三）蛙式仰卧起坐

作用：主要发展腹直肌力量。

要领：仰卧垫上，两脚掌靠拢，两膝分开，两手置头后，向上抬头，使腹肌处于紧张收缩状态，两秒钟后还原重新开始。

（四）仰卧举腿

作用：主要发展腹直肌、髂腰肌力量。

要领：仰卧在斜板上，两手置身体两侧握住斜板，然后两腿伸直或稍屈向上举至垂直。

（五）悬垂举腿

作用：同仰卧举腿。

要领：两手同肩宽上举握住单杠，身体悬垂，然后两腿伸直或稍屈向上举至水平位置，反复练习。另外，也可在双杠上做两臂支撑的悬垂举腿。

（六）仰卧侧提腿

作用：主要发展腹内、外斜肌力量。

要领：仰卧垫上，然后侧提右膝碰右肘，触肘后停 1 秒钟。然后侧提左膝碰左肘。反复练习。

（七）屈膝举腿

作用：主要发展腹直肌下部力量。

要领：屈膝，两踝交叉，两掌心朝下放在臀侧，仰卧垫上。然后朝胸的方向举腿。直到两膝收至胸上方，还原后重新开始。

（八）举腿绕环

作用：主要发展腹直肌、腹内外斜肌力量。

要领：背靠肋木，两手上举正握肋木悬垂，两腿并拢向左右两侧轮换举腿绕环，反复进行。练习时绕环幅度要大，腿尽力举高。

（九）负重转体

作用：主要发展腹内、外斜肌以及骶棘肌力量。

要领：身体直立，颈后负杠铃，两足固定，然后向左、右转体至极限，反复练习。

（十）仰卧两头起

作用：主要发展腹直肌、髂腰肌力量。

要领：身穿沙背心、带沙护腿，仰卧在垫子上，身体保持挺直，两臂和两腿同时上举至体前上方，手触脚背后还原。连续做 15 ~20 次为一组。还可增加难度，腿部和背部下放时不触垫子，距垫子10厘米开始第二次练习。

（十一）元宝收腹

作用：主要发展腹直肌力量。

要领：两手置脑后，平躺在地上或垫子上，上体卷起时，两膝收至髋部上方。上体卷起和收膝同时进行，直到两肘碰到两膝为止，并稍停两秒钟，反复练习。

（十二）元宝收腹静力

作用：基本同元宝收腹。

要领：仰卧，收腹，两臂和两腿同时上举，手触脚背成元宝收腹姿势，保持静止30~60秒。

七、腿部力量训练

（一）颈后深蹲

作用：除主要发展股四头肌、股二头肌、臀大肌力量外，还能有效地发展伸髋肌群力量。

要领：上体正直，挺胸别腰，抬头，两手握杠将杠铃放置颈后肩上。做动作时保持腰背挺直，抬头收腹，平稳屈膝下蹲。根据不同的任务和要求，可采用不同的站距（宽、中、窄）和不同的速度（快速、中速、慢速、反弹）来做。下蹲或起立时膝与脚尖方向应一致。

（二）胸前深蹲

作用：基本同颈后深蹲，但前蹲由于胸部所受的压力较大，参与完成伸膝、屈足肌群工作的阻力矩大，因此能更有效地发展伸膝肌群和躯干伸肌的力量。

要领：上体正直，挺胸别腰，抬头，两手握杠将杠铃放置两肩胛和锁骨上，平稳屈膝下蹲。其余要领同颈后深蹲。

（三）半蹲

作用：发展伸膝肌群力量与躯干支撑力量，特别是股四头肌的外、内侧肌，股后肌群和小腿三头肌。

要领：正握杠铃于颈后肩上，挺胸别腰，屈膝下蹲近水平位置时，随即伸腿起立。其余要领同颈后深蹲。此练习也可采用坐蹲进行。

（四）半静蹲

作用：主要发展伸膝肌群力量和躯干支撑力量。

要领：颈后或胸前持铃屈膝下蹲至大腿水平部位，保持这个姿势不动，或做好半蹲姿势对抗不动物体，静止6～12秒。也可根据动作结构和需要，用不同角度来做。

（五）腿举

作用：主要发展股四头肌、臀大肌、股二头肌、半腱肌、半膜肌、大收肌、小腿三头肌、屈足肌群力量。

要领：仰卧于升降练习架下，两脚蹬住练习架做腿屈伸动作。练习时可采用不同的速度（快、中、慢）和两脚间距（可膝脚靠拢，也可分开）进行。

（六）负重伸小腿

作用：主要发展大腿前部肌群力量。

要领：坐在腿伸展练习器一端，脚背前部放在圆柱垫子下面，两手抓住臀后方的两侧。股四头肌收缩，使小腿向斜上方伸起。随着小腿伸展，上体稍向后仰，以便使腿部最大限度地伸展。两腿完全伸直后坚持两秒钟，再还原重新开始。另外，此练习也可坐在山羊或高凳上，足钩住壶铃或挂上重物，做伸小腿动作。也可在练习器上做腿蹬出动作。

（七）屈小腿

作用：主要发展股二头肌、半腱肌、半膜肌、小腿三头肌力量。

要领：俯卧在屈腿练习器上，两脚跟钩住圆柱垫子，脚跟靠拢，两脚用力将负重拉起，使圆柱垫子碰到臀部。在将负重拉起的同时做俯卧撑起，则主要发展股二头肌上部力量。当开始牵拉负重时，上体由原来的俯卧撑姿势向下变为平卧在练习器上，则主要发展股二头肌中部肌肉。另外，此练习也可在小腿捆上沙护腿或足穿铁鞋，做原地屈小腿动作；还可俯卧练习凳上做加阻力（如将固定于肋木上的橡皮筋一端置小腿踝关节处）的屈小腿动作，或进行双人对抗的屈小腿练习。

（八）内收大腿

作用：主要发展缝匠肌力量。

要领：坐在一个高 15～30 厘米的小凳上，两脚靠拢，两膝分开，两手各握一个拉力器手柄并放在两膝内侧，两脚尽量向外展开，然后两膝用力内收，直到两手相碰。还原后重新进行。

（九）负重蹬台阶

作用：主要发展伸膝、屈足肌群力量。

要领：肩负杠铃，左腿屈膝踏在高 30～50 厘米的台阶上，右脚支撑于地面。左腿迅速蹬直。与此同时，右脚提起踏上台阶。还原后反复进行。两腿交换练习。也可踝关节缚橡皮带做蹬台阶练习。

（十）负重抬大腿

作用：主要发展髂腰肌、股直肌力量。

要领：两手扶墙或扶住同伴的肩，上体前倾成支撑姿势，左膝扎橡皮带，另一端固定在体后的杠柱上。左腿做抬大腿动作，右腿积极蹬直。两腿交替做。

（十一）肩负同伴深蹲起

作用：主要发展腿部伸膝、伸髋肌群力量。

要领：侧对肋木站立，左手正握横木。做肩负同伴深蹲起动作。起立时腿蹬直，要求快而有力，两人交替练习。

（十二）负重蹲跳

作用：主要发展伸大腿和屈足肌群力量。对提高弹跳力效果较好。

要领：肩负杠铃，屈膝半蹲后，迅速伸髋、蹬腿，展体起踵做起跳动作。起跳时杠铃固定，保持挺胸、紧腰、抬头、直体，落地时屈膝缓冲。也可用壶铃做，两脚开立与肩宽，屈膝直臂持壶铃做蹲跳动作（最好两足垫高）。

（十三）弓箭步跳

作用：主要发展股四头肌、股二头肌、小腿三头肌、屈足肌群力量及弹跳力。

要领：肩负杠铃成弓箭步，向上跳起两腿同时交换，落地成弓箭步，连续练习。

（十四）快跳

作用：主要发展伸膝、屈足肌群力量及弹跳力。

要领：两脚左右开立，两手持哑铃于肩上，向上快速连续跳，同时两臂上举哑铃，连续练习。快跳时要速度轻快，手脚配合。

（十五）快推跳

作用：主要发展伸膝、屈足肌群力量，肩带力量及协调性和爆发力。

要领：两脚前后开立，两手持哑铃于胸前，向上跳起时，两手同时向前方推出，落地后两脚交换，连续跳。要求手脚配合，速度快，动作轻捷，反复练习。

（十六）足尖深膝蹲

作用：主要发展小腿腓肠肌和比目鱼肌、股四头肌力量，对提高身体平衡能力也有锻炼价值。

要领：两脚分开站立，将杠铃置颈后，全身直立，随即脚跟向上踮起，前脚掌着地，然后徐徐屈膝蹲下至两腿完全弯屈

（两脚尖向两侧分开），以脚尖支持身体重心。稍停，再伸腿起立至两腿完全伸直，仍以脚尖支持身体重心。反复练习。

（十七）负重提踵

作用：主要发展小腿三头肌及屈足肌群力量。

要领：身体直立，颈后负铃或练习架，两脚站垫木或平地上，用力起踵，稍停再还原。

（十八）双人提踵

作用：主要发展小腿三头肌及屈足肌群力量。

要领：光脚用脚趾站在一块木板上，两臂扶在位置较高的练习凳或台上，同伴跨腰上，然后两膝伸直，脚跟尽量放下着地，随即慢慢提起脚跟至小腿肌肉处于收缩状态。练习时，大部分重量落在大脚趾上。反复练习，每组 15～20 次。

（十九）仰卧踝屈伸

作用：主要发展屈足肌群力量。

要领：仰卧于腿举练习架上，两手扶住两膝，膝关节微屈。两脚跟朝里，用脚趾将重物顶起，还原后重复进行。

（二十）纵跳

作用：主要发展伸膝和屈足肌群力量及弹跳力。

要领：身穿沙背心，带沙护腿，成半蹲姿势。两脚蹬地起跳，两臂上摆，腿充分蹬伸，头向上顶，缓冲落地后继续做。每组连续练习 10～15 次，负重以 10～15 千克为宜。动作要求协调，也可悬挂或标出高度目标，以两手触摸标志线或物体进行练习。

（二十一）蛙跳

作用：主要发展下肢爆发力及协调用力能力。

要领：身穿沙背心，带沙护腿（也可不负重），全蹲。两脚蹬地，腿蹬直向前上方跳起，腾空后挺胸收腹，快速屈腿前摆，以双脚掌落地后不停顿地连续做，6～10 次为一组。动作中要求快速起跳，身体充分伸展开，可先不要求远度，逐渐增加远度要求。

（二十二）跳深

作用：主要发展伸膝、屈足肌群和腹肌力量。

要领：将5～8个高度为70～100厘米的跳箱盖纵向排好，每个跳箱盖横放，间距均为1米。练习者面对跳箱盖并腿站立，双脚同时用力跳上跳箱盖，紧接着向下跳，落地后立即又跳上第二个跳箱盖，连续跳上跳下，20～30次为一组。动作之间不得停顿。也可在有沙坑的高台处做此练习。

（二十三）直腿跳

作用：主要发展小腿三头肌和屈足肌群力量。

要领：肩负轻杠铃，膝伸直，利用踝关节屈伸的力量向上跳起，连续跳。练习时要控制好杠铃，积极蹬地富有弹性。

（二十四）跳台阶

作用：主要发挥伸膝、屈足肌群力量及弹跳力。

要领：面向台阶，屈膝摆臂，用力蹬地收腹跳上3～4级台阶，连续练习。也可在楼梯上做此练习。

（二十五）多级跨跳

作用：主要发展下肢屈肌和伸肌力量。

要领：做五、十、十五级等多级跨跳，最后一跳落在沙坑里，或在锯木道上练习。练习时踝、膝、髋关节要蹬直，节奏要好。

（二十六）跳栏架

作用：基本同跳台阶。

要领：面向栏架，屈膝蹬地收腹上跳，连续跳过多个84厘米以上高度的栏架。

八、全身力量训练

（一）窄上拉

作用：主要发展骶棘肌、斜方肌、前锯肌、臀大肌、股二头肌、半腱肌、半膜肌、大收肌、股四头肌、三角肌、肱肌、小腿三头肌、屈足肌群力量。

要领：站距约与髋同宽，靠近横杠。两臂下垂，握距约同肩宽，挺胸别腰，下蹲提铃，当杠铃提拉到大腿中下部时，全身骤然用力，迅速作出蹬腿、伸髋、展体、起踵、耸肩、提肘动作，使杠铃继续上升，身体随之做屈膝、半蹲或直腿动作，同时顺势提肘。窄上拉包括膝上窄拉、悬吊式窄拉、直腿拉、窄硬拉等多种练习方法。

（二）宽上拉

作用：基本同窄上拉。

要领：宽握距握杠，预备姿势同窄上拉，当杠铃上拉到大腿中上部时，迅速做出蹬腿、伸髋、展体、耸肩、提肘、起踵动作。宽上拉也包括膝上拉、悬吊式上拉、直腿拉、宽硬拉等多种做法。也可用助握带进行练习。

（三）高抓

作用：主要发展伸膝、伸髋、伸展躯干及肩带肌群力量，并能有效地发展爆发力。

要领：高抓技术包括预备姿势、提铃、发力、半蹲支撑四个部分。预备姿势、提铃、发力部分同宽上拉。半蹲支撑是在发力时提肘的瞬间开始，这时杠铃即将转入惯性运动，腿部已能自由动作，两腿随即迅速屈膝半蹲，两臂在半蹲开始时积极提肘继续提铃，当身体降至横杠高过头部瞬间，以肘为“轴”甩前臂，将杠铃锁肩支撑在头部上方。另外，也可用分腿高抓和直腿高抓做此动作。

（四）箭步抓

作用：基本同高抓并能有效发展爆发力。

要领：预备姿势、提铃、发力同宽拉。在发力即将结束时，做前后箭步分腿，与此同时，将杠铃提拉过头顶，伸直两臂做锁肩支撑。反复练习。

（五）抓举（下蹲式抓举）

作用：基本同高抓，并能有效发展全身力量及爆发力。

要领：完整的抓举包括预备姿势、提铃、发力、下蹲支撑与起立四个部分。前三个部分基本同宽上拉。下蹲支撑与起立是在发力即将结束的瞬间，屈膝下蹲，提肘伸臂，将杠铃锁肩支撑于头顶上方并随即伸膝起立。

（六）挺举

作用：提铃部分主要发展股四头肌、臀大肌、股二头肌、半腱肌、半膜肌、大收肌、骶棘肌、斜方肌、三角肌、肱二头肌、肱肌、小腿三头肌、屈足肌群力量；上挺部分主要发展股四头肌、臀大肌、股二头肌、半腱肌、半膜肌、大收肌、小腿三头肌、屈足肌群、斜方肌、前锯肌、背阔肌、三角肌、肱三头肌力量。同时也发展全身协调用力及爆发力。

要领：挺举由提铃至胸和上挺两部分动作组成。提铃至胸一般用下蹲式技术，它包括预备姿势、提铃、发力、下蹲翻与起立。除下蹲翻与起立外，前三个部分要领同窄上拉。下蹲翻是当杠铃提拉到腰带高度时积极向两侧分腿、屈膝下蹲，与此同时屈肘，并以肩为“轴”转肘将杠铃翻上胸部，停在锁骨与两肩上，上臂近水平状态，随即起立。上挺时先屈膝预蹲，然后迅猛地发力并做前后箭步分腿，将杠铃支撑于头顶，随即收腿起立。两脚站在同一横线上。

（七）高翻

作用：基本同挺举提铃部分。

要领：将杠铃从地面提至胸部，提铃至胸时下蹲高度为半蹲，其他要领基本同挺举下蹲翻。高翻有多种方法，如膝上高翻、分腿高翻等。

（八）箭步翻

作用：基本同挺举提铃部分。

要领：以肩宽的握距持铃，提铃部分除握距较窄外，其他要领基本同箭步抓，即以大腿带动小腿做前后箭步分腿下蹲。两臂动作同下蹲翻，将杠铃翻上胸脯后作起立动作：先蹬直前腿，随即后收半步，再将后脚前收，两脚平行站一横线上。反复练习。

（九）高翻推举

作用：主要发展伸膝、伸髋，伸展躯干、肩带及伸臂力量。

要领：用高翻动作将杠铃提拉至胸部，用两臂力量将杠铃贴近面部，从胸上推起至两臂伸直。反复练习。

（十）高翻借力推

作用：基本同挺举。

要领：用高翻动作将杠铃提拉至胸部，然后预蹲发力，臂部用力将杠铃推至两臂在头顶上伸直的部位。要求杠铃靠近脸部上举，保持挺胸紧腰。也可放在颈后或练习架上做。此练习若在练习架上做则主要发展上肢力量，作用同上挺部分；若提铃至胸后再做这个练习，作用基本同挺举。

（十一）高翻半挺

作用：基本同挺举。

要领：用高翻（也可用下蹲翻）提铃至胸后做好上挺预备姿势，然后预蹲发力，迅速屈膝半蹲，伸直两臂，在头顶上方支撑住杠铃。练习时要求上体正直、挺胸别腰，重心稳定，也可置颈后或练习架上做。另外，半挺还有一种做法，即分腿半挺，其要领是预蹲发力后，两脚向左右两侧分开约与肩宽，并迅速屈膝半蹲，伸直两臂支撑住杠铃。

（十二）双手持重物后抛

作用：发展全身协调用力和爆发力，对发展股四头肌、股二头肌、臀大肌、小腿三头肌、屈足肌群、骶棘肌、斜方肌、背阔肌、肱肌力量有一定作用。

要领：两手持重物（如实心球、壶铃、铅球、杠铃片、杠铃等）于体前，两脚分开站立约与肩宽、屈膝半蹲，然后两脚蹬地、伸髋、展体，身体后仰，手臂顺势用力，奋力将重物经体前向头后上方抛出。两人一组，每人练习 10 ~ 15 次为一组。

（十三）双手持重物前抛

作用：主要发展上肢、躯干和下肢的协调用力以及爆发力。

要领：两手持重物（如实心球、壶铃、铅球、杠铃片等）于体前，两脚分开站立约同肩宽、半蹲。两脚蹬地，伸展身体，两臂前摆将重物向前抛出。两人一组，每人练习 10 ~ 15 次为一组。也可采用双手持球向上抛接、双手持球跳起上抛、双手持球体后前抛等动作进行练习。

第四节 核心力量训练

核心力量训练最初只作为一种有效的康复训练手段应用于医疗和健身。近年来，随着体能训练理论的不断发展，核心力量训练也逐渐应用于竞技体育领域。研究结果表明，核心力量训练作为一种辅助力量训练手段，不仅能使运动员核心区域肌肉力量得到提高，也能促进专项技术水平的稳步提升。

一、核心力量训练概述

（一）核心与核心区

核心（core）通常指人体的躯干，包括脊柱和骨盆及其周围的肌群。核心肌群由腹直肌、腹横肌、背肌、腹斜肌、下背肌和竖脊肌，以及髋关节周围的肌群，包括臀大肌、旋髋肌、股后肌群共同组成。而核心区即指人体肩关节以下，髋关节以上的区域。

（二）核心力量与核心力量训练

核心力量是指附着在人体核心区的肌肉和韧带在神经支配下收缩产生的力量。

王卫星（2009）等人指出：核心力量训练是指针对核心区域肌群（主要是腹部、下背部、骨盆部肌群）及其深层小肌肉进行的力量、稳定、平衡、协调和本体感觉等能力的训练，其训练内容主要包括核心稳定性训练和核心功能性训练两个方面。核心力量训练以核心稳定性训练为特征，以发展完成核心功能性力量为目的。

身体对重心的控制是核心力量训练的主要功能之一，进行核心力量训练的时候需创造出一种类似人体运动时的非稳定状态，使核心肌群能够在神经的调节下保持非稳定状态，并且不断加大难度，提高适应能力，以满足运动项目的需要。

二、核心力量的作用

（一）稳定脊柱、骨盆，保持正确的运动姿势，提高技术动作的稳定性。

（二）构建运动链，为肢体运动创造支点。

（三）弥补了传统力量训练在提高协调、灵敏、平衡能力方面的不足。

（四）加大运动时由核心区域向肢体的能量输出，提高力量的效率。

（五）预防运动损伤。

三、核心力量训练方法

（一）静力性练习

这类练习的目的在于使运动员深刻体会核心肌群的用力和有效的控制身体。在练习过程中，可根据运动员的核心力量增长情况，通过延长用力时间和不断地减少支撑点来增加训练难度。如：

1. 俯撑桥

作用：发展腹肌、臀大肌、肩部肌群及躯干控制能力。

要领：俯卧于垫子上，以两手（或手肘和前臂）于胸部正下方支撑，两腿并拢，两脚脚尖为另一支撑点，整个身体成一条直线，躯干保持不动，髋部不能上下移动；保持均匀呼吸，不要憋气。

增加难度：

第一阶段：采用单腿与双手支撑，另一条腿抬高与躯干成一条直线，保持静止不动。

第二阶段：采用单手与双腿支撑，另一臂抬高与躯干成一条直线，保持静止不动。

第三阶段：采用异侧单手单腿支撑，抬高的手臂与腿伸直，与躯干成一条直线，保持静止不动。

2. 侧撑桥

作用：发展腹斜肌及躯干控制能力。

要领：侧卧于垫子上，以单手（或手肘和前臂）于胸部侧面支撑，两腿并拢，以在下的一腿脚侧面为另一支撑点，躯干与腿伸直，整个身体成一条直线，躯干保持不动，髋部不能上下移动，也不能前后移动，保持均匀呼吸，不要憋气。

增加难度：抬高在上的一腿，与地面平行，保持静止不动。

3. 仰撑桥

作用：发展腹肌、屈髋肌群、肩部肌群及躯干控制能力。

要领：仰卧于垫子上，以两手掌支撑，两腿并拢，以两脚脚跟为另一支撑点，整个身体成一条直线，躯干保持不动，髋部不能上下移动，保持均匀呼吸，不要憋气。

增加难度：

第一阶段：采用单腿与双手支撑，另一条腿抬高与躯干成一条直线，保持静止不动。

第二阶段：采用单手与双腿支撑，另一臂侧平举与肩部保持一条直线，保持静止不动。

第三阶段：采用异侧单手单腿支撑，一腿抬高与躯干成一条直线，一臂侧平举与箭步保持一条直线，保持静止不动。

（二）动力性练习

这类练习的主要目的是提高核心区域肌群主动肌和协同肌的同步兴奋收缩性。多采用躯干为支撑点，将肢体解放出来做一些屈伸、内收外展或旋内旋外的运动，在一个动作练习的过程中，通过不断增加练习次数和同时用力的肌群数量来提高训练的难度。如：

1. 仰卧屈膝上抬

作用：发展腹肌及屈髋肌群。

要领：仰卧于垫子上，双腿卷曲并拢，以髋关节为轴屈膝上抬，速度不宜太快。

增加难度：

第一阶段：屈膝上抬至与地面垂直，膝关节保持90°不动，双手抱头抬上体，完成后回位，连续进行。

第二阶段：双手抱头转体的同时上抬，完成后回位，紧接着反方向转体上抬，连续进行。

第三阶段：双手抱头上抬的同时，做屈膝上抬的动作，完成后回位，连续进行。

第四阶段：双手抱头转体上抬的同时，做屈膝上抬的动作，完成后回位，紧接着反方向转体上抬屈膝，连续进行。

2. 俯卧两头起

作用：发展腰背、髋部肌群及躯干控制能力。

要领：俯卧于垫子上，两腿并拢，两手平放于身体两侧，以腹部为支撑点，上体与腿部两头抬起，腿与上体尽量上抬，整个身体保持紧张状态，速度不宜太快。

增加难度：

第一阶段：两臂向前伸直，随着上体上抬的同时向上抬起。

第二阶段：两臂向前伸直，做异侧腿臂同时上抬。

（三）运用不稳定器械的练习

上述两类核心力量练习动作属于核心力量训练的初级阶段，在运动员有一定核心力量基础之后，可以继续增加训练难度，即运用一些不稳定器械进行核心力量训练。这些器械包括健身球、平衡盘、平衡板、小蹦床、振动训练器等，目前国际上比较流行的悬吊训练也属于这类练习。运用不稳定器械进行的核心力量练习能使更多的运动单元参与工作，有效提升核心区域的肌肉力量。

（四）不稳定状态下的负重练习

运用不稳定器械使运动员处于一种不稳定的状态，在此状态之下进行负重力量练习。如让运动员站立于平衡盘上手持杠铃或哑铃进行各种举、推、拉、蹲及旋转的动作等。这类练习训练难度较高，一般适用于具有较好核心力量的人群进行发展提高训练。

需要注意的是，核心力量训练是专项力量训练的有效辅助，不可替代专项力量训练。可在每次训练课的准备活动阶段加入核心力量训练，使训练效果更优化。

思考题

1. 简述力量的概念与分类。
2. 影响力量的因素有哪些？
3. 简述力量训练的要求。
4. 发展最大力量有哪些训练方法？
5. 简述发展上肢、躯干、下肢和全身力量的主要技术动作。
6. 简述核心力量的作用及其训练方法。

第五章　速度素质训练

速度素质在竞技运动中具有极为重要的作用。例如：在田径运动中速度素质与专项成绩有着极为密切的关系。短跑、跨栏跑需要周期性位移的绝对速度、平均速度；中长跑需要专项耐力速度（即速度耐力）；跳跃项目需要助跑与起跳相结合的初速度；投掷项目需要器械出手的动作速度。在球类运动项目中，移动速度、进攻速度、击球速度、反应速度均与比赛胜负有着密切关系。在拳击、击剑、散打、柔道、跆拳道等项目中，反应速度、动作速度往往是取得胜利的重要保证。因此，速度素质的发展水平高低在很大程度上决定着运动成绩的高低和比赛胜负。它是运动员最佳竞技状态的保证，是取得优异成绩的重要条件，是衡量运动员身体训练水平的重要指标。探讨提高运动员速度素质的训练方法与途径，是体能训练的一项重要任务。

第一节　速度素质概述

一、速度的概念

速度是指人体（或身体的某部位）进行快速运动的能力。它包括三个方面，即对各种刺激快速反应的能力、快速完成动作的能力和快速通过某一距离的能力。速度是运动员的基本素质之一，在体能训练中占有重要地位。有些运动项目（如100米跑）本身就是运动员比快速运动的能力。有些运动项目本身虽不是比速度，但速度对运动成绩有着直接影响。例如：世界著名运动员刘易斯，当他跳远成绩达到 8.91 米时，他的 100 米成绩已达到 9 秒 86。速度还是很多项目选材的重要指标。

二、速度的分类

速度素质主要分为反应速度、动作速度以及周期性运动项目中的移动程度。

（一）反应速度

反应速度是指人体对各种信号刺激（声、光、触）的快速应答能力。如短跑运动员从听到发令到起动时间，球类和击剑运动员在瞬间变化情况下做出反应的快慢等。运动员反应速度的快慢，取决于信号通过反射弧（注：参与反射的全部结构称为反射弧，它由感受器→传入神经→中枢神经→传出神经→效应器五个环节构成）所需的时间，即反应时的长短。反应时越长，反应速度越慢；反应时越短，反应速度越快。如乒乓球运动员在很短时间内（120 毫秒），根据对方的击球动作（通过视觉）和击球的声音（通过听觉），非常迅速、准确地判断出球的落点和旋转性能，并做出相应的技术动作。另外，反应时的长短还与刺激信号的强度以及注意的方向性有关。反应速度受遗传因素影响较大，遗传率高达 75% 以上，后天的训练只是把受遗传因素决定的反应速度表现出来，并稳定下来。

（二）动作速度

动作速度是指人体或人体的某一部分快速完成单个动作或成套动作的能力，通常以时间长短予以表示。如投掷运动员掷出器械的速度，跳跃运动员的踏跳速度，排球运动员的扣球速度，体操和武术运动员完成成套练习的速度等。动作速度还可以通过单位时间内所完成动作的数量予以衡量，数量多则动作速度快，数量少则动作速度慢。在技术动作中，动作速度还可以分为瞬时速度和角速度。动作速度与准备状态、动作熟练程度、协调性、快速力量及速度耐力水平等有关。

（三）移动速度

移动速度是指在周期性运动中，单位时间内人体快速位移的能力。从物理学上讲，移动速度是表示物体运动快慢的物理量，它是距离(s)与通过该距离所有的时间(t)之比,可用公式 $v = s/t$ 表示。在体育运动中，常常以人体通过固定距离所用的时间来表示。如男子 100 米跑 9. 58 秒，男子 100 米自由泳 50 秒等。在技术动作中，移动速度可分为平均速度、加速度和最高速度。以最高速度为例，目前世界上优秀短跑运动员的 100 米最高速度男子为 12. 24 米/秒，平均值为 11. 86 米/秒；女子为 10. 98 米/秒，平均值为 10. 60 米/秒。移动速度与步长、步频及两者的比例，肌肉放松能力及运动技能巩固程度等有关。移动速度要受遗传因素影响，如 50 米短跑的遗传力为 0. 78。

一名具有良好移动速度的运动员，并不一定具有良好的反应速度。如在 1980 年莫斯科举行的第 22 届奥运会男子 100 米决赛中，金牌获得者是英国运动员威尔斯，成绩为 10. 25 秒，但他的起跑反应速度为 0. 193 秒，是参加决赛的 8 名选手中最慢的一位，而获第 8 名的法国选手潘卓，起跑反应速度高达 0. 130 秒，是 8 名运动员中最好的一位。

目前，男子 100 米短跑世界纪录为 9. 58 秒，由牙买加选手博尔特 2009 年 8 月 17 日在柏林创造。女子 100 米世界纪录为 10. 49 秒，由美国选手格里菲斯·乔伊纳 1988 年 7 月 16 日在美国的印地安那玻利斯创造。

三、影响速度提高的主要因素

（一）反应时

反应时也叫反应潜伏期，是指运动员接受刺激与做出第一个肌肉动作之间的反应时间，它具有遗传性质。反应潜伏期的存在涉及以下因素：首先，某些感觉器官要被刺激而唤起兴奋；其次，兴奋必须沿传入神经传到中枢；第三，一旦兴奋冲动传到大脑，就要根据过去的经验进行分析，刺激物越复杂，在中枢分析的时间就越长；第四，沿着传出神经，把中枢所发出的冲动传到相应的肌肉群；最后，肌肉根据刺激的特点，产生相应的应答。此全过程都要有时间延搁，因而有反应潜伏期。其中，以在大脑皮层内所产生的延搁时间最长。

反应时又包括对简单情况的反应时和对复杂情况的反应时两种。简单反应是一种对事先已知的，但又突然出现信号（如短跑起跑时的发令）做出自觉反应。复杂反应则是指运动员面临各种刺激而必须对其中一种刺激做出选择的反应。显然，后一种反应更慢些，而且供选择的刺激数量越多，反应的速度越慢。反应时与生理上的反射有所区别，反射是一处对刺激的非自觉性反应（如由于外部敲击引起的腱反射）。在大多数运动项目中（特别是对抗性项目），反应时都起着重要作用，并可以通过合理的训练把受遗传因素影响所决定的最高反应速度表现出来，并稳定下来。扎图奥尔斯基（1980）指出，经过训练的运动员对于视觉刺激的反应时（0.15 ~0.20 秒）要比未经过训练的运动员短（0.25 ~0.35 秒）。同样，前者对于听觉刺激的反应时（0.05 ~0.07 秒）也比后者短（0.17 ~0.27 秒）。

（二）神经过程的灵活性

神经过程的灵活性主要指运动神经中枢兴奋与抑制间的快

速转换程度（莱曼，1955），以及神经肌肉间的协调和调整能力（德弗里斯，1980）。它在一定程度上与遗传因素有关。速度素质，特别是当表现出最高频率的动作时，取决于神经过程的灵活性。在快速和高频率完成的动作中，中枢神经系统的效应冲动通过运动神经元以集中的“排炮”的形式发放出来。要达到这一点，神经过程的灵活性起着决定性作用。

（三）肌纤维的类型及肌肉用力的协调性

肌纤维分为红肌纤维、白肌纤维和中间型肌纤维（Barnard 等，1971）。从肌纤维成分看，白肌纤维比红肌纤维直径大，主要靠糖酵解供能，有较高的脂肪、ATP、CP 含量，容易疲劳，但适合于快速收缩（Philip J. Rasoh，1978）。又由于神经冲动传导速度，白肌纤维比红肌纤维和中间肌纤维快，其无氧代谢能力强，因此，白肌纤维成分比例较多者速度能力强。

良好的肌肉弹性及主动肌与对抗肌间的合理交替能力也是实现快速运动、准确完成技术动作的重要性保证（Tudor O. Bompa，1975）。此外，关节的灵活性（注：关节灵活性在一定程度上受柔韧性影响）也影响着大幅度完成动作的效果（如步幅），这对于要求快速奔跑的项目尤为重要。因此，在发展速度能力（特别是移动速度能力）的过程中，安排一定的柔韧练习，特别是踝关节与髋关节的灵活性训练，对速度素质提高有积极意义。

（四）注意力的集中程度以及个性心理特征和技术

运动速度不仅受到神经系统活动过程是否活跃、协调等因素影响，同时也受到神经冲动频率、冲动方式以及注意力集中程度等因素影响。坚强的意志力与注意力的高度集中是获得高速度的重要保证（哈勒，1971）。运动员的个性心理特征与情绪、时间知觉、心理定向能力有关，并且影响到速度水平。因此，在速度训练中采用专门的手段与方法来提高运动员的意志品质和心理定向能力是十分必要的。

速度、运动频率以及反应时往往都要受到技术影响（Ozolin，1971）。合理、有效的技术可以通过缩短运动杠杆，正确摆放重心，有效地使用能量等而快速完成动作（Tudor O. Bompa，1985）。此外，良好的技术，还可以使对抗肌之间更为协调和放松，从而保证完成动作，使其更省力、更协调。

（五）力量（特别是爆发力）发展水平

在大多数运动项目中，力量特别是爆发力的发展水平是制约和决定动作速度和移动速度的重要因素之一。在训练和比赛过程中，运动员快速运动的阻力来自于重力、器械阻力、环境阻力（风、水、雪等）以及对手等。为了克服这些阻力，就必须提高运动员的力量水平，即通过提高肌肉收缩的力量来增加完成技能的速度和力量。在大多数运动项目的训练和竞赛中，不仅要求运动员必须具备快速完成动作的技能，而且要求以同样的形式长时间地多次重复动作的技能。因此，在速度训练中，提高爆发力必须与提高肌肉耐力同时进行。只有这样才能有助于提高长时间快速工作的能力。

（六）ATP－CP 储备及在神经冲动作用下的分解和再合成速度

速度素质的训练一般都是在较短的时间内（短于 30 秒）进行的。从能量传应过程看，速度练习强度大、时间短。100 米赛跑要消耗 146.3 千焦能量，每升氧气可供 20.9 千焦能量，100 米大约需 7 升氧。运动员在跑 100 米时，所用时间仅有 10 余秒，吸入氧气很少，基本上是无氧工作，氧债为 95%～100%，所以速度练习一般是无氧代谢过程。在无氧条件下主要依靠 ATP（三磷酸腺苷，为非乳酸能量）、CP（磷酸肌酸，也是非乳酸能量）系统供能。因此，从供能特点看，速度能力主要取决于肌肉中 ATP－CP 的储备以及在神经冲动作用下的分解和再合成速度。ATP 在每千克肌肉中有 6 毫克左右，在进行速度练习时可供能 5.02 千焦，维持 1～2 秒工作；CP 在每千克肌肉中有 17～20 毫克，供能 25.08～33.44 千焦，能维持 5～7 秒工作。肌糖原（为乳酸能量）每 100 克肌肉中有 1.5 克左右，短时间速度练习一般不动用肌糖原，但在连续的爆发性速度练习或耐力性速度练习时就要动用肌糖原供能，一般在无氧条件下从 10 秒以后供能长达 45 秒左右。短时间极限强度肌肉收缩的直接能源物质是 ATP 和 CP。这两种物质在肌肉中储备越多，速度训练的效果越好。随着练习时间延长，ATP 消耗尽后再动用 CP，CP 消耗尽后肌糖原才能参加代谢，并产生乳酸。由于身体内酸性物质增加很快，导致疲劳和工作能力下降（还有别的原因）。所以速度练习的时间虽短，但对能量物质的供应要求高。

四、速度训练的基本要求

（一）7～13 岁是发展少儿协调能力的良好时机，应抓住这一时期努力提高动作频率、单个动作的速度及反应速度。依靠力量增长发展速度素质应重点安排在 13 岁以后进行，并以快速力量为主。

（二）速度训练应结合运动员所从事的运动专项进行。如对短跑运动员则应着重提高听觉的反应能力；对体操运动员则应着重提高皮肤触觉的反应能力。对人的视、听、触觉反应能力而言，一般是触觉最快，听觉次之，视觉反应较慢。如 18～25岁男子对声的反应需要 0.14～0.31 秒，对光的反应需要 0.20～0.35 秒，可触觉反应只需要 0.09～0.18 秒（体育学院通用教材《运动训练学》，人民体育出版社，1990 年，第 183 页）。

（三）速度素质训练应在运动员精力充沛，精神饱满，运动欲望强的情况下进行。只有这样，才有利于形成快速能力的动力定型。

（四）由于速度素质的发展与力量、柔韧性、灵敏性等素质的发展水平有关，因此，速度训练应注意适当采用发展其他有关素质（如力量、柔韧等）的方法，以促进运动素质间的良好转移。

（五）速度素质训练是以大强度无氧代谢为主的活动，需以有氧代谢训练为基础。

（六）要考虑女子的身体形态特点。女子身体形态与男子相比，四肢偏短，躯干相对偏长，重心低，身体各部分的围度相对较小等。这些虽有利于平衡，但对速度和跳跃能力的提高不利，女子力量和爆发力相对较小，反应时较长，这也决定了女子在进行速度训练时应首先注意发展反应能力和快速力量，以保证反应速度和动作速度的提高。此外，女子下肢相对较短，可用加快频率来弥补力量和步幅的不足，以发展移动速度。

第二节　速度训练方法

一、反应速度的训练

反应速度受遗传因素影响很大，遗传率高达75%以上，是一个后天训练改变不大的指标。反应速度实际上是有机体神经系统反射道路的传导时间。这种反射道路的传导是人体的纯生理过程，是某一个体神经系统受遗传特征决定所固有的时间过程。生理学的研究成果证明，纯生理过程在后天是不能改变的或只能产生极微小的变化。因此，反应速度的提高是很困难的。运动训练并不能改变人的反应速度，训练的作用只是把受遗传因素影响所决定的最高反应速度表现出来，并稳定下来。例如：人体本能的反应速度是0.05～0.09秒，世界上优秀短跑运动员的最快反应速度为0.05～0.07秒。对一般人来说，如果遗传决定他的反应速度是0.09秒的话，那么通过训练将能把它表现出来，并使之具有较高的表现频率。最高反应速度的次数出现得多，则反应速度的稳定性好（过家兴等，1986）。

由于反应速度必须通过某一部分肌肉工作的形式表现出来，因此，为了能够表现出最高反应速度，加强这种反应速度和肌肉工作形式的训练也就有了非常重要的意义。

（一）简单反应速度的训练

简单反应就是用早已熟悉的动作，去回答事先已知的，但又是突然出现的信号。例如，对短跑起跑时鸣枪的反应等。

1. 简单反应速度的训练原理

(1) 简单反应速度存在着转移现象，即人们若对一些情况反应较快，那么他们对另一些情况也会有较快的反应。各种各样的动作速度和移动速度练习可逐步提高简单反应的速度，但是简单反应速度的提高并不能促进和影响动作速度和移动速度发展。因为反应速度与动作速度、位移速度之间的转移是不可逆的。

(2) 简单反应速度的提高在很大程度上取决于运动员对信号做出应答反应的动作的熟练程度。因为动作熟练后，一旦信号出现，中枢神经系统无需再花费较多时间去沟通与运动器官之间的反射联系。

(3) 简单反应速度与心理素质及时间感知能力有关。运动员对细微时间间隙感觉（0.1秒以内）越精细，准确辨别这种时间差的能力越强，就越能将这种准确时间差的感觉转移到反应速度上来。

2. 简单反应速度的训练方法

科学研究证明：视觉—动作反应的时间普通人平均为0.25秒（0.2~0.35秒），运动员为0.15~0.2秒，部分优秀运动员可达到0.1~0.12秒。听觉—动作反应时间较短，普通人平均为0.17~0.27秒，多年训练的运动员为0.10~0.15秒，国际水平的优秀短跑运动员可达到0.05~0.07秒（廷烽等，1986）。运动员即使没有进行过简单反应速度的专门训练，但是只要对他们进行一般性的速度练习，如采用多种多样的游戏和球类活动，也可以发展简单动作反应速度，而且可收到良好效果。如果要把专项运动所需要的简单反应速度提高到较高水平，就必须采用专门的训练方法（廷烽等，1986）。发展简单反应速度可采用以下方法：

（1）重复反应法　即利用突然和反复发出的信号，令运动员快速做出应答反应，以提高反应能力。可根据瞬间信号（听觉或视觉），或通过改变运动方向进行重复应答反应。例如，以不同的“预备”至“起跑”的间隔时间重复起跑，根据教练员发出的信号改变行进方向；对已知对手的技能或运动做出不同的反应动作；对快速运动目标做出迅速反应等。

（2）分解运动法　就是分解回答反应的动作，使之在较容易和更为简单的条件下，通过提高分解动作的速度来提高反应速度。例如，田径运动员采用蹲踞式起跑时，反应时间比站立式起跑长，其主要原因是运动员的两臂支撑着较大的重量，要较快地脱离支撑点有一定困难。因此，如果采用高姿势（如站立式）或手扶其他物体的起跑，就可以加快反应速度。因为在这种情况下运动员的体重并非均匀着地，因而其上肢的反应就要比常规情况快（Tudor O. Bompa，1990）。

（3）变换练习法　即根据动作的强度和具有时间变化的信号刺激，明显改变练习的形式和环境来提高简单动作的反应速度。应用变换练习法还可在接近比赛的条件下，结合采用专门的心理训练来做发展简单反应速度的练习。这样可使运动员逐渐适应多变的环境，消除妨碍实现简单反应的多余的肌紧张，避免兴奋的不必要扩散。

（4）运动感觉法　即增强反应时与辨别极短时间隔（1/10 秒时间间隔）的联系的能力，是心理训练与训练实践相结合的一种方法。可以认为，能够感觉出不同重复间隔的运动员，便具有良好的反应时能力（格勒斯坦，1980）。运动感觉法的练习一般要经过三个阶段：第一阶段是运动员听到教练员发出的信号后，以最快的速度对此信号做出应答反应（如做 5 米的起跑），然后教练员把所用的实际时间告诉运动员。第二阶段是让运动员自己估计做出应答及反应所用的时间，然后教练员再把实际所用时间告诉运动员，让运动员自己进行比较，目的在于提高运动员对时间感觉的准确性。第三阶段是教练员要求运动员按事先所规定的时间去完成某一反应练习。这种练习可以提高运动员对时间判断的能力。当这些判断在大多数情况下比较吻合时，运动员就能准确确定反应时间的变化，从而提高反应速度。

反应速度能力在很大程度上还取决于运动员的注意力集中程度，以及注意力集中的目标。如果注意力集中在即将进行的运动上，而不是起跑信号上，其反应就要慢。如果肌肉在起跑的前十分之几秒内能产生等长性紧张（如以脚蹬起跑器），则起跑反应时会更短。此外，反应时还取决于起跑信号出现前的时间间隔（博姆帕，1975）。扎图奥尔斯基（1980）提出，“预备”与“起跑”信号的最佳时间间隔应为 1.5 秒。

（二）复杂反应速度的训练

复杂反应速度也称为选择反应速度。它是指对瞬间的变化做出相应动作的回答。在球类运动以及一对一的对抗性项目中，由于对抗激烈，经常出现突然变换动作的情况，因此这类项目对复杂反应速度有极高的要求。

复杂反应在运动中大部分属于“选择”反应。选择反应包含两种反应形式。一是对移动目标的反应，对移动目标的反应过程主要是指对运动客体的变化做出反应；二是选择动作的反应，这主要是指根据对手动作变化做出相应的动作反应。

延烽等（1986）认为，复杂反应速度的培养属于运动技术和战术训练的组成部分，特别是在球类运动和一对一对抗项目里。复杂动作反应速度的提高，最主要、最有效的方法是在训练中模拟整个比赛的情况以及有系统地参加比赛。因为对方所产生的变化只有在比赛中才能充分地显露，而自己所选择的反应动作速度是否有效也只有在比赛中才能得到检验。提高复杂反应速度可采用以下训练方法：

1. 移动目标练习　对移动目标产生应答并做出选择反应，一般要经过看（或者听）到目标移动所发生的信号，判断目标移动的方位及速度，选择自己的行动（应答）方案和实现行动方案四个阶段（以篮球运动为例，当队友传球时，接球者必须看球，观察球的运动方向和速度，确定自己的行动方案并实施行动）。上述四个阶段构成了完成动作的反应时，整个反应过程时间为0.25～1.0秒（Zatzyorski，1980）。其中，第一阶段所需时间最长，而感觉时间，即完成其他三个阶段的时间都短得多，只有0.05秒。因此，在训练中应强调第一阶段的训练，即视觉观察移动物体能力的训练。从不同的位置、方向，或以不同的速度传球（或拳击、击剑、武术和散打中的动作），都可以提高运动员对移动物体的反应能力。通过各种游戏，或在小场地比赛也可以提高对移动物体的反应能力。移动目标练习还可采用以下两种方法进行：

（1）加强“预料”能力的培养　即培养在视野中预先

“观察到”和“盯住”运动物体以及预先确定此物体可能移动的方向的本领。这种本领要在技术和战术动作的提高过程中，或通过专项练习来提高。

(2) 有意识地引入和增加外部刺激因素　如在专项训练时增加球的数量，采用多球练习和多球游戏练习；缩小练习场地；安排一对二和一对三练习等。还可采用带有程序设计装置的练习器和其他专门设备，如乒乓球、排球发球机等，以提高在视野中迅速辨别和确定运动客体的能力。

为了缩短复杂（选择）反应时间，提高反应速度，在训练中还需要使运动员能巧妙地利用对手可能发出动作的“潜伏信息”。这种潜伏信息是从观察对手的姿态、面部表情、准备动作、总体风度等得来的。实践证明，一旦能准确意识到对手可能采用的进攻方式时，就可能准确地选择相应的应答动作来缩短反应时间。

2. 选择性练习　让运动员随着各种信号复杂程度的变化，做出相应的应答动作。如教练员喊做蹲下动作，但实际上要求运动员站立不动；教练员喊向左转，运动员应向右转；或教练员喊一、二、三、四中某个数字时，运动员再做出事先规定的相应动作。此练习要求运动员注意力高度集中，反应快。

3. 选择性反应能力练习　即在队友或对方发出的动作以及根据比赛的瞬息变化而做出的各种可能的反应中做出正确选择能力的练习。例如：拳击运动员在采取防守姿势时，对对方的进攻动作做出的最适宜反应以及速降滑雪比赛中，运动员根据坡度与雪情选择的最佳姿势。选择性反应能力练习应循序渐进，逐步提高。如在柔道、摔跤和拳击运动中，运动员应首先掌握对某一技术动作的常规反应，随着运动技能的熟练化和自动化，再逐步掌握不同的反应时间。接着，还可以增加新的训练内容，使运动员掌握对于某一进攻动作进行正确防守和反击的所有技能，以便在各种不同的情况下，选择到最适合、最有效的行动。

扎图奥尔斯基（1980）认为，优秀运动员对简单反应和复杂反应的速度相同。他认为，每一个动作都包括两个阶段：第一阶段为等长阶段，即肌肉高度紧张，而且紧张分布均匀，随时准备行动；第二阶段为等动阶段，即行动阶段，反应出现。优秀运动员往往具有在对手开始第二阶段行动前，便已经做出反应的快速反应能力。

总之，在有目的地发展复杂反应速度的专门训练中，不仅要巩固和完善运动技术，增加技术动作总量，培养良好的协调能力，而且要尽可能多地模拟专项运动中产生这些复杂反应的条件和类似的形式，让运动员反复适应，促使反应时间缩短。由于复杂动作反应速度的转移范围相当广泛，因而必须采用多种形式的专门练习。

（三）反应速度训练的基本要求

1. *要集中注意力*　运动员注意力集中，可使神经系统处于适宜的兴奋状态，并使肌肉处在紧张待发状态。研究证明，肌肉处在紧张待发状态，要比肌肉处于松弛状态的反应速度高60%左右。紧张待发状态适宜的时间为1.5秒左右，最多不能超过8秒。注意力通常应集中在完成的动作上，这样可以缩短反应潜伏的时间（见表5-1）。

表5-1　注意类型潜伏期

类型	注意分配	潜伏期（毫秒）
感觉型	注意力集中在发出信号上	160~175
运动型	注意力集中在完成的动作上	100~125
中间型	注意力集中在信号和动作上	140~150

（转引自全国体育院校通用教材《运动训练学》，人民体育出版社，2000年，第208页）

2．要动作熟练　反应速度的提高主要取决于运动员对信号应答动作的熟练程度。动作熟练者，信号一旦出现，就会立刻做出相应的反应动作。这是因为感受器受到信号刺激，中枢神经无需再花费较长时间去沟通与运动器官的反射联系。所以要提高反应速度就必须反复多练。在反复练习中，要经常不断地改变练习刺激的强度和时间等因素，否则也会形成动力定型，出现“反应速度障碍”。

3．要结合专项需要　反应速度的训练，必须结合专项的需要。如短跑运动员需要听觉—动觉的反应速度，可用声信号刺激来提高这种能力。球类项目动作复杂多变，要求运动员能在瞬间对各种复杂多变的情况做出应答反应，这就要模拟比赛的情况。因为对方所产生的动作变化只有在比赛中才能充分暴露出来，而自己所选择的反应动作是否有效，也只有在比赛中才能得到检验。

4．要掌握多种技能　运动员掌握了多种运动技能，就可以增加可供选择的应答动作数量“储备”，只有这样才能在瞬息万变的复杂情况下迅速做出相应的应答动作。

二、动作速度的训练

动作速度寓于具体的动作之中。如抓举动作速度、掷铅球动作速度、游泳转身动作的速度等。动作速度不仅与动作技术紧密地联系在一起，而且与力量、耐力、协调性等其他运动素质水平有关。所以动作速度的发展与其他运动素质的训练和技术训练有密切联系。动作速度的培养，必须通过技术水平的巩固与提高以及其他生物能力（即运动素质）的发展才能实现。这是动作速度训练的特殊之处。

由于速度素质不易转移，因此在动作速度的训练中，专项要求不同，动作速度训练的具体任务和内容也不一样。例如：

在非周期性速度力量项目中，动作速度主要是在具体的技术动作中表现出来（如抓举的发力，标枪的出手，跳跃项目的蹬地等）。在这类项目中，动作速度（特别是负重情况的动作速度）的培养与速度力量的培养任务是一致的。这类项目如果负重练习比例越大，重量越重，那么速度的训练与力量的训练之间的联系就越紧密。同时，动作速度与动作技术的关系也更密切。在周期性项目以及由许多综合性动作组成的项目中，必须多次在高速度的情况下来完成许多单个动作的组合。因此动作速度的培养就与速度耐力（以及协调性、柔韧性等）等素质的培养任务联系在一起。在那些并不直接依赖极限速度的项目中（如球类等项目），则必须使动作速度在其他能力发展的同时得到提高，这是动作速度提高的物质基础，也是提高动作速度水平的重要保证。

（一）动作速度训练方法

1. *“加速”动作法* 大多数速度练习都包含有从静止到最大速度的“加速”阶段。如铅球投掷中的滑步，田径跳跃项目，技巧和体操支撑跳跃中的助跑，举重运动中的发力动作等。促使动作不断加速，并把加速阶段引入主要练习，是提高动作速度的重要途径。根据牛顿第二定律，力（F）等于质量（m）乘加速度（a），即 $F = ma$。因此，力量的增加可通过改变质量或加速度两个因素中的任何一个而获得。在质量一定时，提高运动速度，能够有效地增加力量，并进而促进动作速度的提高。举重运动的实践与理论研究证明，近 40 年举重世界纪录提高了近 30%，这除了与力量训练方法不断创新有关外，另一个不可忽视的因素就是动作速度的不断提高。例如：20 世纪 50 年代抓举发力后的杠铃上升最大速度为 1.8 米/秒，而 20 世纪 80 年代则达到 2.5 米/秒；挺举上挺发力后的最大速度则由 1.6 米/秒上升到 2.2 米/秒。特重量级（110 千克以上级）的挺举世界纪录则由20世纪50年代末的200千克提高到266千克（1988）。因此，训练中应努力提高动作练习速度，同时在一定情况下采用合理的辅助加速动作，并把它引入练习的最后阶段（如推铅球最后出手前的附加转体；在体操支撑跳跃中，采用起跳后触悬挂物体来增加蹬地的动作加速度等）。

2．减少阻力法　即减少外界自然条件阻力和人体本身体重阻力的练习。如在自行车、速度滑冰等项目的训练中，可由摩托车带着挡板领骑；或利用风力进行顺风骑、顺风滑、顺风跑、顺水游泳等。还可以利用把运动员自身的动作惯性转移到速度上去的外部条件（如下坡跑、下坡骑自行车等）来提高运动员高速运动的感觉能力，也可在训练中引入可控制速度大小的外部力量（如牵引跑和高架牵引机等）。在克服自身体重的练习中，还可采用助力来减轻运动员体重，以帮助运动员提高完成某一技术环节的动作速度。如在体操等项目中可由教练员或同伴使用手的助力或保护带对运动员进行直接的体力上的帮助。在使用助力时，应注意掌握好助力的时机和用力的大小。最好在助力的同时用语言加以刺激，让运动员能很好地体会和感觉到助力。以便及早地独立达到动作速度的要求。另外，在负重练习中，减少重量大小，能在普通的条件下促使动作速度不断提高。因为在同一练习中，如果动作结构相同，则能使力量和速度之间产生良好转移。

3．利用后效作用法　即利用动作加速及器械重量变化而获得的后效作用提高动作速度。如在跳高训练中，先穿沙背心或沙袋进行负重跳可获得重量减轻后的后效作用；利用下坡跑可获得加速的后效作用；在推标准铅球之前可先用加重铅球做练习而获得重量减轻后的后效作用。这是由于在第一次动作完成后，留下的“惯性”作用，可以提高下一个动作的速度。

此外，由于在第一次动作完成后，神经中枢的“剩余兴奋”在一定时间内还保持着运动指令，从而可以大大缩短动作时间，提高动作速度。这种后效作用的产生和练习效果，取决于负重量的大小和随后减轻的情况，以及练习重量的重复次数和采用标准的、加重的、减轻的重量的练习交换的次序和比例。例如：用增加重量的铅球练习后，再用标准重量铅球练习的次数，两者合理比例为1∶2～1∶3。在用标准重量铅球练习后，再推减轻重量的铅球次数，两者比例为1∶1。在训练中，把加重、标准、减轻重量的动作速度练习组合在一起时，正确的安排顺序为加重→标准→减轻。在短跑训练中应该是先上坡跑，然后是水平跑道跑，最后是下坡跑（延烽，1986）。

4. 负重练习法　绝大多数运动项目所需的动作速度，都与力量水平有着极为重要的关系，因此，发展动作速度必须与发展力量结合起来。在运用举重物做专门性动作速度练习时，采用的重量应比培养单纯力量和速度力量时的重量轻一些。为了对速度和速度力量能同时产生影响，也可以把各种负重和不负重的专门练习结合在一起进行练习。另外，由于有些运动项目比赛中专项动作不附加重物，专项力量和速度是同时出现的，因此当采用专项动作本身作为练习手段时，一般不要负重，这样可使专项力量和动作速度更加有机地结合在一起，从而使动作速度在比赛动作中更完美地表现出来。

5. 完善技术法　动作速度的提高，在很大程度上取决于完善的运动技术。这是因为动作幅度大小、工作距离长短、工作时间多少、动作的方向、角度及用力部位等都与动作速度大小有着极为密切的关系。例如：美国铁饼运动员威尔金斯1976年奥运会前的最好成绩是67米，经过电子计算机对其技术分析后发现，他铁饼出手之前不但没有刹住膝盖，反而像弹簧一样动了一下，从而失去了一部分本应传到铁饼上去的力量，影响了动作速度。通过调控纠偏，改进并完善动作技术，3 天之后，威尔金斯克服了技术上的缺点，一下子竟以 70.86 米的成绩刷新了当时 69.18 米的世界纪录。因此，只有熟练地掌握正确合理的技术，善于轻松协调地完成动作，没有多余的肌紧张，才能充分发挥已有的动作速度水平。

6. 加大练习难度法　加大练习难度可以通过缩小练习完成的空间、时间界限、限制场地活动条件等方式进行。因为运动活动中动作速度表现的平均水平和快速动作的完成，主要受专项活动持续时间和场地活动条件等影响。因此，在培养动作速度的过程中，可以限制练习的时间，练习完成的空间条件，使运动员以最大速度完成动作，从而提高训练效果。此外，在球类和一对一的对抗性项目中，限制场地活动条件和练习时间，还能促使运动员加速移动，并提高运动员完成动作的速度。

（二）动作速度训练的要求

1. 确立高度重视速度的指导思想　根据力学的抛射原理，人体运动的高度（H）和远度（S）都与腾起（或器械出手）的初速度（V_0）的平方成正比。这说明速度是决定运动成绩的主要因素。现代运动技术正沿着这个原理的方向不断发展。例如：跳跃从以“可控制速度助跑”变成了以最高速度助跑，投掷则要求最后出手动作尽量快。再如：20 世纪 60 年代我国乒乓球运动员曾以“近台快攻”打法称雄世界乒坛；中国女排各种各样的快攻战术有力地推动了世界排球运动发展；体操中空翻周数与转体度数越来越多，要求动作速度越来越快等。可以说，所有项目运动员的训练，都必须结合专项特点及技术变化，高度重视速度能力的培养（黄向东，1988）。所以动作速度的训练，必须首先确立高度重视速度训练的指导思想。

2. 专项练习必须与专项特点及比赛动作结构相似　运动

实践证明，动作结构不相同的练习，所获得的动作速度不会向专项中转移（例如：短跑练习可使体操支撑跳跃助跑速度得到提高，但不可能由此而获得器械上的旋转动作速度）。这是因为动作速度、具体技术和植物性神经系统的活动之间没有必然的联系。可见快速动作能力仅仅是提高速度水平的前提条件，还需要通过专门的训练把快速动作能力同具体项目所特有的运动性和植物性功能的表现形式结合起来，根据项目特点和技术动作的要求加强感受器官与运动器官一致性的训练。例如：短跑起跑反应练习应把听觉与双腿用力结合起来；拳击与击剑运动应把眼看对手动作与自己的手臂动作结合起来；球类运动的反应练习应把目测与四肢运动结合起来。这样通过长期反复地专门训练，既可以提高反应速度与动作速度，又可以掌握正确的技术，有了正确的技术，才能更好地发挥速度能力。协调机制相似的练习，所获得的速度就会向专项中转移。如在短跑中获得的速度，可以转移到跳跃的助跑起跳和投掷的蹬腿动作上；在篮球的快速运球与传球推进练习中所获得的速度，可转移到突破上篮与快攻中去。因此，采用专项特点及比赛动作结构相同、协调机制相似的专门练习与完整练习，对发展动作速度最为有益。在练习中都必须以接近于当时所能达到的最高动作速度反复进行，在简化的条件下应该做得更快些，在加大难度的条件下也要尽可能快些，以获得必要的速度储备（田麦久等著《运动训练科学化探索》，人民体育出版社，1988 年版，第 453 页）。

3. 练习的持续时间不宜太长并要掌握好练习的间歇时间和休息方式　由于动作速度训练强度较大，同时也要求运动员有较高的兴奋性，并使整个练习接近最后时都不因疲劳而降低，因此，练习的持续时间一般不应超过 20 秒。另外，还要严格掌握好练习的间歇时间和休息方式。因为休息间歇的持续时间决定着中枢神经系统兴奋的转换及与氧债的“偿还”有密切关联的植物性功能指标的恢复。休息间歇时间一方面应该短到神经兴奋性不会因休息而产生本质性降低的程度；另一方面又应该使间歇时间长到植物性功能指标能得到较全面恢复的地步。

4. 应熟练掌握练习动作　采用已熟悉掌握的练习动作，可以使运动员在完成练习时，不必把精力用在如何完成动作上，而是集中在完成动作的速度上，以充分提高练习时的动作速度。

三、移动速度的训练

（一）移动速度训练方法

移动速度在某种意义上说也是一种综合运动能力的表现，与运动员的力量、柔韧、速度耐力和协调性有着极为密切的关系。发展移动速度可采用以下方法。

1. 发展力量法　发展力量是提高移动速度的途径之一。短跑运动员经常进行力量训练，但是这种力量训练的目的是为了提高运动员的速度素质，力量训练只是手段而已，最终目的是把运动员所获得的力量用于提高移动速度。国外有关专家发现，短跑运动员在100米成绩由10.9秒提高到10秒的诸因素中，由于爆发力的提高占25.57%的作用，最大力量的提高占12.34%的作用。因此，提高力量水平特别是爆发力水平对发展移动速度极为重要。在具体训练过程中应注意以下几点：①通过力量训练，使运动员的力量素质得到较为均衡的、全面的发展。②力量训练时，应要求运动员以较快或很快的速度重复某一负重的力量练习，使其获得较好的速度力量，以促进移动速度提高。③通过力量训练提高防止外伤的保护能力，尤其对运动员膝、踝关节的力量训练是非常重要的。④进行基本力量训练时，主要采用40% ~60%的强度多次快速重复负重练习，使肌肉力量和肌肉横断面增大。另外，有时适当采用极限或次极限负荷对发展移动速度也是必要的。⑤在发展基本力量的同时，应着重发展速度力量，可采用超等长的力量练习，如立定跳远、三级跳远、三级跳箱练习（用单足跳上、跳下）、跳深练习、单足跳下台阶以及用最大速度做垂直跳30秒、单足跳30~50米等。

表5-2　赛跑运动员基本力量训练

动作名称	重复次数	组数	影响身体部位
负重屈伸	8~12	2	下背、大腿后肌群
直腿抓举	6~8	3	臀、肩、上背、腿
卧　推	6~10	3	胸、上臂
站直举哑铃	8~12	2	肩、上臂
下　蹲	8~12	3	大腿、下背
肩负杠铃	8~12	2	下背、大腿后肌群
俯卧挺身	8~12	2	下背、大腿后肌群
提　踵	8~12	2	小腿后肌群、跟腱

（引自国家体科所编《国外体育资料》，1980年，第7期）

在训练实践中，运动中力量的提高要转化到移动速度上，往往是在力量训练负荷减少以后出现的（即“延缓转化”现象）。力量向移动速度转化一般要经过2~6周时间，并在以下几种情况出现后才能实现。第一，在跑的时候感到有一种“力”贯穿于全身；第二，跑起来富有弹性感；第三，产生一种有力的跨度感；第四，跑完后或在跑的后程，肌肉酸疼感大大减轻。

2. 重复法　是指以一定的速度，多次重复一定距离的练习。它是移动速度训练的最基本方法。采用重复法练习时应注意以下问题：

（1）练习强度　它是训练负荷的主导因素，也是提高运动员快速移动能力的主要刺激因素。当采用90%～100%的强度进行速度练习时，运动员要高度集中注意力，最大限度地动员肌肉力量，使动作频率快，幅度大，达到最高速度水平。还可定期采用专门的人工装置（如牵引机、流体动力游泳池、自行车计功器等），使短跑、游泳、自行车等项目运动员以超过自己最高速度5%～10%的速度进行练习，使运动员以最高强度完成动作并力争适应新的、更高的速度。哈勒（1971）指出，每次训练课上最大强度刺激为5～6次，而在比赛阶段应为每周2～4次。移动速度训练也不能只局限于最大强度和接近最大强度的练习，在很多情况下往往要采用85%～95%的强度，这样可保持ATP供能，延长训练时间，防止运动员过早出现疲劳或产生外伤；还便于改进和巩固动作技术，防止过早出现“速度”障碍。训练强度应该是变换的，有节奏地变换训练强度，不仅可以提高速度，而且有助于更轻松省力地完成动作，避免动作速度稳定在同一水平上。与变换训练强度相反，若固定训练强度，过多或单一采用极限与接近极限强度的练习，或长期而单调地采用偏低速度训练，会限制运动员速度水平的提高，形成速度障碍，导致旧的动力定型更加巩固，绝对速度水平停滞不前。

（2）练习持续时间　每次练习的持续时间不能太长，应保持在30秒以内。博姆帕（1987）认为，与其他训练要素一样，训练的刺激持续时间也应达到最佳化。最低持续时间应从起动到加快至最高速度所需的时间。如果持续时间过短，未能达到最大速度，那么训练的后果只能是改善了加速度阶段，而未能获得最佳速度。提高绝对速度训练的持续时间一般在5～30秒，如田径中跑30～60～100米和200米，游泳15～25～50米，速度滑冰100～150～200米等。较长的练习持续时间有助于提高无氧耐力，但由于工作能力降低，一般不能保持最大速度。在20秒以内的短时间练习时，人体无氧代谢主要靠ATP和CP直接分解供能，所以不会出现工作能力过分降低的现象。速度训练持续时间还应根据运动员的具体情况，特别是保持最大速度的能力来确定，当疲劳出现，工作能力下降，不能继续保持最大速度时，则应停止练习。

（3）练习重复次数与组数　与耐力训练相比，移动速度训练消耗的总能量较低，但单位时间的耗能量却比其他形式的训练高得多，这也是移动速度训练时运动员很快出现疲劳的原因。因此，练习的重复次数不应过多，练习的重复次数过多，间歇时间有限，就会使训练强度下降。为保证训练时间，可适当增加练习组数。即通过较多的练习组数，保证训练的总时间。哈勒（1971）指出，采用最大和超最大强度训练时，可以安排2/3～2倍的比赛距离，总负荷量为比赛的5～15倍。

（4）间歇时间　应以运动员机体相对得到完全恢复为原则。使运动员在下一次练习开始时，中枢神经系统再度兴奋，机体内物理化学的变化在很大程度上已经得到中和，以保证下次练习的高能物质供能。如间歇时间过短，机体的疲劳没有消除，高能物质没有恢复，就会使训练效应发生改变，导致下次练习的强度下降，移动速度水平提高受到影响。间歇时间的长短与训练水平、练习强度和训练持续时间有关。练习的持续时间若短，则休息时间就应相对地短一些；练习的持续时间若长，则休息时间也应相对地长一些。从训练实践看，练习持续时间为5～10秒，各次练习间休息1～2分钟，组间休息2～5分钟；若练习持续时间为10～15秒，各次练习间休息3～5分钟，组间休息10～20分钟，休息时可采用放松慢跑，各种伸展练习，按摩等恢复手段，为完成后续练习创造适宜的条件（见表5－3）。

表 5-3 速度练习的持续时间、强度、间歇

练习目的	练习持续时间（秒）	强度%（完成某段距离的速度）	间歇时间（秒）
提高绝对速度	5~10	95~100	40~90
	15~20	95~100	40~60
	30~40	90~95	30~45
提高出发效果	5以上	95~100	90~120
提高转身效果（游泳）	6以下	95~100	40~120
		95~100	30~90

（引自前苏联普拉托洛夫著《运动训练的理论与方法》，1984）

3. 综合性练习法　即把发展运动素质和改进技术结合起来训练的方法。黄向东（1988）指出，通过发展运动素质和改进技术培养速度能力主要可采用以下程序：①肌肉建设性训练，主要采用40%~60%强度多次重复负重练习，使肌肉力量和肌肉横截面持续增大。②肌肉内协调性训练，使肌肉用力时能够最大限度地动员更多的肌纤维同时强力收缩。主要采用75%~100%的大强度训练法以及跳深、负杠铃蹲跳等练习。③“金字塔式”训练法，即肌肉建设性和肌肉内协调性两者兼顾的训练（高大安《短跑运动员的力量训练问题》，1985）。④柔韧素质训练，美国生理学博士布莱恩·托斯马（1984）的研究证明，柔韧性提高后可以增加力的作用范围与时间，导致运动速度增加，同时能使肌肉协调性得到改善，从而减少肌肉阻力和增大肌肉合力。因此，经常采用发展髋关节柔韧性的屈体手触地、弓步肩后仰、转髋走，胶皮带抬腿送髋等练习，对移动速度的提高具有积极作用。⑤通过改进技术发展移动速度。移动速度的提高在很大程度上取决于完善的技术。技术动作的幅度与半径大小、工作距离长短、工作时间多少等均与移动速度大小有关。只有掌握正确合理的技术，善于轻松协调地

完成动作，没有多余的肌肉紧张，才能充分发挥已有速度水平。例如，中国田径队短跑组通过改进支撑腿蹬伸过直，腿前摆速度太慢，着地消极等技术，由以前的后蹬型转变为快速摆动型，每次训练课中把注意力集中到快速前摆和积极着地上，并采用“跑格”（跑小于本人步长的格距）发展步频，经过两年左右的训练，郑晨的途中跑技术有了改进，步频从跑10.43秒的4.46步/秒提高到4.55步/秒，以10.28秒打破亚洲纪录（《田径指南》1987年第1期，《多学科综合训练的作用》）。（注：20世纪90年代以前，人们认为短跑的后蹬技术很重要，应充分后蹬。科研人员经过大量研究后认为：在支撑阶段，博尔特、刘易斯、乔伊纳等世界一流选手仅用了0.08秒，不可能进行后蹬。因此提出：“短跑不是后蹬，而是一个多圆心，多半径的摆动动作”）。需要指出的是，通过改进技术发展移动速度的练习与单纯改进技术的练习的不同之处在于，应对速度提出更高要求，在多数情况下应超过单纯改进技术时的练习速度。

4. *发展步频步长的领先装置法*　步频和步长是影响移动速度的两个主要因素，只有高步频和大步长相结合才能表现出高水平的移动速度。影响步频和步长的共同因素是力量和协调性。除此之外，影响步长的因素有腿长、柔韧性、后蹬技术；影响步频的因素有肌纤维类型和神经系统的灵活性。在五个因素中，只有柔韧性和后蹬技术通过训练较容易得到改善，而其他三个因素则主要取决于遗传。遗传因素通过后天的训练是很难改变的或者只能产生极微小的变化。因此，对有一定训练水平的运动员，如果步频尚未达到理想的程度，那么，通过提高步长则是提高移动速度的有效途径。运动员的步长可达到本人身高的1.3倍。少年时期是发展步频的有利阶段，男少年（11~12岁）的步频可达到3.96~5.17步/秒。因此要在训练中充分利用这段时期。

目前，短跑训练中通过创造人为条件发展步频、步长的手段很多，如牵引机、加吊架的领先装置、转动跑道、惯性跑道等。前苏联体育科研所生物力学实验室对使用领先装置的效果进行了实验研究，证明采用领先装置训练能保证短跑技术的改进，可使跑速提高10% ~15%。在使用领先装置练习后的某一期限内，步频保持不变，步幅有所增加，从2.12米提高到2.16米；反复使用领先装置的长期效果是在将步长从2.17米缩短到2.09米的情况下，使步频从4.2米/秒提高到4.40/秒（前苏联《体育理论与实践》1983年第7期，《短跑中使用领先装置的效果》）。此外，其他许多发展步频或步长的专门练习，对提高移动速度均具有促进作用。

5. 比赛法　比赛法是速度训练中经常采用的方法。例如，前苏联速度类项目的高水平运动员仅正式比赛，一年就达100次以上。由于移动速度训练时间短，经常采用比赛法是可行的。此外，由于在平常训练的条件下，运动员动员有机体表现出最大限度的移动速度水平并不容易，而采用比赛法能促使运动员情绪高涨，表现出最大速度的可能性就会增加。通过比速度、比技术、比成绩等，可以起到激励斗志，鼓舞情绪的作用。在比赛的条件下，往往能比平时更快地做出反应，完成快速移动。

6. 接力跑和游戏法　与比赛法的作用一样，接力跑和游戏法不仅可以激发运动员高涨的情绪，还能增加练习过程中的趣味性，避免不必要的肌紧张。同时，由于接力跑和游戏过程中能引起各种动作和速度变化，因此，适当安排接力跑和游戏法，还有利于防止和克服因经常安排表现最大速度的练习而引起的“速度障碍”。

（二）移动速度训练的要求

1．要防止和克服“速度障碍” 移动速度提高到一定水平时，由于神经—肌肉系统等发展到一个高峰，训练中长期形成的频率、步幅、节奏、技术等都达到一个相对稳定的状态并形成了动力定型，移动速度就会出现停滞，难以继续提高的现象，从而出现“速度障碍”。董国珍（1990）对产生速度障碍的原因进行了总结并得出了以下结论：“产生速度障碍的客观原因是：从运动技能形成规律上讲，技能动力定型的形成，使得运动员在已掌握技术动作的空间特征上固定下来，在时间特征上稳定下来；从技能形成的机制上讲，神经过程的灵活性对速度性练习的作用比其他练习显得更为重要，而神经过程的灵活性训练是相当困难的；从能量供给上讲，肌肉收缩所需要的能量值的立方与肌肉收缩的速度成比例；从运动学上讲，运动员向前移动所克服的阻力与其前进的速度平方成比例。产生障碍的主观原因是，过早地发展绝对速度，基础训练不够；技术动作不合理；训练手段单调、片面；负荷过度，恢复不好等。”

为了防止和避免速度障碍以及削弱或打破速度障碍，训练中应注意以下几点：①对少年运动员应加强全面体能训练，提高全面身体素质水平，使运动员掌握好基本技术，扩大机体能力，不要急于过早过细地进行专项化训练。②训练手段应多样化，可多采用一些发展速度力量的练习手段，并以不同的频率和节奏完成动作，建立中枢神经系统灵活多样的条件反射。③发展肌肉力量与弹性，培养运动员轻松协调地完成动作的意识。④采用极限速度训练时，应科学地规定运动负荷；采用极限速度练习后，应使肌肉得到放松，这不仅有利于尽快恢复工作能力，也有利于纤维工作同步化和肌肉群工作的协调性。⑤采用减少外部阻力的练习。速度障碍一旦形成，如果仍采用同样的训练方法而不增加新的刺激，移动速度就很难提高。为了打破速度障碍，就必须采用新的、更强烈的、更能提高兴奋程度的刺激。因为多次重复新的刺激会使运动员产生新的更快速度的动力定型，使速度随之达到更高水平。目前突破速度障碍的最有效方法就是减少外部阻力的练习，如下坡跑、牵引跑、顺风跑等。前苏联短跑运动员在训练中曾经广泛使用减少外部阻力的练习方法。奥巴留斯（1971）认为：下坡（坡度5度左右）跑的下坡段可使运动员的成绩提高17%，在进入平道段后，可使成绩提高13%。

2. 要预防和克服心理障碍　心理障碍是防碍运动员发展快速移动能力潜力的重要因素之一。如认为自己的成绩已达到较高水平，再也不能提高了；或觉得要战胜某位著名的短跑名将是不可能的事；或认为自己要创造纪录已经无希望等。不预防和克服这些心理障碍，移动速度就难以继续提高。要克服心理障碍，首先要培养运动员竭尽全力顽强拼搏，奋勇进取的勇敢精神和对于可能达到的目的坚定不移的自信心；其次，可以在训练中经常安排或有意识地参加接力跑、集体游戏等练习，促使运动员在练习中发挥快速移动能力。再次，在训练中可以广泛采用比赛法，通过比速度、比成绩、比技术，激励运动员高昂的情绪和斗志，使运动员在比赛条件下更快地发挥速度水平。最后，在训练或测验中，还可以采用“让步赛”，即让强手让出一定的优势给弱手，以促使运动员发挥最快的速度水平。

3. 应充分重视肌肉放松的重要作用　肌肉放松对速度的提高具有极为重要的作用。肌肉放松，张弛有度，就能减少肌肉本身的内阻力，增大肌肉合力，使血液循环旺盛。生理学的研究成果证明，肌肉紧张度达到60%～80%，血液流动就会严重受阻，动作就会失去协调性，已有的快速能力将无从发挥，而肌肉放松时，肌肉中血液流动情况大为改善，比紧张时提高15~16倍。由于血液循环旺盛，就能给参加活动的肌肉输送大量氧气，加快ATP再合成速度，并能节省能源物质，使机体储备有限的ATP得到合理利用，还可增加肌肉收缩前的长度。美国学者米·维苏茨对50名达到较高水平的短跑运动员进行了专门研究，他的研究结果充分说明了放松在短跑中的重要意义（见表5-4）。

表5-4　短跑成绩的提高与肌肉放松能力的关系

因素	60米	100米	200米
成绩提高幅度（秒）	7~6.4	11~10.9	21.5~20
最大爆发力（%）	34.13	20.59	11.37
最大肌力（%）	20.64	12.34	6.86
肌肉放松能力（%）	19.58	21.26	46.32

四、少儿速度训练应注意的问题

（一）少儿速度训练的要求

（1）根据动作速度和动作频率自然增长的规律，在训练时应在发展速度的同时兼顾到力量等其他素质的发展。因此，少儿7~11岁期间训练的重点应放在动作速度和跑的频率的安排上。从入学年龄起，就要充分利用一切能提高动作频率和动作速度的手段进行练习，练习中要采用适当的手段调动、提高和保持少儿对练习的兴趣和积极性，防止练习过程中因疲劳而产生的不良影响。

（2）12~15岁期间的练习，要在力求稳定已经获得的动作速度和动作频率的前提下，采用提高速度力量和肌肉最大力量的方法来培养速度。

（3）16岁以后，在防止产生“速度障碍”的前提下，其训练几乎与成人完全一样，可以用最大力量负荷和最高频率进行最高速度的训练。为防止产生“速度障碍”，练习的各种组成手段及指标应经常变换。

（二）少儿速度训练应注意的问题

（1）7～11岁阶段的训练应采用综合法，全面促进少儿有机体的发展，使影响速度素质的各种因素都得到较好的发展。可以灵活地运用规则简单的活动性游戏、球类活动、分段落跑，各种跳跃性练习、体操和技巧练习等多种手段，尽可能最大限度地提高反应速度、动作速度，并使动作幅度达到最佳幅度，使不参加工作的肌肉群最大限度地放松。

（2）12～15岁阶段是为今后提高专项成绩打好基础的重要阶段。因此，要充分注意运用发展肌肉力量和肌肉收缩速度的练习，直接发展速度素质练习，改进跑的技术和提高跑速的练习，各种跳跃性练习等多种手段，并充分利用依靠速度力量来提高速度这一途径。同时，由于本阶段是开始专项训练阶段，应对不同项目的运动员结合专项速度素质等来综合考虑。

（3）16岁以后的主要任务是提高专项速度。要避免进行狭窄的专项速度训练，稳定已达到的速度水平，以防止速度障碍产生。对非周期性速度力量项目的运动员也要防止和避免产生速度障碍。

第三节　速度训练技术动作

速度训练动作主要指发展反应速度、动作速度、移动速度的练习动作。这些练习动作又包括徒手练习、器械练习和组合练习三类。

一、发展反应速度的技术动作

反应速度与注意力的集中程度有关。发展反应速度以采用多种强度的信号刺激为宜，并且重复次数不宜过多，应以运动员的兴奋性不降低为原则。以下练习动作不仅能有效地发展反应速度，而且对动作速度特别是移动速度的提高也有积极作用。

（一）徒手练习

1. 起动跑　两手撑地，两腿交叉成弓步，听信号快速起动跑出；或两腿做弓步交换练习时，听信号快速起跑。跑出距离 10～20 米。练习 3 组，每组 2～3 次。

2. 蹲踞式起跑　按蹲踞式起跑动作做好起跑准备，听口令迅速起动跑出。练习 3 组，每组 3 次。

3. 站立式起跑　按站立式起跑要求，听口令迅速起动跑出 10～15 米。此练习也可采用半蹲式起跑进行。练习 2～3 组，每组 2～3 次。

4. 变向起跑　背向蹲立，听信号后迅速转体成蹲踞式起跑，接疾跑 20～30 米。要求转体动作迅速，起跑符合技术规范。练习 2～3 组，每组 2～3 次（注：以下练习动作的组数、次数均同）。

5. 仰卧起跑　仰卧于垫上，听信号后迅速转体成俯撑后做蹲踞式起跑接疾跑 20 米。要求动作迅速，起跑符合规范。可计时进行。

6. 前滚翻起跑　站立，听信号后做前滚翻接蹲踞式跑 20 米。要求动作迅速，蹲踞式起跑符合技术规范，可计时进行。

7. 起跑接后蹬跑　蹲踞式姿势准备，听信号立即起跑接做后蹬跑 20 米。要求起跑快，后蹬跑技术准确。

8. 高抬腿接跑　原地高抬腿练习，听信号后迅速起动跑出 10～15 米。

9. 倒退跑接疾跑　听信号开始做倒退跑 5～10 米，再听信号后急停接向前疾跑 10 米。要求倒退时身体不得后仰，疾跑可计时进行。

10. 30米计时跑 蹬踞式起跑，听到信号后进行全速30米计时跑，要求事先规定速度标准。

11. 起跑撞线 蹲踞式起跑，听到信号后疾跑20~30米，接做冲刺撞线动作，可用竞赛方式计时进行。

12. 动作反应练习 练习前告诉运动员有多种动作，如蹲下、起立、手触地、跳起等动作。可任意喊其中一个动作，要求运动员作出应答反应，也可连续喊一连串动作。可原地进行，也可在行进间练习。

13. 选择性练习 教练员喊蹲下或做下蹲动作时，运动员应站立不动；教练员喊向左转，运动员应向右转；或教练员喊一、二、三、四中的某个数字时，运动员做出事先规定的相应动作。

（二）器械练习

1. 手抓棒球 站立，持球手臂前平举，手心向下，然后手指张开使球自由落下，不等球落地持球手再次抓住球。要求球离开手后，不能翻转手臂去接球。连续进行20~30次，计算手抓住球的次数，可以左右手交替重复练习。

2. 高抬腿跳绳 站立，两手持绳，听信号后做快速原地高抬腿跳绳。要求保持正确的高抬腿跑技术，连续进行10~20秒，计数进行。

3. 小步跑跳绳 站立，两手持绳，听信号后做向前快速小步跑跳绳，连续进行10~20秒。要求保持小步跑技术动作，手脚配合协调一致。

4. 捆沙腿高抬腿跑 两腿分别捆绑沙腿，开始慢跑，听信号后做原地快速高抬腿跑20秒。要求大腿高抬到一定高度，符合技术要求，计数进行。

5. 捆沙腿加速跑 两腿分别捆绑沙腿，由慢跑开始，听信号做加速跑 20～30 米，行走返回，练习 3～5 次，计时进行。

6. 扶肋木后蹬跑　面向肋木站立，身体前倾，两臂伸直扶肋木。听信号后做快后蹬跑。要求后蹬跑技术正确，腿后蹬时与地面保持 50°的夹角，连续进行 10～20 秒为 1 组，练习 3～5组。此练习也可采用扶肋木高抬腿跑的形式进行。

7. 扶杆接力　距起跑线 6 米处一人扶竖立着的标枪或竹杆，听见信号后一人起跑前去扶杆，与此同时扶杆人向回跑至起跑线后拍击第二人手掌，依次连续进行。要求竹杆始终不能倒地。10 人 1 组循环练习，3 个循环为 1 组，练习 2～3 组。

8. 持铃高抬腿跑　两手各持一个 1～2 千克重哑铃，听信号后做快速高抬腿跑练习。要求保持高抬腿跑的正确姿势，跑动速度越快越好。连续练习 10～20 秒为 1 组，练习 2～4 组。

9. 对墙跑动踢球　侧对墙 5 米站立，听信号后，平行于墙做快速跑动中对墙踢球，连续进行 30 米。要求直线跑动、球在脚下不能有停顿，速度越快越好，重复练习 6～10 次。

（三）组合练习

1. 卧跳→折回跑　篮板下站立，听信号后起跳用手触篮板，然后下蹲成仰卧，接着迅速起立，再起手触篮板，连续进行 6 次。然后迅速冲跑到球场中线，并立即折回跑到端线。反复练习 3～5 组。

2. 小步跑变加速跑→计时跑　站立，做快频率行进间小步跑 10 米，听信号后变加速跑 20 米，然后慢跑到标志物后，做加速跑 30 米，计时进行。

3. 高抬腿接加速跑→变速跑　原地高抬腿 5 秒钟，听到信号后做加速跑 20 米。然后惯性跑 40 米，再接做 30 米加速跑。循环进行，绕 400 米场地 1 周为 1 组，重复练习 3 组。

4. 高抬腿接疾跑→快速起跳　原地高抬腿 5～10 秒，听信号后全速疾跑20米，到起跳板接做快速起跳动作，用运动跳远腾空步技术落入沙坑。要求速度快，练习3~5组。

5. 俯撑起跑接后蹬跑→冲刺跑　两手撑地，两腿伸直成俯撑姿势。听信号后迅速起跑，然后做快速后蹬跑20米，跑到标志线处，紧接着做冲刺跑30米。要求后蹬跑、冲刺跑技术正确，重复练习3次。

二、发展动作速度的技术动作

发展动作速度时，应合理控制速度。从发展动作的快速度能力看，以最快速度练习效果最佳。为了克服速度障碍，应适当控制最大速度练习。一般以慢→快→最快→快→慢的速度节奏进行练习。此外，提高其他素质（特别是速度力量）也是发展动作速度的途径之一。

（一）徒手练习

1. 快速力量练习　计时快速完成推倒立、臂屈、俯伸卧撑；计时快速完成两头起、背屈伸；计时快速完成引体向上练习；规定距离的快速爬倒立练习。上述练习要求速度快，可计时计数进行练习。

2. 纵跳转体练习　原地跳起转体360°或720°练习，连续进行10~20次。转体速度要快，可以计时进行，不要求起跳高度，连续练习2~3组。

3. 起跳快速转体　慢跑，三步助跑起跳，摆动腿屈膝上摆，空中转体180°~270°，起跳腿落地，要求起跳、转体速度越快越好。转体时身体没有屈体动作。练习3~5组，每组3~5次。

4. 快速翻转练习　连续毽子接小翻；连续快速侧手翻；连续快速后手翻；在弹板上团身前空翻、后空翻等。要求动作正确，翻转速度快，连续进行。

5. 摆臂　摆臂方法和短跑摆臂技术相同。可以击掌或口令控制摆臂速度和节奏，可由慢→快→最快→慢练习。要求严格按短跑摆臂技术进行，注意动作节奏。

6. 跑动冲刺练习　中速跑距离120米，每跑10米做1次终点冲刺动作。要求冲刺动作迅速、果断，不停顿地连续进行下一点练习。

7. 快速箭步交换跳　弓箭步站立，上体保持直立，原地向上跳起做弓箭步快速交换腿跳练习。要求连续跳动时均保持弓箭步姿势。

8. 跑动跨跳　中速跑，每跑3步跨步跳1次，连续跨跳10次。要求摆动腿尽量向前摆出，速度始终如一。如固定距离可计时进行。每组练习3~5次，练习2~3组。

（二）器械练习

1. 投掷沙袋　两脚前后开立，用拇指和食指夹住沙袋，做原地向后引枪动作，然后快速挥臂将沙袋掷出。要求注重鞭打速度。沙袋重0.2千克，练习20~30次。

2. 脚传沙袋　两人相对站立，两脚夹住沙袋，原地跳起展腹屈伸小腿将重0.5千克沙袋传给对方。要求动作协调，摆腿速度越快越好。练习2~3组，每组对传20次。

3. 对墙掷棒球　投掷手持棒球，运用掷标枪交叉步助跑，快速挥臂将球向墙上掷出。要求技术动作运用合理，出手速度快。练习10~20次。

4. 连续掷棒球　背对墙15米处站立，两脚开立成体前屈，体前放置20个棒球。做单手连续从跨下往墙上掷球。要求掷出速度越快越好，球必须碰墙。练习2~3组。

5. 投掷铁球　投掷手将重0.3~0.5千克铁球直臂置于体后，成引枪姿势，向前行走3步将铁球快速掷出。要求鞭打和出手速度快。练习2~3组，每组6~8次。

6. 快速挥臂　站立，头上方悬吊重沙袋，做原地扣排球动作，快速挥臂拍击沙袋20次。要求在动作正确情况下，强调挥臂及鞭打速度。练习2~3组。

7. 拳击重沙袋　两脚前后开立，站于悬挂着的重沙袋前，以最快的频率做前后挥臂拳击沙袋动作。在10~20秒内计算击沙袋次数，重复练习4~6组。

8. 掷铁棒　面对投掷方向，手持重0.5千克，长40厘米的细铁棒，做掷铁饼的旋转和出手动作练习。要求旋转和出手速度越快越好。练习2~3组，每组5~7次。

9. 跳推体操棒　两手正握体操棒与肩同宽置胸前，两腿分别交替做前后开立跳，同时推举体操棒。跳推速度越快越好，可计数计时进行。

10. 快速挥臂击球　把球悬吊在距墙1米处，高度因人而异。原地站立，连续挥臂用手掌拍击碰撞反弹回来的球。要求击球时做出鞭打动作，连续击球速度越快越好。练习2~3组，每组20~30次。

11. 转身起跳击球　吊球悬挂在距墙2米处，高度因人而异。原地起跳，用手击球后，空中转体180度落地，接着转身起跳击球。要求再次击球前，吊球只能触墙1次，反复练习。

12. 跑动起跳用头触球　悬挂3个吊球，间距10米，高度适宜。在快速跑动中单脚起跳用头触球。要求动作协调，起跳速度快，反复练习。

13. 交叉步推铅球　侧对投掷方向，右手持2~5千克铅球于肩部，右腿向左前方迈出，做快速交叉步推铅球练习。要求交叉步的移动速度快，推球出手速度迅猛。练习2~3组，每组6~8次。也可采用上步推铅球练习。

14. 交叉步掷球　投掷手持重0.5千克实心球，加速跑6~10米后变侧交叉步跑3~5米，按掷标枪动作将球掷出。要求助跑节奏清晰，出手速度快。

15. 双手掷球　两脚前后开立成箭步，双手将重 1 千克实心球举至头后上方。运用腰腹快速摆振和手臂力量将球向前掷出。要求出手速度快，反复练习。也可采用后抛球或后抛球快速转体的练习。

16. 持球往返跑　在相距 10 米处各置一个实心球。手持实心球，听信号后向前疾跑与地上实心球交换后返回。连续往返 3 次为 1 组，反复练习。

17. 快速哑铃练习　持 1 千克重轻哑铃，做快速头上双臂屈伸；快速平推哑铃；快速旋转投掷哑铃；快速持铃挥臂等练习。要求速度快，动作符合技术要求。

18. 持杆助跑起跳　手持撑杆做 30 米加速助跑后接插穴起跳，悬垂摆体后落在沙堆上。要求助跑与起跳速度快，衔接协调。此练习也可采用持杆加速跑进行。

（三）组合练习

1. 快速俯卧撑接原地摆臂　站立，听信号开始做快速俯卧撑 10 次。然后迅速起立，两臂前后摆动 50 次。要求摆臂幅度适宜，整组练习速度越快越好，也可计时进行。反复练习 2～3组。

2. 移动触吊球接扣球　相距 6 米悬挂两个吊球，与腰同高。从一端触球开始，往返移动用手触及两个吊球，连续触球 20 次。然后向前行走两步，上步快速挥臂上手扣悬挂在一定高度的吊球 20 次。要求速度快，有鞭打动作，练习 3 组。

3. 跳推体操棒接掷沙袋→加速跑　双手持体操棒于胸前，两脚交替前后跳的同时快速向前平推体操棒，连续 20 次。然后用掷标枪的交叉步动作，将重 0.5 千克的沙袋向前快速掷出。紧接着 20 米加速跑，将沙袋捡回。练习 2～4 组。

三、发展移动速度的技术动作

发展移动速度的途径之一是提高速度力量水平，改进动作技术，消除多余肌紧张，使动作协调完善，并注意克服速度障碍。发展反应速度、动作速度的一些练习对促进移动速度提高也有一定积极作用。下面介绍发展移动速度的一些专门技术。

（一）徒手练习

1. 原地摆臂　两脚前后开立，根据口号或击掌声，做有节奏的前后摆臂 20 秒。要求节奏快、动作有力。也可采用计时计数摆臂，模拟摆臂、障碍摆臂、摆臂接加速跑等练习。

2. 高抬腿　站立，听信号做原地高抬腿练习 20 ~ 40 秒。要求大腿必须抬至水平位置，三个关节蹬直，配合积极的摆臂。也可做行进间高抬腿跑、小步跑变高抬腿、高抬腿变加速跑练习。

3. 小步跑　站立，按小步跑技术做快频率行进间小步跑 20 米。要求膝、踝放松，积极扒地，两臂协调配合，频率越快越好。练习 3 ~ 4 组，每组 3 ~ 4 次。也可采用小步跑接后蹬跑、小步跑接加速跑、快步走接小步跑等练习。

4. 后蹬跑　按后蹬跑技术要求做 40 ~ 70 米后蹬跑，然后过渡到加速跑 60 米。要求后蹬跑时摆动腿前抬顶起，蹬地腿蹬直，手臂配合摆动。练习 2 ~ 3 组。也可采用起跑接后蹬跑，慢跑变后蹬跑练习。

5. 车轮跑　按车轮跑技术要求，做行进间车轮跑 50 米。要求高抬大腿，向前将髋带出，落地时积极扒地，频率快。练习 2 ~ 3 组，每组 3 ~ 4 次。也可采用车轮跑变加速跑，车轮跑变大步跑练习。

6. 直腿跑　按直腿跑技术，跑出时摆动腿伸直，以足跟擦着地面向前摆动。要求动作协调，行进距离 20 ~ 30 米。反复练习。

7. 加速跑　可采用上坡加速跑 60～80 米；蹲踞式或站立式起跑后加速跑 20～40 米；由慢到快逐渐地匀加速跑 60～80 米几种方式练习。要求逐渐加速，并高速完成练习。反复进行。

8. 快速跑　由站立式或半蹲式出发，一开始就像跑 100 米那样尽快发挥最大跑速，距离可分别为 30 米、60 米、80 米。反复练习。也可和实力相当的队员一起做起跑接加速跑练习。

9. 加速到最高速度跑　加速从 1/2 速度至 3/4 速度直到最大速度跑 120～150 米。也可采用分段快跑（30 米中速跑—30 米高速跑—30 米中速跑—30 米高速跑）。要求加速明显，注意体会速度感。

10. 变速跑　采用加速跑→最大速度跑→惯性放松跑→加速跑→逐渐慢跑的方法练习。例如：50 米快跑 +50 米慢跑 +50 米快跑 +50 米慢跑等。要求控制跑速，加速明显。

11. 顺风或下坡跑　利用顺风或一定坡度进行 60～150 米的练习。要求加大步幅，加快步频，反复练习。

12. 上坡跑　利用一定的上坡坡度快速跑。要求动作频率快，后蹬充分，摆动腿高抬。

13. 行进间跑　行进间跑 30 米、60 米、80 米等距离，并计时。要求快速踏上起点，跑时注意动作技术。

14. 固定步数跑　用事先规定的步数进行 30～60 米加速跑。要求步点准确，动作速度大而快，可计时进行。

15. 测验式比赛　采用蹲踞式或站立式起跑 60 米、100 米、200 米等距离测验。要求尽全力快跑。

16. 反复跑　即数次或多次重复固定距离跑的练习。如采用 30 米 ×3、40 米 ×3、50 米 ×3、60 米 ×3 或 30 +40 +50 +

60 米的快速短跑练习。由于反复跑强度大，每次练习之间应充分休息。

17. 中等强度跑　按中等强度跑 300 ~ 500 米。要求控制好速度，按规定时间完成练习。

18. 不同强度反复跑　如采用 70% ~ 85% 强度，100 ~ 500 米反复跑；85% ~ 90% 强度，100 ~ 200 米反复跑；90% ~ 100% 强度，30 ~ 100 米反复跑。注意控制好休息时间，反复练习。

（二）器械练习

1. 负重高抬腿　两腿分别捆沙袋，开始慢跑，听信号后做原地快速高抬腿跑 20 秒。要求大腿高抬到水平位，符合技术要求，计数。练习 3 ~ 4 组。

2. 牵引跑　用人或车进行牵引跑，或用牵引机进行练习。牵引时绳子或橡皮带拴在被牵引者的腰部，牵引速度根据运动员具体而定，做全速跑 30 ~ 60 米。要求跑时注意后蹬，尽力跟上牵引速度。练习 2 ~ 3 组，每组 2 ~ 3 次。

3. 加大难度跑　在跑之前负一定重量进行跳跃练习，然后卸掉重量快跑 30 ~ 60 米距离。要求负重适当，重点是提高步频，同时加大步长。

4. 穿沙背心上下坡跑　穿沙背心，在坡度为 5° ~ 10° 的跑道上，进行 20 米上坡跑后立即转身下坡冲刺跑 30 米，要求以最快速度完成，计时进行。沙背心重 5 ~ 7 千克，练习 3 ~ 5 次。

5. 前后摆小腿　单脚支撑站立，橡皮带一端固定，另一端拴住踝关节。大腿高抬，快速做小腿前后屈伸练习。手可扶物体，摆动速度越快越好。练习 2 ~ 4 组，每组 30 ~ 50 次。

6. 双人摆臂　两人前后站立，同侧手各握一条橡皮带。两人同时以最快速度和最大幅度做前后摆臂练习。练习 2 ~ 3

组，每组 50 人。

7. 双臂支撑扒地　站立低双杠间，直臂支撑，脚能触地为宜。两脚交替做前脚掌快速“扒地”练习。要求控制身体不能有太大摆动。反复练习。

8. 手持哑铃的短跑辅助练习　可采用持铃小步跑、持铃后蹬跑、持铃高抬腿跑、持铃前倒起跑、持铃 5 步单足跳接加速跑等练习，要求动作正确，哑铃重 0.5 ~ 2 千克，练习时尽量提高速度。重复练习 3 ~ 6 次。

9. 扶肋木的短跑辅助练习　如扶肋木高抬腿，扶肋木小步跑，扶肋木后踢腿和快节奏跑，扶肋木摆腿，单腿高抬摆动，扶肋木攻摆，肋木前攻栏练习等。

（三）组合练习

1. 让距接力跑　分成几个组进行 60 ~ 100 米等多种不同距离的让距跑，最快一个组在最后，最慢一个组在最前，进行接力跑。也可采用迎面接力组成二个队进行让距跑。方法同接力赛和迎面接力赛。要求不得犯规和违反有关要求。

2. 组合跑　如采用（100 米 + 200 米 + 500 米）×3，或 100 米 ×4 + 200 米 ×3 + 300 米 ×2 + 400 米等组合练习。组间间歇 10 ~ 15 秒。也可计时控制间歇。间歇时心率不得低于 120 秒/分，否则应继续练习。

3. 牵引上坡跑接下坡跑　在坡度为 5° ~ 10°的跑道上，做全速牵引上坡跑 30 米，放松走回，重复练习 2 ~ 4 次，间歇 3 分钟。然后做快速下坡跑 50 米，可计时进行。练习 3 ~ 5 次。

4. 踏标记跑接拍踝跨步跳　在跑道上放 20 块颜色醒目的海绵块，距离根据需要确定。在海绵块侧画上标记。站立起跑，以最快速度完成脚踏标记。要求脚踏标记准确，重复练习 4 次。然后做行进间的快速拍踝跨步跳，每次腾空时同侧手拍打摆动腿外踝部。练习 3 组，每组 5 次。

5. 快节奏跑接加速跑→跨步跳　原地快节奏跑 10 ~ 15 秒，听到信号后立即加速并以最快速度跑到规定的标志线，然后做快节奏跨步跳 10 ~ 15 步。重复练习 3 ~ 5 组。

思考题

1. 简述速度的概念与分类。
2. 影响速度提高的主要因素有哪些？
3. 怎样进行动作速度的训练？
4. 简述移动速度训练的要求。
5. 少儿速度训练应注意哪些问题？

第六章　耐力素质训练

耐力是运动员体能素质的重要指标之一，从事任何运动项目都必须具备相应的耐力水平。有些运动项目，如球类、自行车、滑雪、赛艇、铁人三项、登山和田径运动的中长跑、竞走等项目，技术水平的提高和比赛成绩的获得往往取决于耐力水平的提高。马拉松比赛更是耐力水平的较量。现代全攻全守型阵式的足球比赛中，一个运动员在整场比赛中跑动的距离长达万米以上，没有良好的耐力水平，就无法在这种高强度的竞争和对抗中去控制、制胜对手。有些对有氧耐力要求不高的运动项目，如体操、举重、跳水等，对专项耐力也有较高要求。良好的耐力还是大负荷训练后加速恢复的重要前提。所以采用现代科学方法来发展耐力就显得更重要。

第一节　耐力素质概述

一、耐力的概念

耐力是指有机体长时间工作，克服工作过程中产生的疲劳的能力。疲劳是指由于活动而引起的工作能力及身体机能暂时性降低的现象。其主要表现为工作较困难或完全不能继续按以前的强度工作。此时，尽管完成工作较困难，由于有顽强的意志支配，在一定时间内仍可保持前一段工作时的强度，这时属于补偿性疲劳阶段。如果尽管主观意志想克服体力上已产生的紧张，但工作强度仍然降低，这时就属于补偿性失调的疲劳阶段。

根据不同的工作特征，疲劳可分为：智力上的疲劳、感觉方面的疲劳、感情上的疲劳及体力上的疲劳等。在运动训练过程中较有意义的是由于身体活动和肌肉活动而引起的体力上的疲劳。体力上的疲劳是训练后的必然结果，没有疲劳就没有训练。但由于疲劳又必然会使人体工作能力下降并限制机体工作的时间，因而疲劳又是训练的障碍，必须克服。运动员克服疲劳的能力，反映了他所具有的耐力水平。

从19世纪80年代开始研究疲劳以来，各国学者对于疲劳的生理机制曾提出过以下几种假说。①衰竭学说：认为疲劳的原因是体内能源物质已经耗尽。最有力的证据是：长时间运动时血糖浓度下降，补充糖后工作能力有一定程度的提高。坎农（Cannon）等还发现狗在精疲力竭时，注射肾上腺素后便又能跑起来。这是因为肾上腺素可促使肝糖原进一步分解，使肌组织对糖的利用提高。②堵塞学说：认为疲劳是由于某些代谢产物在肌组织内的堆积所造成的。19世纪兰克（Ranke）发现肌肉收缩期产生的某些物质的堆积，使肌肉收缩能力下降，这些物质就是乳酸、二氧化碳等。弗莱彻和霍普金斯（1907）发现，肌疲劳的同时，乳酸浓度升高。迈耶霍夫把离体肌肉放进碱性任格氏液中，发现其工作能力提高。上述实验都支持了堵塞学说。由于乳酸等物质是因为缺氧而产生的，所以这一学说也称为窒息学说。③内环境稳定性失调学说：指由于血液pH值下降，细胞外液水分及离子浓度发生变化，渗透压改变等导致疲劳。如在炎热的气候条件下，对运动员进行长时间的大强度训练，由于泌汗增多，以至很快达到不能继续训练的严重疲劳。这种疲劳仅靠饮水仍不能缓解，必须服用0.04%～0.14%的盐水才行。④保护性抑制学说：巴甫洛夫学派认为，无论是体力或脑力的疲劳，都是由于大脑皮层保护性作用的结果。工作时大量冲动传至皮层相应的神经细胞，使之长期兴奋，导致了“消耗”的增多（异化 > 同化）。为了避免过度消耗，当消耗到一定程度时便产生了保护性抑制。其他因素如血糖下降、缺氧、pH 值下降，血浆渗透压升高，盐分丧失等均会促使皮层神经细胞工作能力下降，而导致疲劳的产生和发展。

在运动训练过程中，由于运动项目不同，能量供应的要求不一样，因此产生疲劳的原因也不一样。例如，体能类非周期性速度力量项目（如举重等）所产生的疲劳除了与上述大脑皮层的保护性抑制等原因有关外，更主要的是由于在一定时期内长时间大强度训练，而导致激素水平下降和衰竭造成的。因此，从事不同的运动项目，产生的疲劳的生理机制是有差异的。

二、耐力的分类

根据不同的标准，耐力素质可分为以下多种类型（见图 6－1）。

耐力素质的分类体系

- 1. 按活动持续时间分类
  - （1）短时间耐力
  - （2）中等时间耐力
  - （3）长时间耐力
- 2. 按氧代谢的特征分类
  - （1）有氧耐力
  - （2）无氧耐力
- 3. 按耐力与专项关系的分类
  - （1）一般耐力
  - （2）专项耐力
- 4. 按动员肌群数量分类（即按身体部位分类）
  - （1）局部耐力
  - （2）全身耐力
- 5. 按肌肉工作性质分类
  - （1）静力性耐力
  - （2）动力性耐力
- 6. 按表现形式和用力特征分类
  - （1）心血管耐力
  - （2）肌肉耐力
  - （3）速度耐力

图 6－1　耐力素质的分类体系

（转引自唐思宗、杨世勇《身体训练学》，1992）

（一）根据活动持续时间对耐力的分类

1. 短时间耐力　主要指持续时间为45秒至2分钟的运动项目所要求的耐力。其主要通过无氧过程提供完成运动所需要的能量，运动过程中氧债很高，力量与速度对于取得良好的运动成绩起着重要作用（Bompa，1975）。

2. 中等时间耐力　持续时间为2～8分钟的运动项目所需要的耐力，其强度高于长时间耐力项目。由于供氧不能完全满足机体的需要，因此运动员会出现氧债。无氧系统的能量产生与运动速度成正比。法伊弗（1971）认为，在3 000米跑中无氧系统提供约20%的能量，而在1 500米跑中提供约50%的能量。其中氧的吸收和利用对于运动成绩起着决定性作用。

3. 长时间耐力　持续时间超过8分钟以上的运动项目所需要的耐力。整个运动过程中主要由有氧系统供能，心血管和呼吸系统高度动员。心率达到很高（每分钟170～180次以上），每分钟心输出量为30～40升，脉通气量达到每分钟120～140升（法伊弗，1971）。当然在长距离竞赛中（如马拉松），以上数值较低。

目前，表现长时间耐力水平的马拉松项目，男子世界纪录为2小时3分59秒，由埃塞俄比亚选手格布雷塞拉西2008年9月28日在柏林创造。女子马拉松世界最好成绩为2小时15分25秒，由英国选手拉德克利夫2003年4月13日在伦敦创造。

（二）根据氧代谢特征对耐力的分类

1. 有氧耐力　是指机体在氧气供应比较充足的情况下，坚持长时间工作的能力。有氧耐力训练的目的在于提高运动员机体输送氧气的能力，促进有机体的新陈代谢，为今后提高运动负荷提供前提条件。长时间耐力项目的运动成绩主要取决于有氧耐力水平（见表6－1）。

表6－1　部分径赛项目高水平运动员有氧系统和无氧系统供能比例

项目（米） 分类	100	200	400	800	1 000	1 500	3 000	5 000	10 000
无氧（%）	95	90	80	65	60	50	20	10	5
有氧（%）	5	10	20	35	40	50	80	90	95

2. *无氧耐力*　是指运动员机体在氧气供应不足的情况下，能坚持较长时间工作的能力。无氧耐力工作是在机体长时间处于供氧不足的状态下进行的，因此必然产生氧债。机体所欠氧债到运动结束后要加以偿还，所以无氧耐力训练的目的在于提高运动员机体承受氧债的能力。无氧耐力又可以分为非乳酸供能无氧耐力和乳酸供能无氧耐力。

（三）根据专项活动的关系对耐力的分类

1. *一般耐力*　是运动员有机体各器官系统机能克服疲劳的综合能力，是专项耐力的基础。奥佐林（1971）认为，一般性耐力是一种多肌群、多系统（中枢神经系统、心肺系统）长时间工作的能力，良好的一般性耐力有助于运动员完成大负荷训练，在长时间的竞争中克服疲劳，并在训练和竞赛后更快地恢复。

2. *专项耐力*　是指运动员有机体为了获取专项成绩，而最大限度动员机体能力，克服较长时间内进行专项负荷所产生的疲劳的能力。不同的运动项目，专项耐力也有不同的表现。例如：短跑的专项耐力主要指保持较长时间高速跑的速度能力，举重和体操中则主要指力量耐力与静力性耐力；球类项目的专项耐力则主要指运动员在较长时间的专项训练和比赛中克服疲劳的能力。尽管专项耐力具有不同运动项目的特征，但同样会受到比赛兴奋程度、完成动作的难度以及训练方式的影响。捷奥多列斯库（1975）认为，技术性极强的比赛通常会对运动员的专项耐力产生影响，使运动员在比赛的后半段出现技术或战术上的失误。因此，建立在牢固的一般性耐力基础上的专项耐力越强，运动员便越容易克服训练和比赛中的各种压力。

（四）根据动员肌群数量（即身体活动部位）对耐力的分类

1. 局部耐力　主要指运动员的局部身体部位在长时间的身体活动中克服疲劳的能力。例如：运动员在长时间内反复进行上肢力量训练，上肢用力部位很快就会出现肌肉酸胀和继续用力工作出现困难的情况。局部耐力取决于一般耐力的发展水平。

2. 全身耐力　主要指运动员的整个身体机能，在训练和竞赛中克服疲劳的综合能力。全身耐力是运动员综合耐力水平的表现（详见一般耐力部分）。

（五）根据肌肉工作性质对耐力的分类

1. 静力性耐力　主要指运动员在较长时间的静力性肌肉工作中克服疲劳的能力，如举重运动员在静力预蹲、静力半蹲，体操运动员在十字支撑、慢起手倒立中表现出的静力性耐力。

2. 动力性耐力　主要是指在动力性肌肉工作中克服疲劳的能力。

（六）根据耐力表现形式和用力特征分类

1. 心血管耐力　是指机体在运动中循环系统保证氧气到达细胞以支持身体的氧化能量过程和运走物质代谢废物的能力。心血管耐力实际上又分为有氧耐力和无氧耐力。

2. 肌肉耐力　是指运动员在一定外部负荷或对抗一定阻力（外部阻力或人体本身阻力）的情况下，能坚持较长时间或重复较多次数的能力。

3．速度耐力　是指运动员将获得的较高或最高速度一直保持到终点的能力。速度耐力的生理机制与机体内无氧代谢过程的改善和机体适应缺氧能力的提高有密切关系。以100米、200米跑的成绩对比来评定速度耐力时，一般用100米的成绩乘2再加0.4秒即可。200米跑的成绩在很大程度上取决于速度耐力水平。速度耐力的训练主要应在提高速度的基础上，提高改善放松跑的能力，这样不仅可以提高中枢神经系统和运动器官机能的灵活性，而且还可以提高神经系统对缺氧和酸性代谢产物积累的适应能力。

上述耐力分类体系中，最有意义的是无氧耐力、有氧耐力、一般耐力和专项耐力。

三、影响耐力提高的因素

耐力与运动员其他方面的素质有密切联系，它是一种多因素的能力。影响耐力提高的因素除了先天性的身体组织结构，如红白肌纤维的组成比例外，还与以下因素有关。

（一）中枢神经系统的功能

耐力训练对中枢神经系统有较高的要求。耐力训练的结果能促使中枢神经系统的工作能力增加，并能改善器官与系统之间密切合作所必需的神经联系。疲劳通常会影响训练热情，并主要发生在中枢神经系统（巴甫洛夫，1951；法菲尔，1960）。因此，中枢神经系统工作能力下降是造成疲劳的主要原因（博姆帕，1975）。为了保持工作能力，应尽可能防止神经中枢出现疲劳。奥佐林（1971）建议，采用始终如一的负荷以及适当的强度，可以全面提高和加强中枢神经系统的活动能力。这样，也就提高和加强了控制专项耐力活动的神经—肌肉协调能力。同样，疲劳状态下的长时间耐力活动，也有助于提高神经细胞承受强大负荷的能力。

（二）个性心理特征

运动员的运动动机和兴趣以及面临运动活动的心理稳定性、努力程度、自持力和意志品质都直接影响到耐力水平的发展，特别是意志品质在耐力训练中起着非常重要的作用。在长时间运动出现疲劳的情况下以及在以强度为主的训练中，意志品质的重要作用体现得尤为明显。如果运动员的意志力不能强迫神经中枢继续工作，甚至提高工作强度（如终点冲刺），便不能保持运动所要求的强度水平。扎托贝克、维伦、伍托、王军霞等著名运动员的事例证明，人类具有极大的耐力潜力。这种潜力只有通过充分动员起来的意志力去战胜由于疲劳而出现的软弱，才能得到最大限度的发挥。

（三）有氧能力

有氧能力是指机体在氧参与下产生能量的能力，它也决定着运动员的耐力水平。博姆帕（1990）认为，有氧能力受到运动员体内供氧能力的影响，因此，任何耐力训练都包括提高供氧系统能力的训练。很强的有氧能力不仅对训练本身极为重要，而且有益于训练中间和训练结束后的快速恢复（Ozolin，1971）。有氧能力的提高也取决于呼吸系统能力的发展以及正确的呼吸方法。很强的有氧能力还能积极地转变为无氧能力。如果运动员的有氧能力得到提高，则其他无氧能力也会随之提高。因为有氧能力强，氧债出现就晚，出现氧债后也能更快地得到恢复（霍瓦尔德，1977）。很强的有氧能力还可以保证速度的稳定（博姆帕，1960），并可以使有机体各个系统在疲劳、内环境产生变化时，机能积极性仍然保持在必要的水平上。

（四）无氧能力

无氧能力对耐力水平也有较大影响。对于要求最大用力以及在开始阶段要求次最大用力的竞技项目，能量主要由无氧系统提供。无氧系统释放的能量与运动强度直接相关。例如：当运动员以7.41米/秒的速度进行400米跑时，能量的14%为有氧供能，86%为无氧供能，但当以8.80米/秒的速度跑同样距离时，其比率则分别变为7.7%有氧供能，92.3%无氧供能（拉祖莫夫斯基，1968）。因此，有氧和无氧系统供能不仅取决于距离，也取决于强度。有氧供能比例随着距离增加和强度下降而逐渐增加。奥佐林（1971）认为，机体的无氧能力受到中枢神经系统活动过程的影响。这种活动过程应能有利于运动员保持大强度负荷，或在疲劳的情况下继续工作。无氧能力还受到过度换气或在运动开始前通过增加呼吸频率而吸入更多的氧的影响。博姆帕（1990）认为，不同项目的专项训练是改善无氧能力的一种最好方法，无氧训练必须与有氧训练交替进行，但持续时间超过60秒的运动项目还是应当以有氧训练为主。无氧训练的作用只是体现在运动的前半程。

（五）速度储备

速度储备是指以较少的能量消耗保持一定的速度的能力。速度储备也是影响耐力特别是专项耐力的因素之一。在周期性运动项目中，其重要作用尤为突出。博姆帕（1956）、奥佐林（1949）、尼基茨基（1954）等人的研究结果表明：如果运动员能以极快的速度跑完一个距离，那么他也能更容易地以较低的速度跑完较长的距离。与速度较差的运动员相比，速度储备较高的运动员能以较少的能量消耗保持一定的速度。例如：运动员完成100米跑的最大速度是11秒，而完成400米跑中每100米距离的平均速度是12.4秒，其中的成绩差（1.4秒）便可看做是速度储备的指数。成绩差越大，速度储备越高。良好的速度储备与系统的专项耐力训练相结合，更有助于专项运动取得突出成绩。同样，如果运动员的速度很快，速度储备指数越小，专项耐力越强。因此，在速度耐力和运动员获得良好运动成绩的能力之间存在着密切的相关。1 名 100 米跑 10.6 秒成绩的运动员，即使未经过系统的专项训练，也能以 50 秒的成绩跑完 400 米（速度储备指数为 1.9 秒，平均速度为 12.5 秒）。100 米成绩为 12.5 秒的运动员，则很难甚至不可能以同样的速度完成 400 米。因此，在提高运动员成绩的过程中，速度，特别是速度储备可能是重要的限制因素（图多·博姆帕著，马铁、郭小燕等译《运动训练理论与方法》，人民体育出版社，1990 年，第 363 页）。

（六）有机体能量储备的利用率

耐力水平还取决于有机体能量储备的利用率。运动员有机体的机能节省化、协调性的完善、力量的合理分配都能有效地提高能量储备的利用率。机能节省化主要反应在随着训练水平的提高，在一个单位时间内能量消耗减少；协调性的完善可以减少不必要的能量消耗；力量合理的分配则可以提高能量利用程度和效率。此外，能量交换过程的动员和进行等，对耐力素质也有较大影响。

四、耐力训练的主要手段及基本要求

（一）耐力训练的主要手段

1. 各种形式的长时间跑，如持续跑、变速跑、变换训练环境的越野跑、法特莱克跑、间歇跑等。

2. 除跑以外的长时间活动及其他周期性运动，如游泳、滑冰、自行车、划船等。

3. 长时间重复做某一非周期性运动，如篮球训练中经常做的各种不规则滑动、跑的练习，排球训练中经常做的滚动救球练习等。

4. 多种长时间游戏及循环练习等。

（二）耐力训练的基本要求

1. 耐力训练应循序渐进　耐力训练应以一定的训练时间、距离和数量为起点，逐步加长时间和距离，再提高到接近“极限负荷”。

2. 应注意呼吸　呼吸能力对耐力训练十分重要，呼吸的作用在于摄取发展耐力的必要氧气。机体摄取氧气是通过提高呼吸频率和加深呼吸深度实现的。在训练中应培养运动员以加深呼吸深度供氧的能力，并注意培养运动员用鼻呼吸的能力。同时还应加强呼吸节奏与动作节奏协调一致的训练。呼吸节奏紊乱，必定会导致节奏的破坏，使能量物质的消耗增加，不利于耐力水平的提高。

3. 无氧耐力训练应以有氧耐力为基础　无氧耐力的发展是建立在有氧耐力的提高基础之上的。这是因为通过有氧耐力训练，运动员心腔增大，每搏输出量提高，从而为无氧耐力的发展打下了坚实的基础。如一开始便是无氧耐力训练，那么心肌壁就会增厚，这样虽然心脏收缩能力强而有力，然而每搏输出量难以提高，从而影响到全身血液的供给，对今后发展不利。所以，在发展无氧耐力之前或同时，应进行有氧耐力训练。在具体训练过程中，则应根据各方面的情况对两者的比例进行科学、合理的安排。

4. 要加强意志品质培养　耐力训练不仅是身体方面的训练，也是意志品质的培养过程。因此，在耐力训练中除了应注意提高运动员的练习兴趣外，还应注意培养刻苦耐劳、坚忍不拔的意志品质。

5. 对运动技术应严格要求，并适当控制体重　发展耐力素质应对技术提出严格要求，并对运动员体重进行适当控制。脂肪过多，就会增大肌肉内阻力，摄氧量的相对值也会因体重的增加而下降。体重过重，消耗的能量也必然增加，这都会影响耐力素质的发展。

6. 应兼顾女子生理特点　女子体脂为体重的20% ~ 25%，男子为10% ~14%。脂肪不仅具有填充和固定内脏器官的作用，而且可以储备能量在必要时供运动消耗。女子的皮下肌肉和一些内脏器官中的脂肪含量较多，并且具有动用体内储存脂肪作为能源的能力，因而进行长距离游泳和长跑等耐力项目的能力很强。由于女子机体能有效地利用储存的脂肪作为运动的能源，故有利于从事较长距离的耐力训练。应当注意的是，女子运动员在月经期间不宜从事大强度、长时间的耐力训练，应避免剧烈运动及其他外部刺激。当然，适量的运动还是必要的。

第二节　耐力训练方法

项目不同对耐力发展水平的要求也就不同。运动训练中最有意义的是有氧耐力、无氧耐力、一般耐力和专项耐力的训练。下面分别阐述。

一、有氧耐力的训练

运动员有氧耐力的发展水平取决于三方面的因素：即供给运动中所必需的能源物质的储存；为肌肉工作提供ATP所必需的有氧代谢能力以及肌肉、关节、韧带等支撑运动器官对长时间耐力工作的承受能力（见图6 - 2）。因此，通过提高运动员的摄氧、输氧及用氧能力，保持体内适宜的糖原和脂肪的储存量以及提高肌肉、关节、韧带等支撑运动器官对长时间负荷的承受能力，是发展有氧耐力的基本途径。

有氧耐力训练能产生如下效果：肌肉更适应耐力负荷；改善肋间肌肉和膈式呼吸器官的功能；提高肺部功能；增加血液

供给；扩大血管弹性；增加肌肉周围毛细血管数量；减少身体脂肪百分比；增大心搏量。对于那些需要长时间活动的运动项目如马拉松、长距离跑、自行车赛、游泳等，加强有氧耐力训练极为重要。

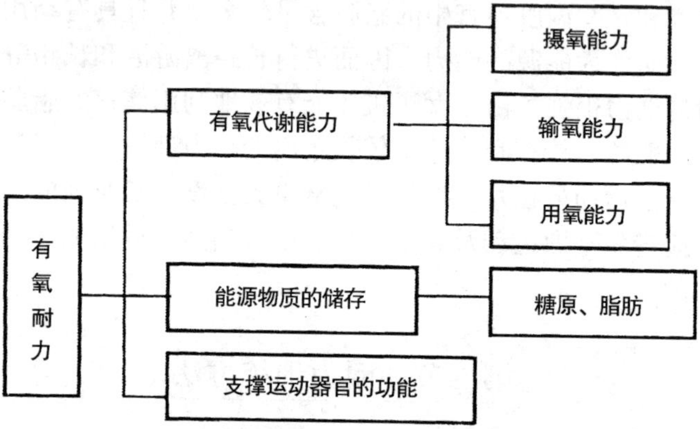

图6－2　有氧耐力的决定因素及发展途径（田麦久，1984）

（一）有氧耐力的指标——最大吸氧量

1. 最大吸氧量的概念　有氧代谢能力是保持运动员有氧耐力和一般耐力代谢活动的重要基础。最大吸氧量（$Vo_{2\ max}$）是反映运动员有氧耐力水平的主要标志。运动员有氧耐力的高低取决于最大吸氧量的大小。我国优秀中长跑运动员的最大吸氧量可达75毫升/（千克·分）左右，世界水平的运动员可达80毫升/（千克·分）以上，最大吸氧量实际上就是指运动时每分钟能够吸入并被身体利用的氧的最大数量。其表达式如下：

最大吸氧量＝肺通气量×从血液中摄氧量的最大值

最大吸氧量＝最大心输出量×动静肺氧差的最大值

最大吸氧量是肺、心直到末梢的一种全面的呼吸循环机能的综合指标。一般人的最大吸氧量为2～3升/分，运动员可达

4～6 升/分，这一数值的高低取决于运动员的呼吸系统和循环系统机能以及血液中血红蛋白的数量和肌肉的有氧代谢能力等因素。

2. 最大吸氧量与专项成绩的关系　要了解最大吸氧量与专项成绩的关系，必须首先明确与最大吸氧量有关的因素。一个未经训练的人在进行剧烈活动时，每升输出的血液中大约含 0.16 升氧，如果此人每分钟最大输出血量为 20 升，则最大吸氧量为 0.16×20＝3.2（升/分）。经过训练者，每升输出的血中含 0.17 升氧，则最大吸氧量为 0.17×20＝3.4（升/分）。如果要达到某些耐力项目的优秀运动员最大吸氧量 6.2 升/分的水平，则每分钟需要输出血液 36.4 升［即 0.17×36.4＝6.2（升/分）］。心输出量（血液输出量）是由心率×每搏输出量进行测定的。运动员特别是耐力项目的优秀运动员最高心率往往低于常人，所以，要提高心输出量只有提高每搏输出量。假如一个人最高心率为 200 次/分，每搏输出量为 100 毫升，则每分钟最大输出血量为 20 升，而要把每分钟输出血量提高到 36.4 升，就要把每搏输出量提高到 182 毫升［36.4×1 000÷200＝182（毫升）］。提高每搏输出量有两个途径：即心脏收缩尽力排空心室内血液；提高心脏收缩后的恢复（舒张）能力，使每搏输出量提高 10～20 毫升是可能的。要使每搏输出量提高更多，就必须增大心脏腔室体积。所以，要提高运动员每搏输出量，就应促使心脏体积增大。

心脏大小与体重有关。正常男子的心脏容量为 700～800 毫升，每千克体重约为 11.7 毫升。运动员比一般人大，而长跑运动员的心脏容量又比一般运动员大得多。按体重计算，心脏容量最大的是男子 3 000 米、5 000 米、10 000 米前世界纪录创造者罗诺，其心脏容量大到 24.9 毫升/千克体重（罗诺体重为 55 千克，心脏容量是 1 370 毫升，心脏容量与体重比为

24.9 毫升/千克）。表6－2是原东德部分项目运动员在1967年泛美运动会上测得的平均每千克体重的心脏容量指标。

表6－2　原东德部分项目运动员心容量指数

项目	常人	举重	体操	摔跤	手球	滑冰	拳击	五项	越野滑雪	自行车（业余）	自行车（专业）
毫升/千克	11.7	11.8	11.7	12.2	12.4	12.4	12.7	12.8	13.2	14.4	14.8

（据劳斯克曼，1968）

赛尔廷（Saltin）和奥斯特兰德（Astrand）等人的研究结果表明，耐力性项目优秀运动员的最大吸氧量较其他项目高。男子平均为5.75升/分，女子为3.6升/分。世界著名的肯尼亚中长跑运动员凯诺（5 000米成绩为13分24秒2）的最大吸氧量为5.5升/分，美国的赖恩（1 500米成绩3分33秒1）为5.6升/分。据尔费柏格（Uif bergh，1978）报道，最大吸氧量的最高值男子为7.38升/分［94毫升/（千克·分）］，此人是一名挪威越野滑雪运动员；女子为4.34升/分［77毫升/（千克·分）］，此人是前苏联一名长距离滑雪运动员。

由于每个人身材高矮不一样，所以，按每千克体重计算出的最大吸氧量更能反映其有氧耐力水平。例如：日本优秀马拉松选手宇佐美最大吸氧量只有4.9升/分，但若按每千克体重计算最大吸氧量，却达到83毫升/（千克·分）的极高水平。法国罗郎德赛尔认为，男运动员最大吸氧量要超过80毫升/（千克·分），才能在耐力项目比赛中达到国际水平。

很多学者对耐力性项目的运动成绩与最大吸氧量的关系用统计学作了研究，他们发现，两者的关系是非常紧密的。例如：柯斯蒂尔（1973）发现，18 502米跑成绩与最大吸氧量的相关系数（r）达到－0.91；桑塔新诺（1980）发现，优秀运动员的800米游泳成绩与最大吸氧量的关系十分紧密（$r=$

-0.75）。还有一些学者认为，最大吸氧量的大小可以反映有氧耐力的好坏，从而可制定出一些回归方程式，用以预测运动成绩。如马格里亚（1975）设计了下列方程式来预测中长跑的成绩：$M = 5(V - 6)T + 5V$[注：M 为跑出的距离，米，如预测 5 000 米成绩，则 $M = 5\ 000$；V 为最大吸氧量数值，毫升/(体重·分)；T = 跑的成绩，分]。

表 6-3　最大吸氧量与径赛成绩的相关系数

项目（米）	100	200	400	800	1 500	5 000	10 000
r	0.047	0.144	0.052	0.472	0.478	0.791	0.823

（据依华明等）

3. 最大吸氧量的可训练性　据研究，5 000 米跑的成绩要达到 13 分 20 秒，途中每分吸氧量必须保持在 5.0 升的水平（相当于最大吸氧量的 95%～90%），最大吸氧量就应达到 6.2～6.4 升/分。为此，肺通气量须达 130～160 升/分，心率 180～200 次，每分钟心输出量达 35～40 升/分，即呼吸—循环机能须达到极高的水平。那么，人体的最大吸氧量究竟具有多大的可训练性呢？

米切尔（Michael）等人统计了 20 世纪 60～70 年代 29 位学者对不同年龄（11～75 岁）、不同组数（29 个组别），共 491 名不同训练水平的运动员和一般锻炼者训练前后最大吸氧量的增加情况，结果表明：增加最多者为 43%；年龄越小或年龄越大者，增加越少或几乎没有增加；平均增加 18.96%。

加拿大学者赫里绍拉斯研究过 25 对 7～13 岁双胞胎（15 对单卵双生，10 对双卵双生），发现最大吸氧量遗传度为 93.4%，即受遗传因素影响极大。因此，必须从儿童时期选择心肺功能发育好的儿童从事耐力性运动项目。据研究，11～12

岁时最大吸氧量与成人时的最大吸氧量的相关系数最大（$r=0.9$），所以在11～12岁时进行选材最为合适。

（二）有氧耐力训练参数

1. 负荷强度　单纯发展有氧耐力水平的训练强度相对要小，训练强度应低于最大速度的70%（赫贝格尔，1977），并以有氧系统供能为主。强度可以通过完成一定距离的时间、每秒速度（米/秒）、心率来得到评定。如以心率控制负荷强度，对一般运动员可控制在140～160次/分，对训练有素的运动员可控制在150～170次/分。根据这个强度进行长时间工作，可使有氧系统供能得到改善，心肺系统的机能水平、肌肉供血和直接吸收氧气的能力得到提高。计算发展有氧耐力的适宜心率公式为：

训练强度＝安静时心率＋（最大心率－安静时心率）×70%左右。

心率控制在这个水平，可使心血输出量增加，吸氧量达到最大值的80%左右。训练结果还可使心脏容量增大，有利于促进骨骼肌、心肌的毛细血管增生。如负荷强度超过此限度，心率达170次/分以上，就要产生氧债，从而使训练向无氧方向转化。如训练强度低于此限度，心率在150次/分以下，则不能有效地提高有氧能力。

在发展单纯有氧耐力水平的同时，为了有效地提高耐力项目的专项成绩，还应穿插无氧性质的练习，即在短时间里加大训练强度，使心率达180次以上，这对发展有氧耐力的效果会更好些。因为在进行短时间加大强度的练习后，会使机体的最大吸氧量和心输出量出现即刻增加的短时训练适应性现象，形成一个较高的“波浪”。这个波浪对提高运动员呼吸能力和改善循环系统功能是一个良好刺激，有利于提高机体输送氧气的功能，对提高有氧耐力水平是极为有利的（董国珍等，

1990)。

2. 无氧阈　每个运动员都有与其适应并且随着运动能力的提高而变化的合理负荷范围。其中，负荷强度要时时与每个人的竞技能力相一致，过低过高都会影响练习效果。所以寻找适宜的负荷范围就显得更加重要。国内外有关“无氧阈”（即无氧代谢阈，简称 AT）的研究，为探讨有氧负荷的最佳化提供了科学依据。无氧阈是指人体在逐渐增加工作强度时，由有氧代谢供能开始大量动用无氧代谢供能的临界点（转折点），常以血乳酸含量达到 0.004 摩尔/升时所对应的强度（即最大吸氧量 $Vo_{2\,max}$ 的百分比）或功率（瓦）来表示。超过这个临界强度（无氧阈）时，血乳酸浓度将急剧增加（见图 6－3）。

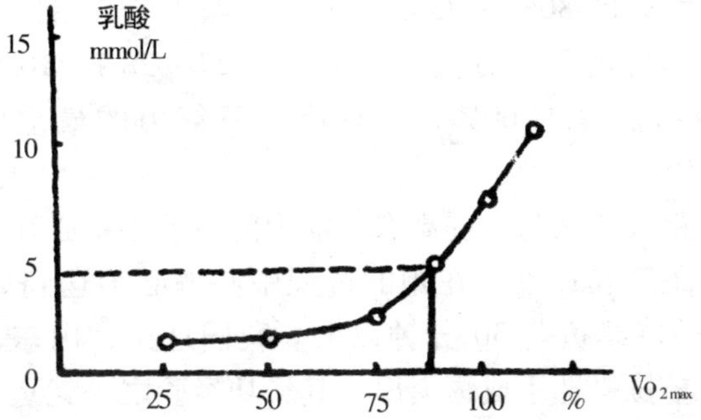

图 6－3　无氧阀示意图

里雷森（Riresn，1980）等研究了以无氧阈的强度（AT 组）和超无氧阈的强度（HAT 组）分别训练女子游泳运动员，结果发现，100 米和 400 米游泳成绩提高，AT 组优于 HAT 组，而最大耗氧量、最大乳酸能力及最大非乳酸能力的提高 HAT 组高于 AT 组。因此认为，用无氧阈强度训练更有利于提高运动成绩，而用超无氧阈强度训练，则对代谢系统产生深刻的影响。

在田径径赛项目的训练实践中，往往又把运动员血乳酸值在4mmol/L时的跑速确定为无氧阈速度。在无氧阈以下的跑速进行不间断持续跑是发展有氧能力的主要训练手段。无氧阈确定后，可采用两种手段（即分别取无氧阈速度的70%或80%～90%作为练习速度）来发展有氧耐力水平。例如：某长跑运动员的无氧阈速度为5.2米/秒（即3分12秒/千米），采用第一种手段时，取无氧阈速度的70%（即4分09秒/千米）做不间断的匀速跑约占总跑量的30%，心率在20～24次/10秒，时间不超过120分。这种训练手段可为有氧耐力的提高创造必要条件。有时在大强度训练或病愈后也采用这种强度的恢复性跑。间歇训练时的间歇慢跑即属于这种类型。第二种训练手段是取无氧阈的80%～85%～90%（即3分50秒/千米），应用不间断速度的负荷方法，心率控在27～28次/10秒，这种训练手段占总量的60%，是提高有氧能力的最重要手段（步润生，1988）。

德国长跑教练认为，提高有氧能力的发展水平必须明确规定持续跑的距离和速度。在跑的过程中心率必须达到27～28次/10秒，并持续负荷30分钟以上。我国辽宁、山东、云南男女长跑、马拉松选手成绩突出，其成功经验之一就是越野跑的质量高，女子越野训练10千米速度在3分50秒左右，男子在3分45秒左右，心率为27～28次/秒（田麦久、武福全等著《运动训练科学化探索》，第470页）。上述事实说明，用接近无氧代谢阈的速度训练是发展有氧耐力的有效方法。

3. 有氧—无氧混合代谢区域　有氧—无氧混合代谢区域是指把有氧代谢和无氧代谢结合起来进行训练的有效代谢区域。例如：在跑第一个快跑段落（200～100米）结束时心率为27～28次/10秒，而慢跑段落时心率为24～26次/10秒。快跑段的时间、距离及其反复的数量取决于运动员的训练水平和该训练阶段的任务。这种训练手段对提高耐力项目的最大有氧能力非常有效（步润生，1988）。俄罗斯运动训练专家马特维耶夫认为，过去有氧—无氧混合代谢训练量的比重只占总量的20%，而现在达到60%～70%，也就是说高质量游泳的训练量与过去相比有大幅度的提高。这也是游泳水平显著提高的主要原因之一。

4. 持续时间　练习持续时间应根据专项特点、运动员的需要以及训练阶段的不同要求进行安排。博姆帕认为，练习持续时间应有一定的变化幅度。有时为了提高比赛开始阶段发挥作用的无氧耐力，可采用60～90秒的训练持续时间，为了提高有氧耐力，则必须采用较长时间的多次重复（3～10分钟）或20分钟以上至两个小时的持续负荷。只有坚持较多的负荷数量，练习时间长，才能使全身血量和红血球增加，提高每搏输出量，达到发展有氧耐力的目的。

5. 重复次数　重复次数应根据维持高水平氧消耗的生理能力来确定。如果不能维持高水平氧消耗，有氧系统就不能满足能量需要。其结果会使无氧系统开始工作，给机体造成紧张，并较早出现疲劳。心率是表示运动员疲劳状况的有效指标。随着疲劳增加，重复同等强度负荷时的心率也会增加。一旦心率超过180次/分，心脏的收缩能力就会降低，导致负荷肌肉的供氧不足，这时就应调整训练计划和减少重复次数。

6. 间歇时间　间歇时间的基本要求是在运动员机体处于尚未完全恢复时再进行下一次的练习。有氧耐力训练的间歇时间一般不能超过4分钟，因为间歇时间过长，就会出现毛细血管收缩，从而引起后面运动的最初几分钟内血液受阻（霍尔曼，1959）。为了控制好间歇时间，可采用测量心率的方法进行。即当运动员心率恢复到120～130次/分时，就应该进行下一次练习。这样运动员在休息时可摄取大量氧气，使整个练习与间歇时的摄氧量都保持在一个较高水平上，也使心搏量保持在一定水平上，从而实现对运动员呼吸和心血管系统不间断的刺激。另外，在间歇时间内，为了促进机体恢复，采用走或跑都是一种较好的活动方式。

（三）有氧耐力训练方法

由于有氧耐力水平高低取决于最大吸氧量的大小，而最大吸氧量的数值实际上又标志着人体吸进氧、运输氧及利用氧的能力。所以，凡能迅速有效地提高运动员上述机能的训练方法都属于有氧训练的范畴。目前，国内外广泛采用的发展有氧耐力的训练方法主要有持续负荷法、间断负荷法和高原训练法（见图6－4）。

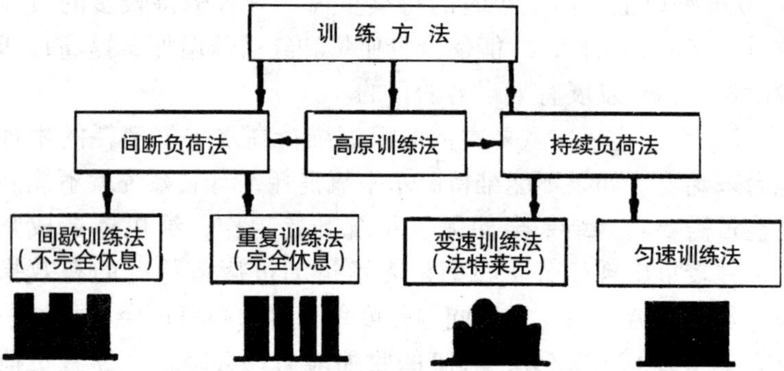

图6－4　有氧耐力训练方法示意图

（引自唐思宗、杨世勇，《身体训练学》，1992）

1. 持续负荷法　持续负荷法是发展有氧耐力的主要方法。其特点是负荷量大、没有间歇。大多数需要有氧耐力的项目如中长跑、马拉松跑、速度滑冰、游泳、赛艇等都可以采用这种方法。持续负荷法根据速度是否变化又分为匀速训练和变速训练（即法特莱克训练法）两种。采用持续负荷法训练时，每次负荷的时间不应少于 30 分钟。对有一定训练水平的运动员，负荷时间可以达到 60 ~ 120 分钟（如跑、划船、竞走）。有些项目如公路自行车、50 千米滑雪，负荷时间还可以更长些，练习强度可通过测定心率等方法计算，心率可控制在每分钟 150 ~ 170 次。

持续负荷法的训练效果主要是能提高和改善有氧能力。此外，稳定地完成技术动作还可以使技术得到巩固（如速度滑冰、游泳、划艇、赛艇等运动)，机体工作能力也可以同时得到提高。

许多耐力项目（如赛艇、游泳、自行车、中长跑等）往往把持续负荷法用于越野跑训练，并取得了突出的成绩（如采用匀速越野跑和变速越野跑等)。博姆帕（1990）指出，采用变速训练时，可在练习过程中逐步提高速度，即从较低的强度提高到中等强度。例如：第一个 1/3 的距离可用较低的速度完成，然后将速度提高到稍低于中等强度的水平，最后 1/3 距离则用中等强度的速度完成。此外，还可以从中等到次最大不断变换强度。例如：在每 1 ~ 10 分钟的最高强度负荷后，可穿插安排中等强度负荷，以保证机体在下一次提高负荷前稍有调整。采用最大速度负荷时，心率可达到 180 次/分左右，恢复阶段降到 140 次/分左右（法伊弗，1971）。有节奏的、波浪形变化的强度安排，有助于进行大负荷量训练，并能有效提高心脏和中枢神经系统的功能，提高机体在不同情况下的适应能力，从而大大提高有氧耐力水平。这种方法不仅可用于周期性项目，也适用于非周期性项目（如球类运动、摔跤、拳击等）的准备阶段。

2. 间断负荷法　间断负荷法又分为间歇训练法和重复训练法，其主要负荷特征如下：

（1）间歇训练法　间歇训练法是一种采用各种强度的重

复刺激，并在练习之间按预定计划安排间歇时间，不完全休息的训练方法。这种方法对发展耐力水平非常有效。训练时，间歇的时间主要根据心率确定，并不要求运动员达到充分恢复。重复距离则可根据时间（如 12×3 分）或距离本身（12×800 米）确定。为了使训练效果更好，可配合使用三种间歇训练：第一种是短距离间歇训练，持续练习 15～90 秒，主要发展无氧耐力；第二种是中距离间歇训练，持续练习 90 秒至 8 分，可发展两种供能系统；第三种是长距离间歇训练，持续 8～15 分，主要发展有氧耐力。间歇训练的主要影响因素有强度、负荷数量、持续时间、间歇时间、休息方式、练习组合等。

①强度　短距离或中距离间歇训练心率应达到 170～180 次/分。长距离间歇训练心率也应达到 160～170 次/分。只有用较大强度才能有效提高心脏功能，达到发展有氧耐力的目的。强度过低（心率 130 次/分以下）或过高（心率 180 次/分以上）都不能有效地达到训练目的。

②负荷数量　负荷数量一般以距离（米）和时间（秒、分）来表示。其基本要求是一次练习负荷的数量不要过多，若一次练习负荷数量多、持续时间长，则会导致工作强度下降，不利于心脏功能的提高。

③持续时间　练习持续时间可根据练习任务和运动员本身情况确定。每一次练习的持续时间，可分别为 15～90 秒、2～8 分、8～15 分等。在训练中采用较多的是 60～90 秒，但整个练习持续时间应尽可能延长，并保持在半小时以上。只有这样才能提高利用氧的能力及心脏的潜在功能，并有利于意志品质的培养。

④间歇时间　为了实现对运动员吸呼和心血管系统不间断的刺激，主要以心率来控制间歇时间。其基本要求是在运动员机体尚未完全恢复（心率恢复到 120～140 次/分）时进行下

一次练习。这样可使运动员在积极性休息阶段摄取大量氧气，并使整个练习过程的摄氧量和心搏量都保持在较高的水平上。

⑤休息方式　采用轻微的积极性活动休息方式（如慢跑），以对肌肉中的毛细血管起到“按摩作用”，使血液尽快流回心脏，再重新分配到全身，以尽快排除机体中堆积的酸性代谢产物，以利于下一次练习。

⑥练习组合　采用间歇训练法发展有氧耐力一般有两种组织方式。一种是分段练习，即以练习的次数与组数安排训练（如200米×4次×5组）。另一种是以连续间歇的方式安排练习（见图6-5）。

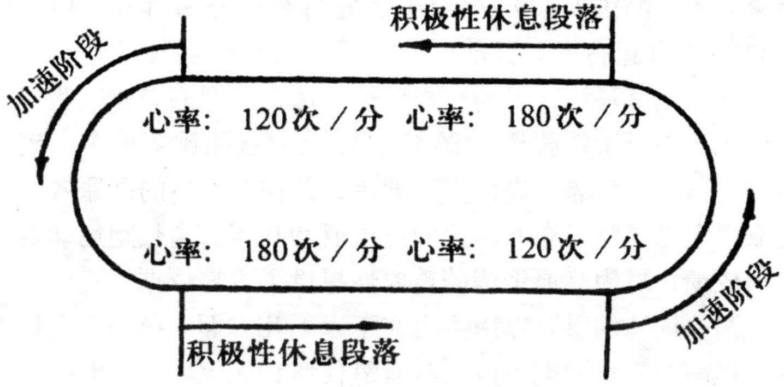

图6-5　连续间歇练习示意图

（引自体育院校通用教材《运动训练学》）

（2）重复训练法　重复训练法在发展有氧耐力的同时，还能发展专项或比赛耐力。练习距离可长于或短于比赛距离。负荷强度比间歇训练法大（全力或最大负荷量的4/5）。每次练习应等到完全恢复以后，再重复进行。较长时间的重复训练对有氧耐力要求很高，因为重复训练的速度非常接近比赛时的速度。相反，较短时间的重复训练则要求无氧耐力。因为短时间重复强度大，运动员往往出现氧债。采用重复训练法练习时，整个负荷量可以为4～8个比赛距离，休息间歇可根据重复的距离和强度安排5～10分钟。重复训练法的另一个重要作用是通过多次重复，可以有效地培养运动员的意志品质。

3. 高原训练法　1968年墨西哥城（海拔2 240米）奥运会后，许多竞技运动强国对高原训练的机制、作用及其具体训练方法进行了多方面研究，并取得了一定认识。即高原训练是在缺氧条件下的训练。由于机体在缺氧条件下的应激作用，能促进红血球和血色素提高，血乳酸可达到平原训练时不能达到的水平，从而提高了机体无氧糖酵解和抵抗酸性物质的能力。因此，下山后在高原训练效应期间有助于提高比赛成绩。许多专家认为，海拔1 800～2 700米是高原训练的有效高度，而2 300米为理想高度。目前，德国某些项目的运动员为了模拟高原低氧训练环境，提高专项成绩，还在模拟的高原实验室进行训练。中国游泳队从1986年起在重大国际比赛前多次到昆明（海拔1 891米）进行高原训练，并在下山后的高原效应期内取得突出成绩。东非高原的肯尼亚和我国云南长跑运动员的突出成绩，更为高原训练的重要性提供了可靠依据。

高原训练的重要作用主要在于以下几方面：第一，高原训练能提高有氧代谢能力以及与有氧代谢和无氧代谢有关的综合能力，使心血管系统和呼吸系统的水平明显提高，毛细血管变粗，组织供氧状况改善。杨碧英等（1990）对国家中长跑集训队19人（男10人，女9人）在1986年1～3月昆明高原训练的研究结果表明，最大吸氧量提高（男11.9%，女18.3%），最大吸氧量的百分利用率降低（男9.6%，女14.6%），肺活量增加（男2.9%，女3.1%），能量消耗降低，心脏每搏动1次所获得的氧气量（即氧脉搏）增加，运动员机体氧运输系统效率得到明显改善。第二，高原训练能促进红血球、血色素上升。例如：1987年国家游泳女队1名运动员经过3周高原训练，血色素由上高原前的13.2%提高到15%，而在下高原的第二周（即效应期内）又上升到18.5%，并在重大比赛中创造了优异成绩（穆祥雄等，1990）。第三，高原训练能增强肌细胞的新陈代谢能力和机体机能的无氧供能能力，提高承受高乳酸负荷的耐受力。

目前，高原训练不仅在中长跑、马拉松、游泳、滑雪、自行车等耐力项目中得到了比较广泛的应用，而且在一些非耐力项目训练中也开始采用。由于特点不同，所采取的具体做法有较大区别。例如：穆祥雄等（1989）提出，游泳项目高原训练的最佳模式应是准备训练3周、高原训练3周、下山赛前训练3周（下山后第2~3周参加比赛时机能状况最佳）共9周的时间，并要根据机体不适应、适应和提高巩固的过程来科学地安排训练。长跑和马拉松训练则以采用10周循环“10周训练法”为宜。苏文仁（1989）对此进行深入研究后指出，采用10周训练法具有以下特点和作用：第一，使训练和比赛有机地融为一体，加快了训练节奏，有利于训练水平的稳定和提高。第二，加强了训练难度和实效性。10周训练法采用小周期训练，每一个循环又分为准备、加量、强化、调整比赛四个阶段。各个阶段紧密衔接、转换快、密度大、系统性较强。第三，降低了过度训练的发生率。第四，避免了大周期训练的不足之处和训练上的盲目性，保证了系统训练，并对延长运动寿命有积极作用。他还进一步提出10周训练法的指导思想，即以耐力训练为根本，以速度耐力训练为中心，以力量耐力训练为保证，以系统训练为关键，采用节奏明显的小周期训练。

采用高原训练法应注意以下问题：第一，高原训练效果与上山前的准备、下山后的赛前训练安排密切相关。因此，上山前应进行充分的有氧能力训练和准备，下山后的赛前训练应合理地安排，以取得最佳成绩。第二，应根据各个项目的特点，系统、合理地安排。第三，应十分注意预防伤病，并应对运动员的身体机能状况进行全面地同步综合观察和测试。第四，应有良好的恢复措施，以加速消除训练后疲劳。第五，高原训练和平原训练相结合，训练效果更佳，成绩提高更快。

总之，除了上述论及的发展有氧耐力的训练方法外，负重训练法（负沙袋或沙背心进行跑的练习）、越野训练法（为持续训练法的变形，如在公路、田野、森林等地进行长跑）、丘坡训练法（在有一定地形变化地带以一定速度长跑）、循环训练法、12 分钟测验法等也是发展有氧耐力的有效方法。

（四）有氧耐力与无氧耐力的关系

大多数运动项目的有氧供能和无氧供能都有一定比例。同样，各种训练手段对提高有氧耐力或无氧耐力也有一定比例，所以，训练中应根据专项要求选用不同的方法，使训练更有针对性。美国的福克斯等人在总结前人研究成果的基础上，对田径项目的供能比例及不同训练方法对增进各种能量系统的作用进行了研究，下面将他们的研究成果及训练实际列入表 6－4、表 6－5，供训练时参考。

表 6－4　部分田径项目不同能源系统供能所占比例（%）

项目	时间	ATP、CP 系统和非乳酸能系统	乳酸能系统和有氧系统	有氧氧化系统
100 米	10～15 秒	95	2	3
200 米	20～35 秒	95	3	2
400 米	45 秒～1.35 分	80	5	15
800 米	1.50～3 分	30	5	65
1 500 米	3.45～6 分	25	25	50
3 000 米	8～16 分	20	40	40
5 000 米	14～25 分	10	20	70
10 000 米	28～50 分	5	15	80
马拉松跑	130～180 分	/	5	95
田赛项目	5 秒以下	98	2	/

（根据福克斯和福尔斯材料改编）

表 6-5　不同训练方法对发展各种能量系统的作用　　（%）

训练方法	ATP、CP 系统和乳酸能系统	乳酸能系统和有氧系统	有氧氧化系统
加速疾跑	90	5	5
持续快跑	2	8	90
持续慢跑	2	5	93
间歇疾跑	20	10	70
间歇训练	0～80	0～80	0～80
慢　跑	/	/	100
重复跑	10	50	40
速度游戏法（法特莱克法）	20	40	40
疾跑训练	90	6	4

（根据福克斯和福尔斯材料改编）

二、无氧耐力的训练

运动员无氧耐力的发展水平主要取决于三个因素：第一是无氧代谢能力，它是决定无氧耐力的最重要因素。在耐力项目中，不同距离竞速项目无氧供能比例不同（见图 6-6）。无氧供能比例越大，对无氧耐力要求越高。无氧耐力训练时由于欠下大量氧债，血液中可出现极高水平的乳酸，说明无氧耐力（特别是乳酸供能无氧耐力）训练时主要采用的是无氧糖酵解的供能方式。研究发现，无氧耐力水平越高的运动员耐受乳酸的水平也越高，负欠氧债也越多。例如：一般人可欠氧债 5～6 升，运动员可达 10～13 升，优秀运动员可达 19～20 升。因此，运动员负欠氧债的最大数量是衡量无氧代谢能力的重要指标。第二是能源物质（ATP、CP、糖原）的储备。第三是肌肉、关节、韧带等支撑运动器官对长时间大强度工作的承受能力。因此，为了发展无氧耐力水平，必须提高运动员无氧代谢能力，保持运动训练中必需的能源物质储备，提高支撑运动器官功能，这也是发展无氧耐力的主要途径（见图6－7）。

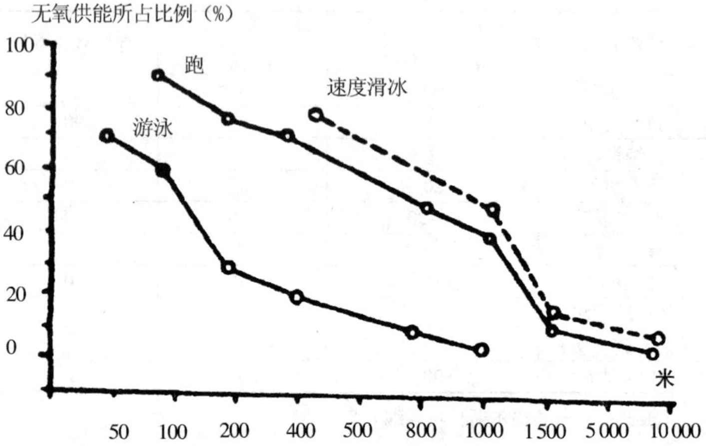

图6－6　周期性耐力项目各种距离无氧供能比例

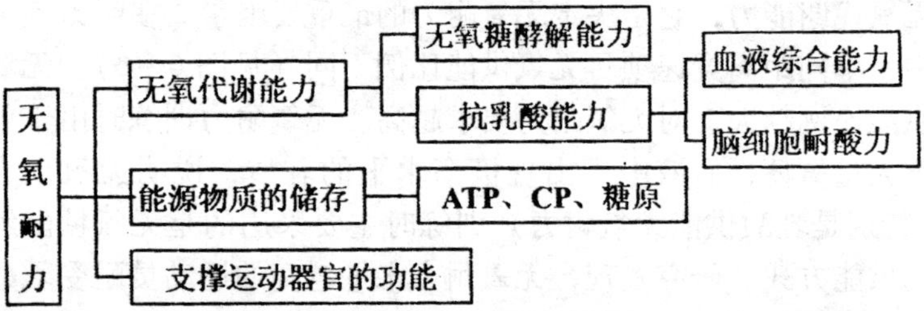

图6－7　无氧耐力决定因素及发展途径

根据供能机制的不同，在训练实践中又往往把无氧耐力分为乳酸供能无氧耐力和非乳酸供能无氧耐力。乳酸供能无氧耐力的供能机制是糖酵解，非乳酸供能无氧耐力的供能机制与三磷酸腺苷、磷酸肌酸（ATP、CP）的无氧分解有关。

(一) 乳酸供能无氧耐力的训练

发展乳酸供能无氧耐力主要采用间歇训练法和重复训练法，并应注意以下问题：

1. 强度 应比发展有氧耐力的强度大得多，一般应达到本人可以承受的最大强度的80% ~90%，心率可达到180 ~190次/分。练习中必须使机体处于无氧糖酵解状态，并产生乳酸。

2. 负荷持续时间 负荷持续时间应长于35秒，一般可控制在1 ~2分，若以游泳为训练手段，游程应控制在50 ~200米；若以跑为训练手段，跑距应控制在300 ~600米。训练实践证明，乳酸供能无氧耐力对提高田径中距离跑（800米、1 500米）项目极为重要。跑300 ~600米段落，特别是400米段落后，血乳酸值最高可达36毫摩（尔）/升以上，所以，采用300 ~600米段落的训练，对于提高糖酵解能量供应是最适宜的。

3. 练习次数、组数和间歇时间 练习次数与组数应根据训练水平、跑速、段落长度和组间间歇时间而定。例如：若采用200 ~400米段落，则每组可有3 ~4次重复跑，共练习3 ~4组，若采用500 ~600米段落，则可重复2 ~3组。每组练习的间歇时间和组间间歇时间应该很短，使之不带有任何有氧代谢性质。总的原则是段落短、间歇时间也短。如英国著名的中跑选手奥维特跑2 ×300米 ×4组，300米之间的间歇仅15 ~30秒，速度37 ~38秒，组间休息5分钟。只有高水平运动员才能采用这种间歇方法。

4. 练习的顺序 练习顺序的安排直接影响到练习的效果。如先跑短段落（200 ~300米）再逐渐增长段落，则运动员体内血乳酸浓度不断提高；相反顺序的安排，血乳酸浓度在前2 ~3个段落已达到最大值，然后随着段落的缩短而降低（步润生等，1988）。因此，为了提高运动员机体迅速动员无氧糖酵解的能力，则应先从跑长段落（500～600 米）开始，然后再跑短段落（200～300 米）；若为了提高有机体长时间维持糖酸解的高度活性，有利于血乳酸累积和训练效应积累，则应采用相反顺序。

步润生 1988 年指出：采用长段落跑的手段时也可用变速方法。有时可在段落开始用快速跑，中间减速，后 1/3 再加速。或是把一个长段落分为三部分，后一部分的速度比前一部分快，或者是跑一个长段落时经常按固定长度变换速度，目的是培养运动员根据比赛环境变换速度的能力。原男子 1 500 米、5 000 米世界纪录保持者摩洛哥选手奥伊塔在训练中就经常应用这种方法。这也是发展糖酵解能力的主要手段。

（二）非乳酸供能无氧耐力的训练

间歇训练法是发展非乳酸供能无氧耐力水平的主要训练方法。高原训练法（见有氧耐力训练部分）对发展非乳酸供能无氧耐力也有一定效果。发展非乳酸供能无氧耐力主要涉及以下因素：

1. 强度与练习持续时间　主要采用大强度，即采用本人可以承受的最大强度的 90%～95% 的强度进行练习，以保证机体动用 CP 能源物质。练习持续时间一般为 5～30 秒。

2. 重复次数与组数　重复次数以不降低训练强度为原则。重复次数宜多，如每组 4～5 次。练习组数应视运动员具体情况而定，对训练水平高的运动员，练习组数可多一些，反之宜少一些。训练中最好采用多组方式，如每组练习 4～5 次，重复 5～6 组。

3. 间歇时间　间歇时间有两种具体做法。第一种是短距离（如 30～70 米的赛跑）的间歇安排，间歇时间为 50～60 秒。这种间歇安排的目的在于保证机体动用 CP 为能源。第二种是较长距离（如 100 ~ 150 米）的间歇安排，时间 2 ~ 3 分钟。这样做的目的在于保证机体 CP 能量物质通过间歇时间的休息能得到尽快恢复。练习的组间间歇时间则应相对长一些，如 5 ~ 10 分钟，这样可使 CP 能量物质通过间歇时间的休息能得到尽快恢复，以便进行下一组练习。

为了提高非乳酸无氧耐力，一次间歇训练课的总量一般为 700 ~ 1 000 米，这样不仅可以提高非乳酸无氧耐力，而且适合发展短跑运动员的速度耐力。采用间歇训练发展非乳酸无氧耐力与发展速度（移动速度素质）的区别在于：发展非乳酸无氧耐力间歇时间短，并要求在没有恢复的情况下继续以高强度跑下一段落。

此外，模拟训练法对发展无氧耐力和比赛能力也极为有效。这种方法的本质是模拟比赛特点。训练开始部分用接近比赛的速度（大强度）短距离重复快跑；中间部分采用能够提高和完善有氧耐力的距离和速度进行练习；最后部分再次采用短距离高速度重复，以提高最后冲刺能力。最后短距离重复是在疲劳状态下进行的（模拟比赛），并再次要求无氧耐力（速度耐力）发挥作用。模拟训练法的总负荷量、速度、间歇、重复次数等要根据运动员的能力与运动项目特点合理安排。

三、一般耐力的训练

一般耐力是运动员多种耐力水平的综合表现，是专项耐力的基础，是提高各项目运动员成绩的必要前提。一般耐力与有氧耐力密切相关。对于不同的运动项目，一般耐力具有不同的特点。发展一般耐力的主要任务是：有计划地对影响耐力的各个因素进行影响，扩大有机体进行一般工作的能力，建立提高训练负荷量的良好条件，并利用素质转移的效果为发展专项耐力打好基础。

过家兴、延峰等（1986）指出，一般耐力训练与提高心血管、呼吸系统的机能有紧密联系。适宜强度长时间连续工作的能力就是有氧耐力的表现。对专项成绩在很大程度上取决于运动员有氧耐力的项目来说，有氧耐力训练具有特殊意义。对那些主要由无氧供能保证的项目来说，发展有氧耐力也是必需的，只是有氧耐力对这些项目成绩的影响往往是间接的，需要经过有机体内多种间接的适应性联系才会发生作用。因此在发展有氧耐力、促进一般耐力水平发展时，应当充分考虑到专项中各种影响耐力水平的因素，如运动员实际训练水平、不同阶段的负荷特征等。

发展一般耐力的方法很多，这里着重介绍两种主要方法。

（一）“法特莱克”训练

法特莱克训练法又叫速度游戏，是斯堪得纳维亚半岛国家和德国运动员在20世纪20年代创造的一种训练方法。训练时运动员可以充分发挥主观能动性，随自己的意愿进行练习。法特莱克训练法要求运动员在自然条件下（如在草地、树林、小丘、小径等地），把快慢间歇跑、重复跑、加速跑和走等练习不规则地混合在速度游戏练习中。跑的距离一般为5～15千米，跑的速度、休息时间、练习方式由运动员的身体感觉和训练任务来决定。多·赫蒂（1971）指出，法特莱克训练是一种严谨的身体训练体系，可以使运动员充满信心，足智多谋。练习不需要计时和规定距离，可自由选择地形及确定速度、距离和路线。因此，可使运动员不受限制地发展智力、一般耐力水平和体能。

（二）循环训练

循环训练是根据训练的具体任务，有目的地建立几个或多个练习“站”，每个“站”由一个或几个与发展一般耐力有关的练习组成，使运动员按规定的顺序、路线，每站所规定的练习数量、方法和要求，一站一站地进行练习，可循环一周或几周。由于循环训练中的下一个站的练习是在上一个站练习对身体刺激留下“痕迹”的基础上进行的，所以，从第二个练习站起，每站练习几乎都超过前站练习的负荷。因此，循环训练对改善和发展血液循环系统、呼吸系统的功能具有显著作用，同时还可以使运动员各部位肌肉受到全面的影响，局部肌肉负荷与休息得到交替，运动员的练习兴趣得到提高，故循环训练对促进一般耐力发展具有积极作用。

此外，其他各种综合性的速度游戏、轻重量多次数的负重练习等，也是发展一般耐力的有效方法。

四、专项耐力的训练

专项耐力训练的内容是那些在动作形式、结构和对机体功能系统所起作用方面，最大限度接近比赛动作的专项练习。专项耐力训练的任务是充分利用专项运动负荷的增长来发展专项耐力，建立必要的专项耐力储备，为建立稳定的比赛能力打下良好的基础。不同的运动项目对专项耐力有不同的要求，不同的运动项目专项耐力的表现又具有不同的特点。因此，为了发展专项耐力，就必须根据各个项目的专项特点，选择适宜的训练内容、方法和手段。

体能类周期性竞速性长距离耐力项目（如长跑、马拉松赛、竞走、越野滑雪、公路自行车赛等）运动员专项耐力的要求是以尽可能快的平均速度通过全程。例如：著名教练马俊仁曾经指出：“长跑是高速度耐力项目。”这种能力在很大程度上是由运动员的有氧能力决定的，因为这些项目的成绩与运动员有机体的最大需氧量水平以及其他有氧代谢指标有关。因此，必须从发展有氧耐力水平入手，去发展这些项目运动员的专项耐力。

体能类周期性竞速性中距离项目（如田径中距离跑、200~400米游泳等）运动员专项耐力的要求也是以尽可能快的平均速度通过全程。这种专项耐力的重要供能形式为无氧代谢，无氧过程（主要是无氧糖酵解过程）的比重往往超过有氧过程，氧债可达极限（20升），血乳酸浓度达18mmol/L以上。过家兴等（1986）指出，这类项目的耐力与运动员的速度、力量能力的联系更紧密，但速度、力量的绝对指标并不能保障这类项目的专项耐力和运动成绩提高。只有针对这类项目的生理特点作专项性耐力训练才能取得成效。

体能类周期性短距离速度项目（如田径短跑、50~100米游泳、赛场短距离自行车、短距离速滑及短距离赛艇、划船等）运动员专项耐力的要求是以最快的移动速度通过全程。因此，运动员首先要有最快动员身体机能达到最大工作强度，以及在最短时间内保持这种最大工作强度通过比赛距离的能力。因此，无氧代谢能力是决定这类项目运动员专项耐力水平与专项成绩的重要因素。在练习过程中不仅要发展无氧代谢能力，而且要求运动员注意力高度集中，神经状态稳定，并在复杂条件下控制动作协调性，充分发挥速度能力。

体能类速度力量项群运动员专项耐力主要表现为：以最大强度重复完成完整比赛动作的能力。如举重运动要求运动员在抓举、挺举各3次试举中一次比一次举起更重的重量；标枪和铁饼选手力求6次试投都达到理想的远度；跳高运动员要在长达数小时的比赛中一次比一次跳得更高。因此，训练内容与手段主要以多次重复完成比赛动作或接近比赛要求的专项练习为主，负荷要求以极限或极限下强度完成。

技能类表现性项群（如体操、武术、跳水、花样游泳、花样滑冰、健美操等）运动员的专项耐力主要表现为：以最佳技术重复完成完整比赛动作的能力。因此，在准备参加比赛的训练中，就要多次完成成套练习或半套以上的练习。步润生（1988）指出，优秀体操选手一个单元的训练中可完成30～50套完整的或成套的练习。这样既可提高成套练习的熟练程度，又提高了运动员的专项耐力。

技能类对抗性项群（如隔网对抗、同场对抗、格斗对抗等）的比赛时间较长，对运动员专项耐力的要求是在整个比赛过程中表现出最佳技能和体能，特别是球类项目由于比赛时动作方式和数量广泛，没有统一标准，也不可能事先准确确定比赛所要承担的负荷（有些项目甚至比赛时间也不能预先准确地确定）。由于积极的运动与相应的间歇交替，总的负荷量很大，因此对耐力储备和有氧供能体系有很高要求。另一方面，这些项目又带有大量极限强度的动作（如加速移动、进攻、打击等），因此对无氧供能体系也提出了相当高的要求。为了发展专项耐力，训练中既要安排极限强度的动作练习（如排球的扣球，足球的劲射，棒球、垒球的挥棒击球等），又要注意安排长时间专项对抗练习或专项练习，有时甚至可以安排超过正常比赛时间或局数的练习。

总之，发展专项耐力必须从比赛和训练两方面考虑，要使运动员在专项训练中承担比比赛更大的专项负荷和强度，并使专项负荷量从一个阶段到另一个阶段有规律地增长。只有通过专项耐力训练，建立专项耐力储备，才能在比赛中充分发挥比赛时所需的专项耐力，为创造优异成绩提供一定的条件。

第三节　耐力训练技术动作

耐力训练主要包括有氧耐力、无氧耐力、一般耐力、专项耐力的训练。其中每种耐力又有多种不同的训练方法及不同的负荷特征。下面着重从徒手练习、器械练习、组合练习三方面来探讨和介绍发展耐力的一些具体练习形式与技术动作。

一、徒手练习

（一）反复跑

它是一种多次重复固定距离的练习。跑的速度、距离和重复次数、强度等根据运动员的能力及专项练习的目的确定。可采用150~300米、500~600米、1 000~1 200米或2 000米等多种距离进行重复练习。练习时应控制好训练强度及间歇时间。

（二）定时跑

即在固定的时间内，计算距离或不计算距离的长跑。可采用10分钟、15分钟、20分钟、30分钟或50分钟等多种时间。练习时间长，强度可小一些，时间短则强度可大一些。85%~95%的强度有利于发展无氧耐力，85%以下强度可发展有氧耐力。练习时应注意控制强度。

（三）变速跑

即以不同速度交替练习的方法。可采用多种距离变速，如100米快+100米慢+100米快+100米慢，或300米快+300米慢+300米快，以及更长的距离，如500米或1 000米进行变速练习。短距离大强度变速练习可发展速度耐力，长距离可发展专项耐力。练习时应根据不同的对象和任务安排，并注意控制强度和休息时间。

（四）持续慢跑

即以相对较慢的速度跑较长距离的练习。练习时跑的距离、重复次数根据运动员个人情况及专项需要确定，心率接近150次/分。主要发展有氧耐力。

（五）持续快跑

即以较快速度跑一定距离（如800米、1 000米、1 500米等）的练习。跑的距离、重复次数根据运动员个人情况及专项需要确定。强度一般为90%～95%。

（六）间歇跑

即快跑30秒或60秒，使心率超过或达到180次/分，然后慢跑或走一段距离，使心率恢复到120次/分，又开始下一次快跑的练习。练习时应严格控制跑速和心率。也可采用快间歇跑或慢间歇跑进行练习。

（七）法特莱克跑

即在自然条件下，不拘形式以较快速度为主，快慢交替的长跑练习。如在草地、树林、小丘、小径、公路、田野等地练习，距离一般为3 000～7 000米，超长距离项目运动员距离可为10～20千米。可采用阶梯式变速方法，如200米快→250米慢→300米快→350米慢等练习形式，可发展一般耐力和专项速度。

（八）越野跑

即在公路、山坡、树林、草地等场地进行长跑练习。训练时可定时（如20分钟、30分钟）、定距（3 000米、5 000米和10 000米）。如进行长跑专项耐力训练时，可延长时间30～50分钟，总距离超过10 000米。越野跑应选择车辆少、空气好的地段进行。

（九）上坡跑

在倾斜15°～25°的山坡进行上坡跑练习，跑距200～300米，反复练习3～6次，间歇3～5分钟。发展一般耐力的训练可以不要求跑速，心率一般不超过150次/分。发展专项耐力则应规定跑速，心率指标可控制在150～170次/分之间。

（十）连续跑台阶

在高20厘米的楼梯或高50厘米的看台上，连续跑40～60步，每步2～4级，重复4～6次，每次间歇5分钟，要求动作不能间断，心率在 120～160 次/分。练习时间可以不作规定，跑到顶向下走时应尽量放松，一级一级向下走，当心率恢复到 120 次/分时即开始下一次练习。

（十一）分段变速游泳

在游泳池中进行 50 米为一段落的变速游泳，可采用各种技术姿势，每组距离 250～500 米，练习 3～5 组，间歇 10 分钟。慢速段强度 65%～75%，快速段达到本人最快速度的 80%～90%。也可在江河湖海等自然环境下进行 1 000 米以上的长距离游泳。其主要发展一般耐力和专项耐力。

（十二）爬山练习

选择海拔 300～500 米的山坡，进行登山练习。可通过心率指标来控制运动强度，以此调整登山速度。心率指标可保持在 130～140 次/分。

（十三）1 分钟立卧撑

由直立姿势开始，下蹲两手撑地，伸直腿成俯撑，然后收腿成蹲撑，再还原成直立。每次做 1 分钟，练习 4～6 组，间歇 5 分钟。要求动作规范化，必须站起来成直立后才记入完成一次动作，可计数进行。

（十四）手倒立

面对墙或同伴帮助做手倒立动作。每组做倒立动作保持静止 2～4 分钟，练习 3～4 组，间歇 5 分钟。其主要发展静力性力量耐力。此外，也可采用仰卧举腿静力、元宝收腹静力、俯卧撑静力、3～4 分钟头手倒立及静力性托砖、托枪、拉弓等练习。这些练习也主要发展静力性力量耐力。

（十五）长距离或长时间连续跳跃

可采用长距离多级跳、连续跳高台、连续跳深、连续蹲跳起、沙坑半蹲连续跳、单腿连续跳跃、跳起分腿、蛙跳等多种形式进行练习。距离一般为 60～100 米或 20～30 秒的连续跳跃，组数 3 ~5 组。其主要发展腿部力量耐力或一般耐力。

二、器械练习

（一）跳绳跑

在跑道上做两臂正摇跳绳跑，每次跑 400 米，练习 4 ~6 次。心率应达到 140 ~160 次/分，待恢复 120 次/分时即进行下一次练习。也可以在练习前预先定出速度指标。还可采用其他跳绳练习。

（二）较长时间球类练习

可采用 20 ~60 分钟的篮球、排球、足球及其他球类练习或比赛来发展一般耐力，也可采用跑动传球、运球、运球越障碍、托球跑、前后长时间抛球以及各种长时间（10 分钟以上）的球类专门耐力性技术练习。其主要发展一般耐力，并能促进其他运动素质发展。

（三）长距离骑自行车练习

在公路上以每小时 30 千米的速度做骑自行车练习，每组 30 分钟，练习 3 ~5 组，间歇 10 分钟。可以规定 30 分钟内骑行的最少距离。每组练习结束时心率应达到 160 次/分以上，待恢复到 120 次/分时则应进行下一组练习。

（四）滑冰练习

在冰上做速度滑冰练习，每组 1 000 ~1 500 米，练习 2 ~4 组。练习时以 75% 的速度滑行，每组练习时间不限。

（五）发展力量耐力和一般耐力的体操练习

如单杠直臂悬垂（静力）练习、单杠悬垂摆体、双杠支撑前进、双杠支撑连续摆动、吊环悬垂摆体等多种时间长、次数多、练习 3 ~5 组的力量耐力练习。

（六）抗阻练习

如反复做一些次数多（20 次以上）、克服中等重量或轻重量（杠铃、哑铃、实心球、沙袋、壶铃等）的抗阻或肌肉耐力练习。要求次数多，组数2~4组，反复练习。

三、组合练习

发展耐力素质的组合练习主要是指循环练习。循环练习对发展耐力素质有较好的作用，并且是许多项目经常采用的方法。具体练习时可采用以下多种形式：（单足跳30米+肋木收腹举腿8个+10级蛙跳+肋木支撑高抬腿50次+快挺50%强度的杠铃15次）×4，或（10级跨跳+肋木收腹举腿10个+深蹲跳20个+俯卧撑20个）×6等组合循环练习形式。此外，还可采用以下几种练习形式：

（一）卧推—前后滚翻—纵跳

在卧推架上将强度为本人最大重量50%的杠铃推举20次，然后在体操垫上做前、后滚翻各10次，紧接着做原地纵跳25次。练习4~6组，间歇5分钟。纵跳时从深蹲姿势开始，连续完成。

（二）前滚翻—仰卧起坐—俯卧撑

在垫上做4个前滚翻，然后仰卧起坐20次，接着连续做俯卧撑10~20次。练习4~6组，动作要求规范化。

（三）小步跑—高抬腿跑—后踢腿跑—加速跑

在跑道上做小步跑100米，接着做高抬腿跑100米，然后做后踢腿100米，紧接着加速跑50米。练习4~6组。要求各种跑的练习必须符合技术规范要求，第二组练习开始心率指标不低于120次/分。

（四）负重体侧屈—负重体转—负重体前屈—负重高抬腿走

原地肩负杠铃杆做体侧屈45度，左右各10次；然后肩负杠铃杆体转90度，各转动10次；接着肩负杠铃杆做体前屈10

次；最后，肩负杠铃杆做高抬腿走50米。练习4~5组。要求动作保持应有的技术规范，高抬腿走时大腿必须抬平。

（五）俯卧撑—仰卧举腿—原地跳绳—单足跳

俯卧撑10次，然后垫上仰卧举腿25次，接着做原地双脚跳绳100次，最后做左、右单足跳各50次。练习4~5组，间歇5分钟。跳绳时可以计时，仰卧举腿应直腿摆。

（六）跳深—立卧撑—原地高抬腿—加速跑

利用跳箱盖或阶梯做跳深20次，然后立卧撑60次，接着做原地高抬腿50次，最后做60米加速跑。练习3~4组，跳深时动作不得停顿。

思考题

1. 简述耐力的概念及分类。
2. 影响耐力提高的因素有哪些？
3. 简述耐力训练的基本要求。
4. 简述高原训练法的原理及其作用。
5. 怎样进行有氧耐力的训练？
6. 简述非乳酸供能无氧耐力的训练。

第七章　柔韧素质训练

柔韧素质是一种重要的运动素质。武术、竞技体操、艺术体操、技巧、跳水、花样滑水、散打、跆拳道等项目，对运动员的柔韧素质都有很高要求。发展柔韧素质不仅可以加大动作幅度，使动作更加优美、协调，而且能相对加大动作力量，减少受伤的可能性。因此，正确地进行柔韧训练，对于提高运动技术水平具有极为重要的意义。

第一节　柔韧素质概述

一、柔韧素质的概念与分类

（一）柔韧素质的概念

柔韧素质是指人体各个关节的活动幅度以及肌肉、肌腱和韧带等软组织的伸展能力。柔韧素质包括两个方面的含义，一是关节活动幅度的大小，二是跨过关节的肌肉、肌腱、韧带等软组织的伸展性。关节的活动幅度主要取决于关节本身的装置结构。跨过关节的肌肉、肌腱、韧带等软组织的伸展性，则主要通过合理的训练获得。

柔韧性在运动中具有重要意义。它是有效改进技术的必要基础，也是保证提高运动技术水平的基本因素之一。如果柔韧性差，掌握动作技能的过程会立即缓慢下来，并变得复杂化，而其中某些对完成比赛动作十分重要的关键技术往往不可能学会。关节柔韧性差还会限制力量及速度、协调能力的发挥，使肌肉协调性下降，工作吃力，并影响到其他运动素质的发展。

而且往往还会成为肌肉、韧带损伤的原因。

（二）柔韧性的分类

1. 一般柔韧性　指运动员在进行训练时，为适应这类身体练习，保证一般训练顺利进行所需要的柔韧素质。例如：球类运动员在速度练习时，加大必要的步幅所需要的腿部柔韧性，田径运动员用杠铃进行深蹲练习时，所需要的大腿后群肌肉表现出来的柔韧性。

2. 专项柔韧性　是专项运动技术所特殊需要的柔韧性。它建立在一般柔韧性基础上，并由各专项动作的生物力学结构所决定。例如：赛艇运动员需要良好的脊柱、肩和髋关节柔韧性；速滑和赛跑运动员则要求髋、膝、踝关节特别灵活；蝶泳则要求运动员必须具备大幅度的肩、腰活动幅度；体操运动员为了完成各种器械练习，肩、髋、腰、腿等部位必须表现出大幅度的活动范围。当运动员的柔韧性发展到一定水平时，各关节的运动幅度会超过有效完成动作所要求的程度，这种超出，就是柔韧性“储备”。

3. 主动柔韧性　指运动员依靠相应关节周围肌肉群的积极工作，完成大幅度动作的能力。主动柔韧性不仅涉及到培养对柔韧性有直接影响的能力，而且还涉及到力量素质的发展，力量素质的发展能促进主动柔韧性水平的提高。

4. 被动柔韧性　是指被动用力时，关节所能达到的最大活动幅度，运动员被动柔韧性的指标一般高于主动柔韧性。被动柔韧性是发展主动柔韧性的基础。

二、影响柔韧性提高的因素

（一）肌肉、韧带组织的弹性

肌肉、韧带组织的弹性不仅取决于男、女性别和年龄特征，如男子与女子肌肉组成成分不一样，则弹性不一样，少年儿童较成年人弹性为好；而且还取决于中枢神经系统的兴奋性，因为在中枢神经系统的影响下，肌肉的弹性会起显著的变化，如在比赛中情绪高涨时柔韧性会增大。

（二）关节的骨结构和周围组织体积大小

关节的骨结构是影响柔韧性的最不易改变因素，基本上由遗传决定。关节骨结构的先天性决定关节的活动范围，虽然训练可以使骨结构产生部分变化，如关节内软骨形态的变化，但这种变化只局限在关节骨结构所许可的范围内。关节周围组织体积的大小对关节活动有限制作用。它一方面受先天遗传的影响，另一方面也受后天训练的影响。往往经过训练后，这些周围组织体积增大后，会影响柔韧素质的发展。如有些肌肉体积增大后就可影响其周围关节的活动幅度。

（三）神经过程转换的灵活性

神经系统兴奋与抑制过程转换的灵活性与运动中肌肉的基本张力有关，特别是与中枢神经系统调节对抗肌协调性的改善，以及对肌肉紧张和放松的调节能力的提高有关。由于神经过程分化抑制的发展过程对运动员肌肉的随意放松能力起重要作用，因此与柔韧素质也有密切关系。研究证明，训练水平高的运动员肌肉的随意放松能力之所以很高，是与中枢神经系统支配骨骼肌的神经细胞的抑制深度有关。

（四）心理紧张度

心理紧张度可通过中枢神经系统影响到有机体各部位的工作状况，心理紧张度过强、过长会使神经过程由兴奋转为抑制，严重影响各部位的协调能力，从而影响柔韧性。

（五）外部环境的温度和一天内的时间

美国的赖特和约翰 1960 年实验时发现，当外界温度在 18℃以上时，是表现柔韧性的有利条件，而在 18℃以下则不利。一天内的时间与外界温度有关，但更重要的是一天内有机体的机能状态不同而有一定的变化。例如：刚睡醒后柔韧性较差，早晨明显下降，中午比早晨好。

（六）疲劳程度

在疲劳的情况下柔韧性有较大变化，这时主动柔韧性指标下降，而被动的柔韧性指标则提高。

其他因素如准备活动充分与否，训练持续时间长短（如训练持续时间超过 1 小时或非常剧烈，均不利于表现柔韧性）等，对柔韧性也有明显的影响。

三、柔韧素质训练的要求

（一）要控制好柔韧发展水平

在运动活动中，虽然专项对柔韧性往往有较高要求，但一般来说，没有必要使其发展水平达到最大限度，只要控制在保证顺利地完成必要的动作，并有一定的柔韧性“储备”（即柔韧水平稍许超过完成动作时的最大限度）即可。超过关节的解剖学结构限度的灵活性（即过分发展柔韧性），会导致关节和韧带变形，影响关节结构的牢固性。某些部位柔韧性的过分发展，甚至会影响到运动员的体态。

（二）要兼顾有关联的部位

在有些动作中，柔韧性的表现不仅仅是在一个关节或一个身体部位，而是牵涉到几个相互有关联的部位。例如：体操中的“桥”，就是由肩、脊柱、髋等部位的关节所决定的。因此，应该对这几个部位都进行发展。如果其中某一个部位稍差，就应立即采取措施使其得到改善。另外，也可通过其他部位的有效发展使其得到补偿。这样做可以使各部位的柔韧性得到发展，保证专项运动需要。

（三）要循序渐进，持之以恒

由于肌肉、韧带等的伸展性并不是一时一刻就能得到提高的，所以练习应逐步提高要求，做到循序渐进，不能急于求成。在拉长肌肉时可能会出现疼痛现象，对此要进行具体分析，只能从原有水平作为衡量标准，不能盲目地急于求成。在同伴帮助下进行被动性练习时更应谨慎，以避免肌肉、韧带拉伤。柔韧性发展较快，但停止训练后，肌肉、肌腱、韧带已获得的伸展能力消退也快。因此，柔韧训练要做到系统化、经常化。

（四）要因项因人而异

柔韧性训练必须根据项目特点和运动员具体情况安排。例如，跳跃项目的运动员主要要求腿部和髋部的柔韧性；游泳运动员主要要求踝关节和躯干的柔韧性；体操运动员主要要求肩、髋、腰、腿部的柔韧性。所以，训练时必须根据项目特点确定重点。此外，每个运动员的具体情况不一样，因此训练过程中要区别对待，才能收到良好的训练效果。

（五）要从小培养

从小发展的柔韧性，由于是在有机体自然生长发育过程中实现的，因此能得到巩固和保持，不易消退。此外，柔韧素质发展的敏感期是5～12岁，所以，在此期间要抓紧训练，并在12岁以前使柔韧素质得到较好发展。

第二节　柔韧素质训练的方法

柔韧素质训练的目的是为了提高跨过关节的肌肉、肌腱、韧带等软组织的伸展性。其伸展能力的提高主要是“力”的拉伸作用的结果。

柔韧素质训练的方法主要有两种，即主动性拉伸练习和被动性拉伸练习（见图7－1）。这两种练习方法的特点，都是在“力”的拉伸作用下，有节奏地逐渐加大动作幅度，多次重复同一动作练习，使软组织逐渐地或持续地受到被拉长的刺激。

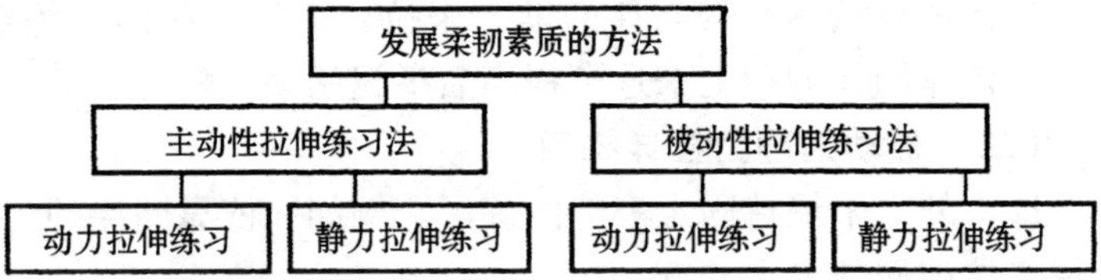

图 7－1　柔韧素质训练方法示意图

一、主动性拉伸练习法

主动性拉伸练习法是指运动员依靠自己的力量，通过与某关节有关联的肌肉的主动收缩，来增加关节灵活性的方法。它又分为主动的动力拉伸练习和主动的静力拉伸练习两类。

（一）主动的动力拉伸练习

是指运动员依靠自己的力量，将肌肉、肌腱、韧带等软组织拉长，提高其中伸展性的方法。根据完成动作的特点可将其分为：单一和多次的（如两次重复和多次重复的体前屈）拉伸练习；摆动的和固定的（如固定支撑点的拉肩）拉伸练习；负重和不负重的拉伸练习。

（二）主动的静力拉伸练习

是指运动员在动作最大幅度的情况下，依靠自身肌肉力量保持静止姿势的练习。例如：把杆控腿、体前屈后的静止等等。

二、被动性拉伸练习法

被动性拉伸练习法是指依靠外力的作用，促使关节灵活性增大的方法。它又分为被动的动力拉伸练习和被动的静力拉伸练习两类。

（一）被动的动力拉伸练习

是指依靠教练员或同伴的助力来拉长韧带、肌肉的练习。例如，依靠同伴的帮助来逐渐提高后举腿的动作幅度。

（二）被动的静力拉伸练习

即由外力来保持固定姿势的练习。例如：依靠同伴的力量来保持体前屈的最大幅度。

被动性拉伸练习对于发展主动的柔韧性来说，其效果要比主动性拉伸练习小一些，尤其对被动的静力练习来说，更是这样；但它却可以达到更大的被动柔韧性指标。被动柔韧性的最大指标往往又决定主动柔韧性的指标。因此，在训练过程中两者必须兼而有之，对那些柔韧素质要求极高的运动项目来说，被动性拉伸更是不可缺少的。

总之，采用上述方法发展柔韧性时，一是要逐渐增大动作幅度，使动作到位，肌肉尽量被拉长；二是要充分利用肌肉退让工作，使肌肉逐渐地被拉长。

三、柔韧训练参数

（一）强度

柔韧训练强度主要反映在动作频率、用力大小和负重量三方面。动作频率不宜太快，应主要采用中等或较慢的频率，因为中等和较慢的频率能延长力对关节的作用时间，避免肌肉和韧带拉伤。借助外力进行被动性练习时，用力程度应逐渐加大，并以运动员主观感觉为根据。当运动员感到肌肉酸疼时可以减少点力量，当感觉到肌肉胀痛时可坚持一下，当感到肌肉麻时则应停止训练。采用负重练习发展柔韧性时，除高级运动员外，负重量不能超过被拉长肌肉力量能力所能达到的50%。负重量的大小取决于练习性质：在完成静力拉伸的慢动作时，负重量可相对大些；在完成动力性摆动动作时，负重量应小些，一般控制在1～3千克（普拉托诺夫，1984）。总之，柔韧训练宜采用中等强度进行。强度过大、过猛均容易造成拉伤；强度过小，则不易达到很好发展柔韧性的目的。

（二）练习重复次数、组数与持续时间

练习重复次数应根据运动员的年龄、性别、项目特点以及不同训练阶段（即发展柔韧性阶段、保持柔韧性阶段）的任务进行安排。普拉托诺夫（1984）指出：少年运动员（12～14岁）一次课的练习重复次数应比成年运动员少1.5～2倍；女子的重复次数应比男子少10%～15%。动作重复的最多次数，是通过完成几组动作达到的数量。练习时每组动作可安排10～15次练习。每组练习的持续时间可保持在6～12秒，摆动动作可达10～15秒，静力性拉伸练习的停留固定时间可控制在15～30秒（见表7-1、表7-2）。

表7-1　发展关节柔韧性达到解剖水平90%所用的时间

关节名称	训练天数
脊柱关节	50～60
髋关节	25～30
肘关节	25～30
肩关节	20～25
腕关节	60～120
膝关节	25～30
踝关节	25～30

（据谢尔面耶夫，1970）

表7-2　发展不同阶段关节柔韧性的练习重复次数

关节	阶段	
	发展阶段	保持阶段
脊柱关节	90～100	45～50
髋关节	60～70	30～40

续表

关节	阶段	
	发展阶段	保持阶段
肩关节	50～60	30～40
腕关节	30～35	20～25
膝关节	20～25	20～25
踝关节	25～35	10～15

（据前苏联普拉托诺夫，1984）

练习的间歇时间取决于练习的性质、动作的持续时间、参与工作的肌肉数量。一般控制在 10 秒至 3 分钟之间。确定间歇时间的基本原则是应该保证运动员在完全恢复的条件下去从事下一组练习。间歇时间一般不能太长，否则会减少关节的活动性，降低训练效果。在间歇时，可安排一些肌肉放松练习或自我按摩练习，以便为下一次加大关节活动幅度提供条件，从而收到更好的训练效果。

第三节　柔韧素质训练的技术动作

发展柔韧素质的技术动作很多，主要可分为徒手练习（包括单人徒手练习和双人徒手练习）、器械练习（包括肋木、体操棒、实心球、跳绳、倒立架）等多种形式。为了论述方便，下面根据身体部位简介一些发展柔韧素质的常用动作。

一、肩部练习技术动作

肩部柔韧练习动作主要有压、拉、吊、转等几种方式。

（一）压肩

1. 腿站立，体前屈，两手扶同髋高的肋木或跳马，挺胸低头（或抬头），身体上半部上下振动。教练员可帮助压肩，把肩拉开。练习时要求手臂伸直，肩放松。

2. 背对横马，练习者仰卧在马上，另一人在后面扶着他的肩下压。要求把肩背部置于横马末端，压肩由轻到重。

3. 体前屈，两手后面交叉握、翻腕，向上振动。要求两臂、两腿伸直，幅度由小到大。

（二）拉肩

1. 背对肋木站立，两臂上举，两手握肋木，抬头挺胸向前拉肩。要求胸部前挺，肩放松，幅度由小到大。

2. 面对低山羊做手倒立，另一人帮助前倒进行搬肩拉肩。要求手离山羊近一点，幅度由小到大。

（三）吊肩

1. 肋木、单杠、吊环反吊悬垂。要求开始可吊起不动，然后加摆动作，肩放松拉开。

（四）转肩

1. 单杠、吊环收腹举腿，两腿从两臂间穿过，落下后悬垂，又还原做正悬垂。要求后悬垂时沉肩放松到极限。

2. 单杠悬垂，收腹举腿，两腿从两臂间穿地，落下成后悬垂，松一只手转体360度成悬垂。然后换另一只手做。要求转动时肩由被动转动到主动转动，由逆时针到顺时针进行转动。

3. 利用体操棍、竹杆或绳子、橡皮带做转肩练习，随着灵活性提高，两手间握距逐步缩短，但要注意两臂同时转，不要先后转肩。要求肩放松，用主动练习和被动练习结合起来转肩。

二、胸部练习技术动作

1. 仰卧背屈伸。可自己独立做，也可一人压腿，运动员只抬上体。要求主动抬上体，挺胸。

2. 虎伸腰。跪立，手臂前放于地上，胸向下压。要求主动伸臂，挺胸下压。

3. 面对墙站立，两臂上举扶墙，抬头挺胸压胸。要求尽量让胸贴墙，幅度由小到大。

4. 背对鞍马头站立，身体后仰，两手握环使胸挺出。要求充分伸臂，顶背拉肩，挺胸。

三、腰部练习技术动作

（一）甩腰

运动员做体前屈和体后屈的甩腰动作，要求幅度由小到大，充分伸展背和腹肌。

（二）仰卧成桥

仰卧开始，两手反掌于肩后撑垫挺起胸腹，两臂伸直顶肩，拉开肩成桥。也可由同伴帮助，逐步过渡到独立进行。随着训练水平提高，手和脚的距离逐步缩小。练习时要腿伸直，腹部上升，挺胸拉肩。

（三）体前屈

体前屈练习方法很多，这里介绍以下几种：

1. 腿伸直并拢体前屈，两臂在两腿后抱拢，静止不动，停止一定时间。要求胸贴大腿。

2. 坐垫子上，两腿伸直，同伴助力扶背下压。还可将两腿垫高，加大难度。要求下压一定时间后，再停留一定时间抱腿。

3. 分腿站立体前屈，上体在两腿中间继续甩动。要求肘关节甚至头部应该向后伸出。

4. 运动员坐垫子，两腿分开置于30～40厘米高长凳上，运动员钻入板凳下，教练员两手按其背下压。要求两腿伸直，挺胸，抬头。

5．运动员面对肋木坐下，臀部与肋木间垫实心球，两臂向上伸直握肋木，教练员在运动员背后半蹲，两手握运动员两足前摆。要求腿要直，不能对抗用力。

四、腿部练习技术动作

腿部柔韧训练，主要发展腿部前、侧、后的各组肌群伸展和迅速收缩的能力，以及髋关节的灵活性。腿部柔韧训练主要采用压、开、踢、控和劈腿等动作方式。

（一）压腿

分正压、侧压和后压三个方向，将腿放一定高度进行练习。要求正压时髋正对腿部，侧压和后压将髋展开。

（二）开腿

分正、侧、后三个方向，可由同伴把腿举起加助力按。要求肌肉放松，不要主动对抗用力。

（三）踢腿

可扶把踢，也可行进中踢。常用踢腿方法有正、侧、后踢腿。还可采用两腿分别向异侧45°方向踢出的十字踢腿。要求上体正直，踢腿时腿要伸直。

（四）踹腿

要领同正踢腿。踢左腿时，左腰要向异侧45°方向踢起，并自右经前至左划一弧形，到左侧时用右手击打脚面，踢右腿时同上法，相反方向也可做。要求每次踢腿时，膝关节一定要伸直，支撑腿伸直，上体不能后仰。

（五）控腿

按舞蹈基本功姿势，腿在三个方向上举，并控制在一定高度上。包括以下三种方式。

1．前控腿　有两种方法，一种是直腿抬起的向前控腿，一种是膝盖先抬起然后再伸直控腿。

2．侧控腿　要求上体正直，抬起的腿，髋关节必须展开，脚掌对准体侧，臀部不能向后突。

3．后控腿　要求上体正直，后举腿的髋关节不能外旋，脚掌向上。

（六）弹腿

先将大腿向上提起控制不动，然后小腿迅速有力地前踢，伸直膝关节。

（七）劈叉

前后劈腿，同伴帮助压后大腿根部。左、右劈腿时应将两脚垫高，自己下压或由同伴扶髋关节下压。

五、踝关节和足背练习技术动作

增强踝关节的柔韧性，可以提高弹跳力，因为小腿腓肠肌和比目肌以及跟腿的韧带拉长后，再收缩就更有力量。足背的柔韧性好，不但可以增加肌肉收缩力量，而且可以使动作姿态更加优美。

1．练习者手扶肋木，用前脚掌站在凳子边上，利用体重上下压动，然后在踝关节弯曲角度最大时，停留片刻，以拉长肌肉和韧带。

2．练习者跪坐在垫上，利用体重前后移动压足背，也可以将足尖部垫高，使足背悬空，做下压动作，这样强度更大一些。

3．练习者坐在垫子上，在足尖部上面放置重物，压足背。

另外，腕关节柔韧性可采用靠墙倒立，重心前后移动的俯撑，以及用左右手掌心相互压左右手四指的连续推压动作进行练习。

思考题

1. 简述柔韧的概念及分类。

2. 影响柔韧性提高的因素有哪些?

3. 柔韧素质训练的要求是什么?

4. 简述主动性拉伸练习法和被动性拉伸练习法的概念及其内容。

5. 简述提高腰部柔韧性的技术动作。

第八章 灵敏素质训练

在球类、滑雪、武术、散打、拳击、摔跤、击剑、体操等许多项目中，都要求运动员在时空急剧变化的条件下能迅速表现出对动作的准确判断、灵活应变、快速敏捷的反应速度、高度的自我操纵能力以及迅速改变身体或身体某部位运动方向的能力。因此，灵敏素质的训练在这些项目中极为重要。

第一节 灵敏素质概述

一、灵敏素质的概念与机制

（一）灵敏素质的概念

灵敏素质是指运动员在各种突然变换的条件下，快速、协调、准确地完成动作的能力。它是运动员的运动技能和各种运动素质在运动过程中的综合表现。灵敏素质建立在力量、速度（反应速度、动作速度）、耐力、柔韧、协调性、节奏感等多种素质和技能之上，这些素质和技能取决于神经系统的灵活性和可塑性以及已建立的动作的储备数量。如果运动员的身体素质在某一方面（或更多方面）得到了发展，并熟练掌握了运动技能，灵敏素质就能得到充分发展和提高。

根据与专项运动的关系，灵敏素质又分为一般灵敏素质与专项灵敏素质。一般灵敏素质是指运动员在各种运动活动中，在各种突然变换的条件下，迅速、合理、准确地完成各种动作的能力，它是专项灵敏素质发展的基础。专项灵敏素质是指运动员在专项运动中，迅速、准确、协调地完成专项运动各种动作的能力。它是在一般灵敏素质的基础上，多年重复专项技能和技术环节训练的结果。

灵敏素质的发展水平高低主要从以下三方面进行衡量：

1. 是否具有快速的反应、判断、躲闪、转身、翻转、维持平衡和随机应变能力。

2. 在完成动作时，是否能自如地操纵自己的身体，在任何不同的条件下是否都能准确熟练地完成动作。

3. 是否能把力量（爆发力）、速度（反应速度）、耐力、柔韧、协调性、节奏感等素质和技能，通过熟练的动作表现出来。

在不同的运动项目中，对灵敏素质还有不同的要求。例如：球类和其他一些对抗性项目要求反应、判断、躲闪、随机应变方面的灵敏素质；体操、跳水等需要身体位置迅速改变及空中翻转方面所表现的灵敏素质；滑雪、滑冰要求迅速调整身体位置平衡、迅速改变运动方向等方面的灵敏素质。灵敏素质的作用主要在于优美、准确、熟练地完成动作以取得优异成绩；战胜对手，取得比赛胜利。

（二）灵敏素质的机制

1. 神经过程的灵活性　灵敏素质是在极其巩固的运动技能基础上表现出来的，也就是在大脑皮质分析综合能力高度发展的情况下才能体现。大脑皮质的分析、综合能力，是在时间和空间上紧密结合进行的。因此，学习每一个动作都必须按一定顺序进行，这样大脑皮质根据动作难易程度所给予的刺激也按一定顺序正确地反映出来。经过多次重复，最后形成熟练动作。因此，反复练习，使技术动作熟练化、自动化，使大脑神经过程兴奋和抑制的转换能力加强，就能提高大脑神经过程灵活性，从而在任何环境中都能把技术动作熟练地表现出来。实践证明，掌握基本技术越多、越熟练，则不仅学习新的运动技能快，而且技术运用也显得越灵活，越富有创造力，表现的灵敏素质也就越高。

2. 条件反射形成后的强化　掌握技术动作后，还必须反复练习，不断强化，使之形成动力定型。因为条件反射形成后，如果不予强化，暂时神经联系就会中断，条件反射就会消退，灵活性也会降低。

3. 前庭分析器机能　前庭分析器对空翻、转体、平衡等类动作灵敏性的提高有很大作用。前庭分析器包括耳石装置和三个半规管。三个半规管在耳内互相垂直，当身体向任何方向旋转时，都能接受刺激。在做横轴向前或向后翻转时，纵面内的半规管（上半规管）起主要作用；围绕纵轴转体时，水平面的半规管（外半规管）起主要作用；做矢状轴翻转时，横面内的半规管（后半规管）起主要作用。做空翻转体时，要求三个半规管的转换能力都要强。在翻转时，由于前庭分析器的作用，才能感觉身体在空间位置的变化，协助各种反射来调节肌紧张以完成翻转动作。体操、跳水、绷床能改进前庭分析器机能。因此，可利用这些项目的一些特定动作改进前庭分析器机能，发展灵敏素质。

二、影响灵敏素质提高的因素

（一）智力发展水平和敏捷的思维能力

良好的智力发展水平和敏捷的思维能力，对运动员的灵敏素质有重要影响。在运动活动中，各种运动技术和运动技能的灵活应用，聪明的战术思想的灵感和具体实施，大脑神经活动过程兴奋与抑制的转换程度与快速工作能力的平衡，均取决于良好的智力发展水平和敏捷的思维判断能力。优秀运动员的突出之处不仅表现在超人的技能和惊人的运动素质方面，而且也表现在良好的思维能力与解决复杂与潜在的技术、战术问题的方法方面。

（二）感觉器官

运动分析器与本体感受器（运动感受感）的灵活性与准确性以及肌肉收缩的协调性与节奏感是影响灵敏素质的重要因素。通过多年系统训练，可使上述能力得到全面提高。

（三）其他运动素质发展水平

灵敏素质是运动员力量、速度、耐力、柔韧以及协调性等运动能力的综合表现。

上述运动能力与灵敏素质有密切关系，其中任何一种能力较差，对灵敏素质的提高都会造成不利影响。

（四）运动经验

长期学习各种运动技能和技术动作，可以丰富运动员的运动实践经验，增加运动素质和技术动作“储备”，从而促进灵敏素质水平的不断提高。

（五）性别、体型、疲劳程度

灵敏素质与性别有关。在儿童期，男女灵敏素质几乎无差别；在青春期，男子逐渐优于女子；在青春期以后，男子明显优于女子。女子进入青春期，由于体重增加，有氧能力下降，内分泌系统变化，灵敏素质会一度出现明显的生理下降趋势。根据这一变化规律，在青春期以前就应加强女子的灵敏素质训练，使之得到较好发展。同时，也不要急躁，只要训练得当，以后灵敏素质还会恢复与发展。不同的运动项目对体型有不同要求，因此不能武断地说哪一种体型的灵敏素质好与不好。一般而言，过高而瘦长，过胖或梨形体型的人缺乏灵敏性；O 型腿、X 型腿的人缺乏灵敏性。此外，运动员疲劳时动作反应迟钝，速度降低，动作不协调，灵敏性会显著下降。

三、灵敏素质训练的要求

（一）训练手段应多样化并经常改变

灵敏素质的发展与各种分析器和运动器官机能的改善有密切的关系。运动员能否在运动中表现出准确的定向、定时能力和动作准确、迅速变换的能力，都取决于各种分析器和运动器官功能的提高与否。一旦运动员对某一动作技能熟练到自动化程度时，再用该动作去发展灵敏素质的意义就不大了。因此，采用多种多样并经常变换的手段发展灵敏素质，可以提高运动员各种分析器和运动器官机能，有利于灵敏素质的提高。在具体训练过程中，可采用以下手段：第一，采用各种快速改变方向的跑，各种躲闪和突然起跑的练习，各种快速急停和迅速转体的练习，使运动员在跑、跳练习中迅速、准确、协调地完成各种动作。第二，采用各种调整身体方位的练习和专门设计的复杂多变的练习。如用体操器械做各种较复杂的动作，以及采用“躲闪跑”“之字跑”“穿梭跑”和立卧撑等进行组合练习。第三，各种变换方向的追逐性游戏和对各种信号做出应答反应的游戏或身体练习。

（二）掌握大量运动技能并提高多种运动能力

灵敏素质只有在动作技能掌握熟练后才能表现出来。动作技能的动力定型建立的数量越多，动作熟练性越强，做出的动作也就越灵活。因此，训练中应反复练习，尽快建立条件反射和合理的动力定型，并掌握大量运动技能。由于灵敏素质是人体综合能力的表现，发展灵敏素质还必须从培养运动员的各种能力入手，在训练中广泛采用发展其他运动素质的方法来发展灵敏素质，并培养运动员掌握动作的能力、反应能力、平衡能力等。7～13 岁是发展灵敏素质的最佳时期，在此时期，神经系统的可塑性大，空间定向能力在 7～11 岁，反应能力在 7～

12 岁，节奏感在 6 ~ 12 岁间均有大幅度提高。因此，应抓紧这一时期的训练。

（三）结合专项要求进行训练

灵敏素质具有专项化的特点。例如：一个体操运动员在专项练习中能表现出良好的灵敏素质和协调性，但是在球类练习中就不一定也能表现出来。所以，在训练中应根据运动员所从事的专项要求和特点，采用不同的训练手段与方法，使训练效果与专项要求相一致。如体操、技巧等可多做一些移动身体方位的练习，球类项目可多做一些脚步移动的躲闪练习。

（四）合理安排训练时间

灵敏素质训练在整个训练过程中都应适当安排，使之系统化，但训练时间不宜过长，练习重复次数不宜过多。因为机体疲劳时运动员力量水平会下降，速度将减慢，节奏感被破坏，平衡能力会降低，这些情况都不利于灵敏素质的发展。此外，在具体训练过程中，通常将灵敏素质的训练安排在训练课的开始部分，使运动员处在体力充沛、精神饱满、运动欲望强的状态下进行练习。

（五）消除紧张的心理状态

在进行灵敏素质训练时，应采用各种有效的方法与手段，消除运动员紧张的心理状态和恐惧心理。因为运动员心理紧张时，肌肉等运动器官也必然紧张，从而反应迟钝，动作的协调性下降，影响训练效果。

第二节　灵敏素质训练的方法

灵敏素质是人体综合能力的反映，受遗传因素影响很大，因此对运动员进行选材时应慎重。为了提高灵敏素质，从少年儿童时期就应同时学习和掌握大量运动技能。因为在此时期，运动员神经系统的可塑性（改变和适应环境的能力）远远高于成年时期，有利于充分发挥灵敏素质。佩奇托（1971）认为，所有运动员都应不断学习本专项和其他专项的新技能，否则协调（灵敏）能力以及进一步学习的能力就可能下降。在提高灵敏素质的过程中，教练员应尽可能采取逐渐增加复杂程度的练习方式，也可以通过改变条件、器械、器材等方式增加技术动作的复杂性和难度（表8－1的练习方式可供参考）。同时，还应着重培养和提高运动员掌握动作的能力、反应能力、平衡能力、观察能力、节奏感和其他运动素质等。发展灵敏素质的方法主要包括徒手练习法、器械练习法、组合练习法和游戏法。

表8－1　发展灵敏素质的部分常用练习方式

序号	练习方式	练习实例
1	以非常规姿势完成练习	各种侧向或倒退方向的练习，如侧向或倒退跳远、跳深等
2	以对侧肢体或非常规姿势完成动作	用对侧臂掷铁饼或推铅球；用对侧脚盘带球或踢球，做反方向拳击防护
3	限制完成动作的空间	如缩小球类运动场地的练习
4	改变完成动作的速度或频率	变换频率；逐步增加频率
5	改变技术环节或动作	如采用不熟悉的跳高、跳远技术（如剪式或跨越式跳高）；以起跳腿或非起跳腿进行超过机械或障碍的常用跳远技术练习
6	通过增加辅助动作提高练习难度	采用不同器械，设立不同目标，完成不同任务的来回跑和接力跑
7	已掌握技能与新技能相结合	完成部分体操或花样滑冰中的成套动作。运用新学技能进行游戏或比赛

续表

序号	练习方式	练习实例
8	增加练习同伴的对抗能力或阻力	增加对方队员人数并使用不同战术；与不同的队进行比赛
9	制造非常规训练条件	改变训练场地条件（山地跑或山地滑雪）；在有浪的水中进行游泳或赛艇训练；负重完成动作；在各种场地训练（如草地、塑胶场地、木板场地、沙地等）
10	进行相关与非相关项目练习	各种游戏或比赛；完成各种项目的技术动作或技能

（引自普拉托诺夫著《运动训练的理论与方法》，1984）

一、徒手练习法

徒手练习法包括单人练习法和双人练习法两类。

（一）单人练习法

1．弓箭步转体　两腿成左弓箭步姿势，两臂弯曲置于体侧，身体迅速向右旋转，成右弓箭步姿势，有节奏地进行。要求转体动作幅度要大而且快。连续转体10秒为1组，练习3组。

2．立卧撑跳转体　完成一次立卧撑动作，接原地挺身跳转体180°。计算30秒内完成动作次数，练习3组，要求动作准确，衔接迅速。

3．正踢腿转体　一腿支撑站立不动，异侧腿从下向前上方踢起至最高点时，以支撑腿为轴向后转体180°，两腿交替进行。踢腿时应两腿伸直，上踢快，下落轻，上踢至前额30厘米以内时方可做转体动作。练习3组，每组20次。

4．前后滑跳　两脚前后开立，上体稍前倾，屈膝，两臂置体侧。后脚向后蹬地，前脚向前跨出，身体随之向前移动。当前脚落地瞬间即向后蹬地，后脚向后跳，身体随之向后移动。练习时身体重心不要上下起伏，保持水平移动，30 秒为 1 组，练习 2～4 组。也可采用左右滑跳练习。

5. 屈体跳　原地双脚跳起，腾空后收腹举腿，双手由上向前摆触双脚，落地还原。练习 5 组，每组 5 次。也可做后屈体跳练习和空中抱腿练习。

6. 后扫腿　左脚向前上步，左腿屈膝半蹲，右腿把膝伸直成弓步。左脚尖内扣，左腿屈膝全蹲，成右仆步姿势。同时上体右转并前俯，两手随身体右转在右腿内侧撑地，右手在前。随着两手撑地上体向右后拧转的惯性力量以左脚前脚掌为轴，右脚贴地面向后扫转一周。要求整个动作过程连贯迅速，左右腿交替练习，共练习 4 组，每组 10 次。也可做前扫腿练习。

7. 快速后退跑　蹲踞式起跑。听信号后迅速转体 180°，快速后退跑 10 米。要求计时，重复 5 次。

8. 旋风腿　开步站立，两腿稍屈，两臂向身体右（左）斜下方平行伸出，此时左脚由左侧迅速提起向上高摆，上体左转，两臂上摆，右脚迅速蹬地充分伸直后腾空。上体从左后前方围绕身体的垂直轴旋转一周。右腿上摆后由外侧随旋转大腿内收向里摆动。左手于体前上方拍击右脚底，然后落地。练习 5 组，每组 3 次。

9. 跳起转体　双脚起跳，腾空后身体保持挺身姿势，转体 360°（或 180°）落地。要求练习 3 组，每组 5 次。

10. 燕式平衡　前滚翻接燕式平衡 10 秒。要求动作规范，左右脚交替进行，重复 2 次。

11. 腾空飞脚　右脚上步，左脚向前摆踢，右脚蹬地跃起身体腾空，右脚向前上方弹踢，脚面绷直，脚尖向下。要求右腿在空中踢摆时，腾起高度要高，左腿在击响的一瞬间，收控于右腿侧；在空中上体要直，微向前倾。练习 20 次。

12. 障碍跑 在跑道上设立多种障碍，要求运动员迅速、敏捷地跳过、绕过或跳跃障碍，并计算全程时间。

13. 快速折回跑 要求运动员听哨音或看手势往返快速跑。发出指令的间隔不超过2秒。

(二) 双人练习法

1. 障碍追逐 利用障碍物进行1对1追逐游戏，追上对方并拍到身体任何部位后立即交换进行。要求练习时要充分利用障碍物做些躲闪、转身等动作。练习5~6组，每组20秒，间歇20秒。

2. 过人 在直径3米的圆圈内，2人各占半圆。一人防守，一人设法利用晃动、躲闪等假动作摆脱防守者进入对方防守区。交替进行。要求不准拉人、撞人。20秒为1组，练习4~6组。

3. 手触膝 两人一组，面相对站立。双方在移动中伺机手触对方膝盖部位。身体素质良好者可加一些鱼跃动作。触膝次数少者受罚。要求积极主动进攻对方。练习4~5组，每组持续练习20秒，间歇20秒。

4. 躲闪摸肩 2人站在直径2.5米的圆圈内，做1对1巧摸对方左肩练习。要求计算30秒摸中次数，重复2组。

5. 模仿跑 2人一组，前后站立，间隔3米。前者在快跑中做出变向、急停、转身等不同动作，后者及时模仿前者在跑动中做出的各种动作。练习4组，15秒为1组，间隔30秒。

二、器械练习法

器械练习法包括单人练习和双人练习两类。

(一) 单人练习

包括各种形式的运球、传球、顶球、颠球、托球、追球、接球、多球练习、滚翻传接球练习、悬垂摆动、杠端转体跳下、翻越肋木、钻栏架、钻山羊以及各种专项球类练习和技巧、体操练习。

（二）双人练习

也包括多种形式的运球、传球、接球、抢球、抢断球，以及跳障碍球、踢过顶球接滚翻等练习。下面介绍五个动作。

1. 扑球　2人一组，一人将球抛向另一人体侧使其利用侧垫步，交叉垫步或交叉步起跳向球扑去并接住球。2人交替进行。要求练习时逐渐加快抛球速度。

2. 吊球　将球用绳子吊在空中，形状像钟摆，可高可低。用此球练习传接球等动作。练习时原地将球传向各方或跳起空中抢、打球均可。练习3组，每组持续20秒。

3. 跳起踢球　2人间隔15米，面相对。一人抛球至另一人前方或侧方，另一人迅速跳起准确踢球。交替练习。15次为1组，重复2组。

4. 俯卧传球　2人一组，一人俯卧垫上，利用手支撑和腰腹后屈，接抛向头上部球，并迅速传出。练习2组，每组20秒，交替进行。

5. 接球滚翻　2人一组，一人坐在垫上，接不同方向、速度来球。向左、右两侧的球做接球侧滚动。接正面和后面的球做后滚翻。要求尽量加快动作速度。30秒为1组，练习3组。

三、组合练习法

组合练习包括两个动作组合、三个动作组合和多个动作组合的练习。

（一）两个动作组合练习

主要有交叉步接后退跑、后踢腿跑接圆圈跑、坐撑举腿接俯撑起跑、侧手翻接前滚翻、转体俯卧接膝触胸、变换跳转髋接交叉步跑、盘腿坐接后滚翻、俯卧膝触胸接躲闪跑、立卧撑接原地高频跑等。

（二）三个动作组合练习

主要有立卧撑接高频跑和跑圆圈、交叉步侧跨步接滑步和障碍跑、转髋接过肋木和前滚翻、旋风腿接侧手翻和前滚翻、弹腿接腾空飞脚和鱼跃前滚翻、滑跳接交叉步跑和转身滑步跑等。

（三）多个动作组合练习

主要有倒立前滚翻接单肩滚翻→侧滚→跪跳起、悬垂摆动接双杠跳下→钻山羊→走平衡木、跨栏接钻栏→跳栏→滚翻、腾空飞脚接旋子→前滚翻→乌龙绞柱、摆腿接后退跑→鱼跃前滚翻→立卧撑等。

四、游戏法

发展灵敏素质的游戏方法很多，如各种应答性游戏、追逐性游戏、集体游戏等。下面介绍三种方法。

（一）打小鸟

运动员分成 3 组，甲组站立在场地中间作被打击目标，乙、丙两组分别站在场地两端（相距 15 ~ 20 米），持排球、小沙袋等轻器械向甲组投射。甲组被击中下肢部位者下场。甲组全被击中后换一组做“小鸟”并重新开始练习。

（二）贴烧饼

先将运动员分成若干组，每组 2 人环形站立，另设两人一追一逃，逃者若背贴于某组内环第一名前面，则该组最后一名便成为逃者。如逃者被抓住则改为追者，反复练习。

（三）传球逮人

在直径 10 米大的圆内，由两人利用快速传球，靠近圆内的其他人，并用球触其身体任何部位，被触者即被逮住并立即加入逮人组，直至最后一人。要求传球逮人时不准走步，球不准离手。被逮者应积极跑动躲闪对方。反复练习。

思考题

1. 简述灵敏素质的概念。
2. 影响灵敏性提高的因素有哪些？
3. 简述灵敏素质训练的要求。
4. 举例说明发展灵敏素质的徒手练习方法。

第九章　各项群运动员体能训练

为了使体能训练取得最佳成效，必须结合各运动项目的专项特点和需要进行，这是体能训练所必须遵循的基本原则。探讨和研究各项群运动员体能训练的基本理论、方法与规律，对于提高体能训练的科学化水平具有极为重要的意义。

第一节　体能主导类速度力量项群运动员体能训练

体能主导类速度力量项群主要包括短冲类、跳跃类、投掷类和举重类四类项目。它们的主要特点是要求运动员在很短的时间（或瞬间）内，最大限度地发挥出体能潜力。这既要求有突出的最大力量、速度力量，又要求具有很快的速度水平，并且要把力量和速度有机地结合起来。

一、短冲类项目

短冲类项目主要包括100米、200米、400米跑；50米、100米游泳；赛场短距离骑自行车；短距离速度滑冰等。这类项目要求运动员必须具备突出的速度力量、反应速度、移动速度以及较高要求的专项耐力和柔韧性。

（一）短跑运动员的体能训练

1. 力量训练　短跑（100米、200米、400米）属于快速的周期性运动，力量训练的重点是发展速度力量（特别是快速的起动力、反应力、爆发力），并且速度力量训练必须和专项技术紧密结合，使力量练习的神经系统和肌肉用力性质与专项技术相似。

对于短跑技术，从生物力学角度看，运动员最需要发展臀大肌、大收肌、股四头肌、股二头肌以及小腿三头肌，并且还需要一定的腹肌力量和上肢屈肌力量。由于短跑需要突出的速度力量，因此采用负重练习发展力量时，通常采用重量中等（70%左右）、组数较多（6～8组）、次数中等（5～8次或8～20次）的快速度发展速度力量的方法。其主要采用：肩负杠铃下蹲、半蹲跳、箭步蹲跳、负重单腿交换踏蹬向上跳、负重换腿跳、抓举（高抓）、挺举（高翻挺）、快挺、拉抓等练习手段。练习时可成组地进行，或者与跑交替，或者与放松练习和柔韧性练习交替进行。

发展爆发力的训练手段还有各种跳跃练习，如立定跳远、立定三级跳、三级跳、跳台阶、双足或单足多级跳、蹬离起跑器的跳。这些练习用力强度大，动作结构和起跑相似，有助于发展起跑所需的爆发力。在做这些练习时，应特别强调蹬地角度。其他如50～100米跨步跳、30～50米单脚跳等练习，既有助于发展短跑运动员的爆发性力量素质，也有助于改进跑的技术。

在进行爆发性力量训练时，还要重视腰腹肌、背肌力量训练，特别是女运动员更应重视腰腹和背肌力量训练。在力量训练中，要强调每一个动作都要求尽量用力到脚趾关节，这样可以发展短跑运动员所必需的踝关节和脚趾关节力量。

2. 速度训练　速度是对短跑成绩起主导作用的专项素质。速度训练的目的是不断建立中枢神经系统快速条件反射，发展快速能力。速度水平不仅取决于中枢神经系统的灵活性、肌肉力量、动作速率等因素，而且取决于运动员掌握正确的技术。因此，速度训练并不是采取某一、两个手段就能取得良好的效果，而是首先要有全面体能训练的基础，并掌握正确的跑的技术。训练实践证明，步频与步长是影响和制约速度水平的两个主要因素。因此，提高速度要围绕发展步频和步长以及使两者之间形成适宜的比例关系来进行。首先，要把发展步频与发展步长的练习有机地结合起来，使步频与步长同时增长；然后，要根据不同对象的特点进行安排，对步频快而步长小的，应在保持步频快的前提下去着重发展步长，对步长大而步频慢的，则要在保持步长大的前提下去着重发展步频，使步频与步长之间既相适应又具有个人特点。这是现代训练中正确处理步频与步长关系，有效提高跑速的重要捷径。

（1）发展频率为主的练习：动作频率受到先天遗传因素的强烈影响，但后天的训练仍可使其获得一定发展。主要练习手段有快速小步跑与原地快速踏脚练习，后踢小腿跑，支撑高抬腿跑，行进间高抬腿跑中突然做几次最快速度的抬腿练习，由行进间小步跑、高抬腿跑过渡到加速跑，利用下坡跑的惯性和顺风跑来加快步频，双手扶肋木和小腿拉橡皮筋做快速“扒地”动作练习，快速下台阶跑，缩短步长加快步频的“短格”跑，随教练员击掌（或击拍器）的变化做快慢交替的抬腿与摆臂练习，通过提高动作协调性与节奏感来发展频率等。

（2）以发展步长为主的练习：步长取决于身高、腿部力量大小、髋关节灵活性及跑的技术是否合理等因素。除身高有较大的先天遗传性外，其他因素都可通过后天的训练来改变和发展，因此步长的可塑性较大。发展步长的常用手段有发展腿部力量的负重与各种跳跃练习（如负重弓箭步换腿、跨步跳台阶、单双腿跳上跳下等），支撑后蹬跑，由行进间后蹬跑过渡到加速跑，车轮跑，放松大步跑，俯撑弓箭步换腿，有弹性的前后、左右压腿与摆腿练习，上坡跑与逆风跑，动力性柔韧性练习（如单腿起摆的立定三级跳远、多级跳与计时数步 100 米跨跳及“膝触肩”等）。

此外，30～50 米行进间跑、30 米蹲踞式起跑、追逐跑、短距离接力跑及其他专门性练习，也是发展快速能力的有效手段。

3. 速度耐力训练　速度耐力是把最快速度保持到终点的能力。它对于取得短跑的优异成绩关系极大。加强速度耐力训练，可以提高机体的适应能力，充分发挥全程跑速度，改善运动员后程跑的技术。在速度耐力训练中，由于运动员承受的运动量很大、强度高，且是重复练习，所以能够更加适应竞赛活动的要求。

速度耐力训练的主要手段有：①100～300 米的反复跑（400 米运动员跑的段落可长一些）。重复次数和休息间隔可根据运动员具体情况确定。②越野跑和变速跑。③主项距离的检查跑，可使负荷量相当于比赛强度。

速度耐力训练应注意以下两点：第一，训练安排应以超主项距离跑段为主，其次是主项距离，但也应考虑训练水平。一般来说，速度较低的运动员，速度耐力训练比重应少些，在速度水平相应提高后，才能更好地发展速度耐力。第二，速度耐力在全年训练中都应安排。在准备期长段落跑（150 米、250 米、300 米）可多一些，占 60%～70%，在比赛期长段落跑可少一些，占 30%～40%。训练强度和间歇应根据运动员的训练水平而定。

4. 柔韧训练　良好的柔韧性有助于掌握正确的短跑技术，使跑的幅度增大，动作协调、轻快。少年运动员关节、肌肉、韧带的活动范围大、弹性好，所以应及早抓好柔韧训练。发展柔韧性的练习手段主要有压腿、摆腿、踢腿、弓腰搭“桥”，屈体手触地、弓步肩后仰、转髋走、用胶皮带抬腿送髋以及跨栏的各种专门练习。练习时动作幅度应逐渐加大，以免拉伤肌肉或韧带。

（二）短距离游泳运动员的体能训练

原中国游泳队总教练陈运鹏对游泳运动员的体能训练做过以下概括："耐力是基础，力量是关键，速度为核心，技术来表现。"（《中国体育教育员》，1999 年第 3 期）这对短距离游泳运动员的体能训练有重要参考价值。短距离（50 米、100 米）游泳运动员的体能训练包括水上训练和陆上训练，这里重点探讨游泳运动员的陆上体能训练。

1．力量训练

（1）游泳用力技术分析：游泳属周期性项目，动作要求多次重复，肌肉工作性质属克制性工作。同时，游泳又包括蝶泳、仰泳、蛙泳、自由泳四种正式比赛姿势，其中有三种（蝶泳、仰泳、自由泳）上肢用力是主要的，而蛙泳也由下肢用力为主转移到上、下肢用力均等的状况。出发和转身时则需要腿部爆发力。

就力量性质而言，短距离游泳运动员需要的力量素质是绝对力量、速度力量和力量耐力。就动作特点而言，最需要上肢力量，其次是躯干和下肢力量。从动作过程中肌肉用力在强度和速度上所表现出来的特点来分析，等动力训练法是游泳力量训练的重要方法。

前苏联夏维列夫用肌电描记仪测得的快速游泳时的活动图片表明，背阔肌、胸大肌、肱三头肌、肱二头肌、大圆肌是采用四种姿势推动身体向前游进的主要原动力。四种姿势中自由泳和仰泳的主要肌肉用力情况大体相近；而蝶泳时斜方肌、腹直肌、三角肌的用力很突出；蛙泳时三角肌前部、股二头肌、臀大肌、腓肠肌、阔筋膜张肌的用力则更突出。此外，臂内旋肌、手腕肌和手指屈肌包括桡侧腕屈肌、尺侧腕屈肌、掌长肌在划水时也参与用力。有些肌肉虽不产生动力，但起支持、连接和保持身体平衡，使躯干成流线型姿势的作用，如骶棘肌、腹直肌等。

（2）游泳力量训练方法：游泳力量训练方法主要包括等动训练、动力性负重练习和静力（或慢速动力）练习三类。其中等动练习由于在整个动作过程中都能使运动员受到恒定的负荷刺激，因而能更快地增长专项技术所需的肌肉力量。等动练习必须根据不同姿势的技术特点，采用相应的模仿各种姿势的专门练习。根据运动员力量情况，调节等动练习器阻力大小。此外，循环练习对发展肌肉力量也有积极作用。由于短距离游泳运动员除力量耐力外，还必须具备较好的绝对力量和速度力量。因此，训练时必须做些重量大（60%以下）、组数多（4～5组）、次数少（5～10次或10～50次）的力量训练（参见表9－1、表9－2）。

表9－1　游泳运动员上肢力量练习动作与方法

动作名称	作　用	器　械	强度（%）	组数×次数
颈后臂屈伸、伸肘练习（肘固定伸前臂）、屈膝背后肘屈伸	发展划水力量、发展三头肌、肘肌	橡皮筋带、压肘器、等动练习器、轻杠铃、哑铃等	50～70 轻 轻	3×8～12 3×30以上 3×30以上
屈腕、旋腕、前臂绕环臂内旋	发展手抓住水的屈手、臂内旋的肌群	哑铃等	轻	3×30
仰卧直臂下压、仰卧颈后臂屈伸	发展肩带肌群、胸大肌	橡皮筋带、等动练习器等	50～70	3×20以上
俯卧跪、坐姿直臂下压	发展肩带肌群、背阔肌、胸大肌	综合练习架、等动练习器、橡皮筋带等	轻	3×30以上
俯卧拉、屈体划船	发展背阔肌、斜方肌、肱二头肌等	杠铃等	50～70	4×8～12

续表

动作名称	作　用	器　械	强度（%）	组数×次数
颈后引体向上	发展肱二头肌、背阔肌等	单杠、沙衣等	自重	3×15 以上
弯举	发展肱二头肌	杠铃、哑铃等	50～70	3×8～12
模仿各种姿势的划水专门练习	发展划水力量、体会正确技术	滑板拉力器、滑轮拉力器、等动练习器、橡筋带等	轻 中	3×100 以上 5×30 以上

（3）游泳力量训练注意事项

①应紧密结合游泳动作及用力特点来安排力量训练，做到陆为水用，注意转换。此外，采用力量训练（如水中等动练习器、阻力板、拖入和漂浮重物等）也是极为有效的方法。

②要根据不同的距离（短距离和中长距离）、不同的姿势（蝶泳、仰泳、蛙泳、自由泳）、不同的性别和年龄组等特点安排力量训练。

③力量训练要细水长流，连绵不断。例如，美国教练主张在整个游泳季节中，每逢一、三、五练举重、跑步、柔韧；二、四练滑轮拉力器。也有人主张每天用 30～60 分钟练力量，然后再练游泳。

2．速度训练　游泳运动员的速度水平主要表现在用最快的动作频率游完一定距离的能力。为了发展快速能力，可采用短距离（10～50 米）、持续时间 5～15 秒或 15～30 秒、强度 90%～100%、间歇 40～90 秒的快速练习，并力争最大限度地动员全身力量，使动作频率快、幅度大，达到最高的速度水平。此外，还可采用较轻的重量，按规定的时间或次数来完成练习，如短距离跑、快速跳绳、篮球、体操和垫上运动等。速度训练必须经常安排，并应和出发反应能力训练、转身速度训练结合进行。

表 9－2　游泳运动员躯干及下肢力量练习动作与方法

动作名称	作　　用	采用器械	重量（%）	组数×次数
仰卧起坐	发展腹直肌、腹内斜肌、腹外斜肌、髂腰肌	杠铃片、轻哑铃	轻	3×30 以上
收腹举腿		两人对抗	轻	3×30 以上
控　　腹		杠铃片	较重	3×12
仰卧两头起		不用器械快速练习	不负重	3×30 左右
弓　　身	发展伸展躯干的肌力，如背长肌、骶棘肌、伸髋肌群	杠铃 哑铃 杠铃片	50～70	4×8
直腿抓			60～80	3×5～8
负重挺身			轻	3×20～30
负重体侧屈，负重转体	发展腹背两侧肌群力量	杠铃、杠铃片等	50～70 60～70	3×10～15 3×10～15
并腿下蹲、深蹲、半蹲	发展股四头肌等	杠铃	70～90	6～8×3～8
腿蹬出	发展股四头肌等	综合练习架	50～80	3～4×8～12
各种蹲跳	发展大腿及小腿肌群，发展弹跳力	轻杠铃、哑铃	40～50	3×15
负重提踵	发展屈足肌群力量	杠铃、负人	50～70	3×30 以上
负重蹬板凳	发展弹跳力	杠铃片	50～70	3×8～12
跪姿身体后屈再起坐	拉长腿肌、压踝关节、增强腿力	不负重		
跳深	发展弹跳力	沙衣	轻	3×10～30
负重打腿练习	发展打腿力量	沙护腿	轻	3×50 以上

3. 速度耐力（专项耐力）训练　根据短距离游泳特点，发展速度耐力可采用发展力量的手段，即以发展力量性速度耐力为主的手段进行练习。此外，专项速度耐力练习、球类、一定距离的跑步练习，也能促进速度耐力（或专项耐力）水平提高。

4. 柔韧训练　良好的柔韧性能充分发展运动员的力量速

度水平和协调性。游泳要求运动员必须具备良好的肩关节和踝关节柔韧性，对躯干柔韧性也有较高要求。发展肩关节柔韧性可采用各种伸展练习；踝关节柔韧性可采用压踝、加重力的屈伸踝关节练习和提踝屈膝练习进行训练；发展躯干柔韧性可采用各种垫上练习以及徒手练习、双人徒手练习或一些专门性柔韧练习进行训练。

二、跳跃类项目

跳跃类项目主要包括跳高、跳远、三级跳远、撑杆跳高、高台跳雪等项目。这些项目都属于单一动作结构的非周期性项目，对运动素质（特别是力量、速度素质）有很高的要求。

（一）跳高运动员的体能训练

1. 力量和弹跳力训练　急行跳高要求有强大的肌肉力量作为基础，在起跳瞬间，利用下肢肌肉的爆发式收缩，将身体跃向可能的最大高度。跳高起跳时，下肢踝、膝、髋关节同时伸直，它们的力量通过足底作用于地面，产生支撑反作用力。使踝关节蹠屈的肌群主要靠小腿三头肌、拇长屈肌、趾长屈肌和胫骨后肌；使膝关节伸直的肌肉主要靠股四头肌；使髋关节伸直的肌群主要靠臀大肌、股二头肌、半腱肌和半膜肌。为了给起跳的蹬地和摆臂动作建立巩固的支点，要求躯干上的腹直肌和腹内、外斜肌及骶棘肌有足够的力量来完成固定动作。

跳高运动员主要以发展下肢力量为主。主要练习是负重深蹲、半蹲跳、半蹲、前脚掌跳和起踵，主要发展小腿肌和足肌力量。负荷强度可分别采用大强度（80% ~100%）、中等强度（70% ~80%）和小强度（70%以下）。大强度多用于半蹲或适当的下蹲，每组 1 ~5 次；深蹲多采用中等强度，每组 6 ~8次；小强度多用于半蹲跳、前脚掌跳和提踵练习，每组 10 ~20次。另外，为了发展躯干和臂部力量，可采用高抓、高翻挺、颈后负重弓身、负重仰卧起坐和实心球、哑铃等练习。

跳跃练习对于发展腿部力量，特别是弹跳爆发力也有重要作用。可采用立定跳远、立定三级跳远和多级跳、原地纵跳、蛙跳、单脚跳、跳台阶、跳绳、跳深（从 50 ~ 90 厘米高处跳下并立即跳起）、跳起摸高和专项跳高练习等。若将负重（杠铃）深蹲、立定跳远、跳起摸高、30 米行进快跑等主要练习结合成组进行训练，效果更好（注：发展跳高运动员力量的练习动作和方法可参见表 9 – 3）。

总之，不管采用哪一种训练方法和重量，都要注意完成动作的速度，每练习一组，都要放松做，轻跳和跑，以保持肌肉紧张后的放松。

世界优秀跳高运动员倪志钦（2.29 米）的周训练计划如下：

周一：①测专项弹跳力 8 次。②万能架 ×14，最高成绩 2.30 米。③长距离助跳过杆 ×6，高度 2 米。

周二：①早操、双腿静力练习。练习方法是在自制的静力台（即下放一大磅秤），用力顶固定铁杠，测定用力大小。350 千克停 4 秒，一直到 450 千克停 4 秒（最高成绩 550 千克）。共 8 组，总重量 3 225 千克。②下午：a. 抓举：50/3 ~ 85/2（最高成绩 90 千克），共 5 组；b. 加速跑：80 米 ×5；c. 短距离助跑过杆 ×15，高度 1.95 米；d. 起跑 30 米 ×3，e. 100 米 ×2（强度大）。

周三：力量训练课，总重量 12 010 千克。①半蹲：6 组，100/5 ~ 150/5。②半蹲静力（停 6 秒）：4 组，120/3 ~ 180/3（最高成绩 210 千克）。③半蹲：5 组，160/3 ~ 200/3。④半蹲跳：70/7 ×4。⑤迈步跳（上一步起跳）：负沙衣跳 19 次 ×3，不负沙衣跳 19 次 ×2。

周四：①早操：单腿静力练习，共 9 组，总重量 2 350 千克。250千克停4秒，直到350千克停2秒（最高成绩375千克）。②下午：游泳40分钟左右。

周五：①各种跑的练习。②投实心球。③加速跑练习80米×4。

周六：比赛，跳过2.22米。

2. 速度训练　根据跳高特点，速度训练一般采用30～60米距离的方法。主要手段是高抬腿跑、后蹬跑、60米加速跑、30米起跑、30米行进间跑、60～100米反复跑。背越式跳高运动员还要多做弯道跑。

3. 柔韧性和灵敏性训练　发展柔韧性一般采用压腿、摆腿、踢腿、劈叉、“桥”、跨栏等专门练习。此外，武术和体操的一些柔韧练习也有很好作用。灵敏和协调性可通过球类、体操的一些练习来发展。

4. 耐力训练　跳高比赛一般需2～4小时，因此必须具备良好的专项耐力。专项耐力主要通过大运动量训练、长时间的反复专项练习和高质量完成训练计划等手段来实现。多参加测验和比赛也是提高专项耐力的有效手段。

（二）跳远运动员的体能训练

1. 速度力量训练　跳远运动员无论是通过助跑获得的水平速度，还是通过踏跳获得的垂直速度，都需要下肢肌肉的强大爆发力作为基础。因此，快速力量是跳远运动员必备的重要素质。发展速度力量（爆发力）可以采用降低动作难度和提高动作速度的方法，如在原地做某些模仿练习和缩短助跑距离的跳远练习等。也可以采用中等重量做负重起踵、负轻杠铃原地跳、负重弓步走以及大重量和中等重量交替的深蹲、半蹲、半蹲跳、高立抓、高翻挺举、双人对抗练习等。练习中应注意动作结构要尽量与跳远动作结构相近似，各关节的弯曲角度与跳远动作的发力相结合。

2．弹跳力训练　弹跳力是爆发性用力的一种形式。采用发展速度力量的训练和多种跳跃练习能有效地发展弹跳力。经常采用的手段有单足跳、跨步跳、换腿跳、分腿跳、蛙跳、直腿跳、跳深；跳越栏架、跳上阶梯和体操凳、助跑多级跳、助跑三级跳远、助跑跳高等。也可以徒手或负较轻重量进行练习，如扎2~4千克重的沙腰带练习跳远和做专门跳跃练习等。训练中要控制腿的弯曲角度，掌握好用力的时间和方向，以及身体各部分协调用力的配合。练习组数及次数要适当，以保证获得最佳效果（发展跳远运动员的部分力量练习动作与方法见表9－3）。

曾为跳远世界纪录的创造者比蒙（8.90米）的力量训练计划如下：

（1）赛前采用内容（每周3次）　①半蹲：90/8、112.5/8、181/8、205/8、227.5/8、250/8、272.5/8、306/8，共8组，每组8次。②蹬板凳：68/10、83.5/10、90/10、102.5/10，共4组，每组10次。③提踵：113/20×3，共3组，每组20次。④腘绳肌、股后肌群练习：50/8×3，共3组，每组8次。⑤向上跳：83.5/10×3。⑥膝屈肌练习：8/10×3。以上6个项目练习内容总重量共计30 561千克。

（2）赛季采用内容　①周一：练习架上做腿蹬出练习，45/20×3。②周二：练习内容同周一，45/20×5。③周三：内容同周一，57/20×3。总计10 620千克。

3．速度训练　速度水平与跳远成绩密切相关。例如：刘易斯跳远成绩达到8.91米时，100米成绩为9秒86。速度水平特别是快速助跑能力是取得优异成绩的重要因素。发展速度要以提高短距离快跑能力为主，并同跳远助跑技术相结合，注意步长、步频的关系和弹性跑技术。少儿训练更要重视发展速度和掌握跑的技术，训练内容应选择多样化。

发展速度的手段有各种专门跑的练习，如短距离重复跑、行进间跑和变速跑、蹲踞式起跑、上坡跑、下坡跑、弯道转直道跑、直道转上坡和下坡转平地跑等。

4. 柔韧及专项耐力训练　柔韧练习重点发展踝、膝、髋关节及躯干柔韧性。专项耐力主要通过各种专项练习来发展。

（三）三级跳远运动员的体能训练

三级跳远技术比较复杂，对身体训练水平要求很高。快速助跑和良好的弹跳力，以及强大的腿部力量和很好的协调性，是三级跳远运动员必须具备的条件。

1. 力量训练　三级跳远起跳时利用腓肠肌、比目鱼肌、股四头肌、臀大肌和屈足肌群力量，使微屈的髋、膝、踝关节伸直；但着地瞬间对支撑要求极高，它既是一个缓冲动作，又是一个起跳的准备动作，有关肌群（主要是股四头肌和小腿三头肌）要完成更艰巨的退让工作，并要立即转入克制工作，因此要求有强大的下肢肌肉力量。发展三级跳远运动员最大力量、速度力量和弹跳力的训练手段主要有：抓举、挺举、高翻、弓身、提拉杠铃（宽上拉、窄上拉）、后深蹲、半蹲、蹲跳、负重起踵、壶铃蹲跳、前后抛掷实心球（或铅球）、单脚跳、大强度的连续跨跳、多种方法的跳深练习、负重原地上跳、各种腰背肌力量练习等。力量训练应注意和专项技术练习相结合（见表9－3）。

2. 速度训练　助跑速度对三级跳远成绩有很大影响，因此速度训练极为重要。经常采用的手段有：25～40米的起跑和加速跑、30～100米的加速跑、50～150米的变速跑、60～100米的反复跑以及其他各种发展速度的专门性练习。

此外，三级跳远对柔韧性、协调性及专项耐力均有较高要求，训练中可结合有关项目练习手段，不断提高上述素质发展水平。

（四）撑杆跳高运动员的体能训练

1．力量训练　撑杆跳高助跑和踏跳的力量同跳高时肌肉工作基本相同。向杆拉引身体的悬垂力，即引臂的用力肌群是胸大肌、背阔肌、肱二头肌、喙肱肌和前臂屈肌群。引肩的肌群主要是三角肌、斜方肌和前踞肌。身体成倒立姿势过杆，向上摆腿的肌群主要是腹直肌、腹内斜肌、腹外斜肌、髂腰肌和股四头肌。上推身体的肌群主要是肱三头肌、肘肌和前臂伸肌群。总之，撑杆跳高的水平速度和垂直速度都与腿的爆发力（速度力量、弹跳力）有密切关系，并且需要较好的腹肌、髂腰肌以及腰背力量，而上肢的悬垂拉引力和推撑力量更是完成动作的必要条件。

2．力量和弹跳力训练　撑杆跳高运动员以发展相对力量为主。一般以中等重量的快速练习发展力量和动作速度、协调性等，以大重量结合中等重量发展腿部和腰背力量。具体练习手段有：①发展臂部力量：采用负重和不负重的快速引体向上，爬绳、倒立推起、手倒立行走等。②发展腰腹肌力量：多种负重或不负重的快速收腹举腿、仰卧起坐、弓身等。③发展腿部和腰背力量：负重半蹲、深蹲、坐蹲、起踵。④发展弹跳力：立定跳远、立定三级跳远、多级跳、跨跳、蛙跳、单脚跳、跳深、跳台阶、负重蹲跳、连续跳越障碍、跳起用手触高物、宽上拉、箭步抓、负重起踵、腿蹬出。⑤发展力量并改进技术：在吊绳上做连续后仰举腿、倒爬绳以及将腿放在高处，手握吊绳做拉引推起练习。

撑杆跳高特别强调快速、有力和准确的起跳，为此还应多做短、中程助跑的跳远，提高快速起跳能力。

3．速度训练　快速持杆助跑是创造优异成绩的必要条件。据统计，1940 年助跑速度为 8.8 米/秒，1960 年为 9.5 米/秒，1973 年为 9.62 米/秒，到 1990 年已超过 9.7 米/秒，而成绩则从1942年的4.77米提高到1990年的6.10米（成绩提高还与撑杆改进等因素有关）。①发展跑速的练习手段有多种短距离（30米、50米、60米、80米、100米、150米）的加速跑、行进间跑、小步跑、后蹬跑、高抬腿跑、车轮跑等。②发展持杆助跑速度的方法有30米和50米的持杆起跑及加速跑、50米负重持杆跑、持杆高抬腿跑、持杆车轮跑等。这些练习可以发展肩带和臂部力量，以及改进持杆跑技术和发展持杆跑速度。练习时要求技术准确，节奏明显，动作协调。③要把持杆助跑与插穴起跳相结合。由于插穴起跳技术复杂而重要，训练中要经常进行短程、中程和全程助跑插穴起跳练习，以提高助跑结合插穴起跳的能力。

4. 耐力、灵敏和协调性训练　一般耐力可通过各种球类练习或越野跑来发展，专项耐力可通过专项练习手段来提高。此外，各种技巧、体操练习，大量的摆体和转体摆越障碍的模仿练习和吊绳练习（如助跑起跳抓住吊绳后仰转体、拉引转体练习、手抓吊绳起跳摆体过杆练习）、单杠、吊环、双杠练习等，对发展灵敏、协调性和专项所需的一般素质都有重要意义。

三、投掷类项目

投掷类项目主要是指体能类速度力量性非周期性动作结构的标枪、铁饼、铅球等项目。这些项目对运动员的最大力量、速度力量（特别是爆发力）有很高要求。例如：前男子标枪世界纪录创造者卢西斯，抓举成绩120千克，高翻150千克，深蹲210千克；而男子铅球成绩为22米的美国选手伍兹卧推为220千克，深蹲300千克，高翻170千克，硬拉310千克；前女子铁饼世界纪录创造者麦尔尼克，卧推145千克，深蹲180千克。男子铁饼和链球运动员的力量更是大得惊人。此外，投掷类项目对运动员肌肉用力的协调性以及动作速度、柔韧性和其他运动素质要求也很高。

（一）标枪运动员的体能训练

掷标枪需要运动员具备突出的全身爆发力、快速反应和大幅度的协调用力。因此，必须具备强有力的躯干、腰、髋及上下肢肌肉的力量和速度。由于掷标枪动作是在幅度大、协调性高的情况下完成的，所以对肩、胸、腰、髋等部位柔韧性和协调性要求也很高。此外，弹跳力、速度和专项耐力的发展和培养，对促进专项成绩提高也很重要。

1. 力量训练　根据掷标枪运动的特点，力量训练除应大力发展和提高一般力量水平外，还要重点抓专项力量及专项速度训练。只有在发展一般力量（特别是最大力量、速度力量）的基础上紧密结合专项力量的训练，才能使最大力量和速度力量更为有效地转化为专项力量。

（1）一般力量训练：主要采用各种抓举、挺举、快速跳举、仰卧臂屈伸、深蹲、半蹲负重蹲跳、负重转体和屈体、颈后推举、山羊挺身、卧推、实力推、各种负重跳跃、负 20 ~ 30 千克杠铃的交叉步向沙坑推掷、手提壶铃蹬伸和做“满弓”，各种哑铃绕环练习、持铃直臂外旋练习以及其他发展力量的专门练习等。发展大肌群力量和全身力量的练习一般采用大（中）强度、多组数、少或中次数、快速度（爆发性用力）的练习方法。

（2）专项力量训练：主要采用大量投掷各种重量的器械练习。如投掷 2.5 ~ 3 千克的小铅球、1 ~ 2 千克的实心球、4 ~ 6 千克的铁球或实心球、抛掷铁棒、杠铃片、投掷超重标枪等。练习方法可采用原地投、上步投或助跑投掷。

表 9－3　跳跃类项目运动员主要力量练习动作与方法

部位	动作名称	作用	采用器械	运动量	
				强度%	组数×次数
腿部（弹跳力）	负重屈膝垫足趾半蹲提踵	发展伸膝、伸髋、屈足、屈趾肌群	杠铃、垫木	80～85	(6～8)×(3～5)
	负重并腿半蹲—慢速，深蹲—减重后站起	发展伸膝、伸髋肌群	杠铃	100～110	(6～8)×(3～5)
	负重蹬板凳	发展伸膝、屈足肌群	杠铃、沙袋	50～60	4×(8～12)
	腿蹬出	发展伸膝、屈足肌群	综合练习架	60～70	(4～6)×(5～8)
	负重跳深	发展伸膝、屈足、屈趾肌群	方跳凳、沙衣	40	(2～3)×30
	负重蹲跳	发展伸膝、展体肌群、屈足肌群	杠铃	50	4×(8～12)
	半蹲后负重跳台阶	发展弹跳力	杠铃、沙护腿	80～85	5×40
	骑人提踵	发展屈足、屈趾肌群	不采用器械、坐人	70～80	6×(10～8)
	测力台顶杠静力	发展伸膝肌群	测力台用磅秤	90～100	4×(6～12)
	负重迈步跳	发展弹跳力	沙衣	很轻	3×(15～20)
	半蹲静力（单腿或双腿）	发展大腿前肌群及股后肌群	杠铃	90～100	4×6

续表

部位	动作名称	作用	采用器械	运动量	
				强度%	组数×次数
躯干	斜板仰卧起坐	发展腹肌力量	铃片、沙条	40	(2~3)×15
	斜板收腹举腿	发展髂腰肌、腹肌力量	不用器械、对抗	40	(2~3)×15
	两头起	发展髂腰肌、腹肌力量	不负重		(2~3)×(25~30)
	宽上拉等	发展全身爆发力	杠铃、拉力带	70~80	(6~8)×(3~5)
上肢	力量推	发展上肢力量	杠铃,重哑铃	70~80	(6~8)×(3~5)
	俯卧击掌	发展上肢推撑力量	自重		
	颈后臂屈伸	发展肱三头肌力量	轻杠铃、铃片	50	(2~3)×(8~12)
	弯举	发展肱二头肌力量	轻杠铃、哑铃等	60	(2~3)×(8~12)
	负重引体向上	发展悬垂拉引力量	铃片、负重	很轻	(3~4)×(10~15)
全身	高抓	发展腿、躯干、上肢力量	杠铃	75~90	(6~8)×(3~5)
	高翻挺	发展腿、躯干、上肢力量	杠铃	75~90	(6~8)×(3~5)

为了使一般力量训练和专项力量训练相结合，通常在大力量练习后安排轻器械练习，在中小重量练习后安排重器械练习。同时使用先轻器械后重器械或先重后轻、速度快、强度大的器械练习。据专门研究指出，标枪运动员投掷轻器械效果较好，相关系数达0.87（7.26千克为0.65，5千克为0.73，2千克为0.83，1千克为0.87）。另外，力量训练每周可安排3

~5 次，特别是准备期更应重视力量训练。

2. 专项速度训练　可采用 200 克、400 克、600 克等多种重量的小石块投掷练习或投垒球练习。练习方法可以原地对网或墙投掷，上步或短距离助跑投掷。此外，短距离速度训练也应适当安排。

3. 柔韧素质训练　柔韧素质对于保证投掷技术的正确协调，加大动作幅度，提高关节灵活性以及爆发力的充分发展均具有重要作用。其主要练习手段有：背“桥”、向后弯腰、吊环上的连续翻转、肩关节动作、垫子上向前手翻、蹬伸送髋、橡皮带拉“满弓”、侧面满弓、体侧屈、单杠上悬垂摆体振胸等。

（二）铁饼运动员的体能训练

1. 力量训练　掷铁饼是在高速旋转中，使躯干、胸大肌、投掷臂做最大限度的扭转拉紧，超越器械，接着由伸髋、转髋、挺髋、挥臂、手指拨饼等一系列动作组成。掷铁饼由旋转到最后用力出手，时间极短，需要在最短时间爆发出最大力量。决定成绩的因素是出手初速度，这是由最大力量和爆发力决定的，因此铁饼运动员需要很强大的力量。其主要练习手段有：负重挺身、弓身、弯举、抓举、挺举、深蹲、半蹲、半蹲跳、弓箭步跳、高翻、仰卧飞鸟、宽握卧推、中小重量的连续快举、负重体侧屈、体回环、负重转体、负重伸屈髋练习、俯卧拉以及手持杠铃片或哑铃做各种绕环，结合最后用力的转蹬挥臂练习等。总之，力量训练强度要大（70% ~100%），速度要快，尽量高速完成。此外，各种发展专项力量的专门练习，如掷重物、超重铁饼、杠铃片（2.5 ~4 千克）、铅球（4 ~5千克）、拉力器、橡胶带和滑车装置器械等的专门练习和模仿性练习，对发展一般力量和专项力量也极为重要。

为了发展爆发力，还可采用一些不负重的跳跃练习，如立定跳远、多级跳、蛙跳、跨跳、急行跳远、纵跳等。总之，在训练中应充分发展有助于旋转投掷铁饼的那些肌肉力量。

2. 速度训练　铁饼运动员速度训练主要以各种短跑为主，特别是短距离的快频率跑、反应跑、短距离加速度跑、站立式和蹲踞式起跑等。

3. 柔韧训练　发展柔韧性的主要手段有各种肩绕环、压肩、转肩、摆腿、压腿、踢腿、腰绕环、体侧屈、转髋走等。

（三）铅球运动员的体能训练

1. 力量训练　推铅球是在高速蹬地滑步中制动，身体左侧肌肉充分拉长（以右臂为投掷臂），右侧肌肉更好地收缩，使身体像个压紧的弹簧，紧接着完成挺髋、伸膝、伸肘、拨球等一系列动作，将铅球推出。股四头肌、小腿三头肌、股二头肌、背阔肌、骶棘肌、胸大肌、三角肌、肱三头肌、肘肌、手和手指伸肌、手指屈肌等主要肌肉参与用力。

优秀运动员从滑步到球离手所用时间为 0.5～0.6 秒，滑步（至左脚落地）约占 0.3 秒，最后用力约占 0.3 秒。由此可见，铅球运动员要在最短时间内爆发最大的力量，因而要求有强大的力量和爆发力。据统计，男子铅球掷 21 米的运动员其卧推成绩均在 200 千克以上，深蹲 250 千克以上，硬拉达 300 千克，平推在 100 千克以上。

曾经培养出多名世界冠军的阚福林教练指出："铅球是速度力量项目。初速度越快，掷得越远。过去把铅球单纯作为力量项目进行训练，结果吃亏不少。"铅球运动员的力量训练应重点发展全身爆发力，以及上肢（包括手腕、手指肌力）、肩带、躯干和下肢力量，并重点采用结合专项需要的多种推、抓、挺、蹲、拉、卷腕练习，旋腕练习，指撑俯卧撑，俯卧撑击掌，抓下落铅球，抓平放杠铃片（内缘）等练习（发展铅球运动员一般力量的练习动作可参见标枪、铁饼运动员力量训练部分)。发展综合肌群、大肌群力量采用重量大(80%～100%)、组数多(8～10组)、速度快、次数少(1～5次)的练习。发展局部肌肉则采用重量小、组数中、次数较多的训练方法。

铅球运动员力量训练应全年安排,准备期一般每周3～5次,比赛期2～3次。训练中应多做挺举、平推、借力推、负重蹲跳等爆发力练习,卧推、硬拉、深蹲也要适当安排,练习后可做快跑、轻跳练习。

铅球运动员周力量训练计划示例如下:

任务:发展绝对力量和全身爆发力。每周练习4次,采用双日循环。

(1)第一次(或第三次)训练:①高翻:80/5～120/3×5(强调速度),8组。②卧推:80/5～150/2×3,8组。③深蹲:120/5～190/5×3,9组。④腕屈伸:60/12～80/12,3组。⑤单臂推大哑铃:左40/10、右45/8,共3组。⑥负重体侧屈:3组。⑦负重转体(模仿铅球蹬转动作):60/2×3。⑧轻快加速跑:40米×3。⑨上一步摸高:10×3。

(2)第二次(或第四次)训练:①高翻:80/5～140/3,8组。②半蹲:180/5～300/5×3,8组。③卧推:100/5～140/3,7组。④弓身:80/15～120/8,4组。⑤弯举:60/12～80/8,3组。⑥仰卧臂屈伸:50/10～60/10。⑦轻快加速跑:40米×3。

2. 动作速度训练　动作速度的发展主要采用专门技术练习和变换重量的掷铅球(特别是轻铅球)练习来实现。专门技术练习的重点是提高滑步和最后用力的结合及其动作速度。练习手段有:徒手连续滑步,每次滑步后结合右脚蹬地动作;持轻、重铅球连续滑步并结合右脚踏地动作;成原地投掷姿势,左脚稍向上抬起,待身体平稳后,左脚着地,右脚积极蹬地；背对投掷方向，两脚前后开立（80~90 厘米），上体稍前俯，快速拉收右腿，右脚着地立即用力蹬地。

变换铅球重量发展动作速度时，总的要求是应在不降低速度的情况下增加重量，或者是在不减少重量的情况下提高速度，总之，应把提高最后用力速度放在首位。特别在准备时期，应大量采用推轻、重和标准重量铅球的练习，并采用徒手、器械的和负重的模仿练习，以发展最后用力的动作速度和爆发力。总之，最后用力的速度训练应重点抓发力、用力的顺序及力量的结合。应使其在整个训练过程中占一定比重。

3. *其他素质练习* 铅球运动员的一般速度训练可采用多种短距离的短跑练习，另外应采用多种手段发展肌肉用力协调性。上肢、躯干、下肢特别是髋关节柔韧性训练对提高大幅度的动作速度和全身爆发力也有积极作用。此外，还应适当采用各种跳跃练习发展弹跳力和爆发性用力能力。

（四）链球运动员的体能训练

链球项目要求运动员必须有强大的力量和很快的速度，以及对抗离心和维持身体平衡的能力。因此，链球运动员的体能训练以发展最大力量、速度力量、协调和灵敏素质（主要是控制身体平衡和旋转能力）为主。

最大力量和速度力量的训练主要采用负重练习，如多种抓举、提铃上拉、高翻、推举等练习，重点发展全身大肌肉群力量和爆发力。另外，还可适当安排一些专项力量训练，如快推杠铃、用各种姿势投掷壶铃、链球、实心球，用较轻的链球进行旋转练习，轻、重和标准重量链球的变换练习，以及投掷各种器械等。

力量训练应根据不同的对象、时期加以安排。准备时期重点发展力量，力量练习可占近 1/2，并可适当安排专项力量训练和技术练习。比赛期第一阶段每周力量训练 2~3 次（以每周 8 次为例)，重点发展专项力量和专项技术，使力量与技术紧密结合。比赛时期第二阶段以技术训练为主，一般性力量训练减少，重点发展专项速度。休整时期应保持体能训练水平，每周应安排一些有利于发展力量的练习。

四、举重等项目

举重是在极短的时间内通过抓举和挺举技术爆发出最大力量的运动项目。举重运动员体能训练包括一般体能训练和专项体能训练。

（一）一般体能训练

一般体能训练的内容有：

1．弹跳力和爆发力练习　纵跳、立定跳远、多级跳、跳台阶、跳深等。

2．速度练习　30 米、50 米、100 米等的短距离冲刺跑，或其他以短跑为主要内容的游戏。

3．灵敏和协调性练习　技巧运动的翻腾练习，篮球、足球练习和其他专门练习等。

4．耐力练习　球类活动和比赛、连续跳绳、中距离越野跑。

5．柔韧性练习　举重运动对肩、肘、腕、膝、踝等关节部位的柔韧性要求较高，因此应加强这些部位的柔韧练习。其主要练习动作有：压肩、转肩、吊肩、压肘、压腕、压踝、压腿、体前后屈、劈叉、倒立等。

（二）专项体能训练

举重运动员的专项体能训练包括专项力量、专项速度、专项耐力和协调性训练。

1．专项力量　主要以发展抓举、挺举所需的上肢支撑力量、腰背力量和腿部力量为主。①发展抓举力量的辅助动作主要有：高抓、直腿抓、高翻、宽拉、宽硬拉、弓身、颈后宽借力推、卧拉、直立提肘拉、颈后宽握、引体向上、负重挺身、抓举支撑蹲等。②发展下蹲翻力量的辅助动作主要有：直腿高翻、分腿高翻、箭步翻、半高翻、膝上高翻、膝上下蹲翻、窄拉、硬窄拉、前蹲、后蹲、坐蹲、耸肩、提肘拉、下蹲翻接前蹲等。③发展上挺力量的辅助动作主要有：架上挺、颈后挺、借力推、半挺、预蹲、预蹲发力、预蹲静力、实力推、坐推等。

2. 专项速度　主要通过75% ~90%强度的抓举、挺举技术练习和半技术动作来发展专项速度。重点应加强发力阶段的速度训练，使杠铃呈加速度上升。

3. 专项耐力　主要通过专项力量训练和专项技术训练来发展专项耐力。专项耐力的发展是建立在良好的一般运动素质基础和一般耐力基础之上的。

4. 协调性　包括一般协调性和专项协调性。一般协调性通过一般身体训练和运动素质的发展来提高。专项协调性主要表现在举重时杠铃上升的节奏性和准确性上。专项协调性的提高有赖于灵敏素质的发展和对技术动作的准确掌握，并通过专项技术训练来发展。

第二节　体能主导类耐力性项群运动员体能训练

体能主导类耐力性项群主要包括中长距离项目和超长距离项目。从动作特征看，这些项目属于典型的单一动作结构的周期性项群，要求全程有最高平均速度。从生理学特征看，它们属于大、中强度的肌肉活动，供能特点是有氧供能的比例随距离的增加而递增，同时无氧供能比例递减，能量总消耗递增，其中 ATP—CP 供能所占比例甚小。因此，对运动员心血管系统机能状况、有氧耐力、力量（肌肉）耐力、速度耐力水平均有很高要求。

一、中长距离类项目

中长距离类项目主要指田径运动中的 800 米、1 500 米、3 000米、5 000 米、10 000 米跑，竞走 200 米、400 米、800 米，游泳 1 500 米，长距离速度滑雪，越野滑雪，公路自行车等。这些项目要求运动员必须具备突出的有氧耐力、力量耐力和速度耐力水平。

（一）田径中长跑运动员的体能训练

田径 800 ~ 10 000 米跑对运动员耐力水平要求很高，因此必须在身体全面发展的基础上重点发展专项体能素质，提高心血管和呼吸系统机能。由于中长跑项目较多，所以在素质方面，它们的要求有一定的差别和侧重。例如：中跑更需要速度，长跑更需要良好的耐力。中长跑都要围绕专项耐力训练，以提高无氧代谢水平和无氧代谢能力。

1. 耐力训练

（1）一般耐力训练　一般耐力（有氧耐力）是专项耐力的基础。中长跑运动员必须注重一般耐力的训练，特别是长跑运动员比中跑运动员采用的耐力练习的距离更长，时间更多。其练习方法可采用定时跑、强度较小的越野跑、爬山、球类运动、滑冰、滑雪等体力练习。

（2）专项耐力训练：专项耐力在全年不同的训练阶段都要系统安排。发展专项耐力（包括速度感、跑的节奏）一般采用距离较长的反复跑、变速跑、越野跑、检查跑等。在越野跑中把发展一般耐力、专项耐力和速度结合起来进行训练也是一种较好的方法。

2. 速度训练　速度水平是提高中长跑运动成绩的一个重要因素。马俊仁曾经指出："长跑是高速度耐力项目。"如果速度水平较低，将很难达到较高的运动水平。发展速度的练习可采用短距离的反复跑、变速跑（200 米以内或不等距离）、行进间跑、加速跑与起跑练习等。中跑运动员速度练习比重应大于长跑运动员。

3. 力量训练　其重点是发展力量耐力。可采用较长距离的跑、跳专门练习（如 200～400 米后蹬跑、跨跳），多次重复轻重量和中等重量的负重练习，上坡跑，在沙滩（沙坑）上与较深雪地上的跑、跳练习，发展腿、腰、腹、背、上肢的力量练习，循环练习等。中跑运动员还应加强速度力量和腿部肌肉力量的训练。另外，中长跑运动员还应该注意腿部、髋关节和踝关节的柔韧训练。

（二）竞走运动员的体能训练

竞走运动员体能训练的重点是发展下肢力量、耐力、腿部动作频率和柔韧性。常用练习方法有徒手体操、跳跃练习、跳绳、越野跑、变速跑、爬山、滑冰、球类活动、负重力量练习；各种专门性的力量、技术和柔韧练习。

（三）中长距离游泳运动员的体能训练

中长距离游泳运动员的体能训练与短距离游泳运动员的体能训练相比，有许多共同的特点。例如：两者都需要良好的力量耐力、速度水平和专项柔韧性。其主要区别则在于中长距离（特别是长距离）项目对运动员耐力水平要求更高。因此，中长距离游泳运动员的陆上身体训练应在全面发展一般素质的基础上，提高全身肌肉的力量耐力水平、速度耐力水平、一般柔韧性和专项柔韧性，并重点加强一般耐力和专项耐力的训练，提高其心血管呼吸系统机能。发展耐力素质可采用各种陆上的球类活动、长跑、越野跑以及发展力量耐力的专门练习和反复多次的中长距离专项游泳训练（中长距离游泳运动员身体训练的具体方法与动作可参见“短距离游泳运动员体能训练”部分）。

（四）长距离速滑、越野滑雪运动员的体能训练

长距离速滑、越野滑雪不仅要求运动员必须具备良好的耐力素质，而且对力量（特别是腿部力量）、速度耐力、平衡性、协调性、柔韧素质有很高的要求。因此，身体训练的重点是发展有氧耐力、无氧耐力、腿部力量素质（特别是力量耐力）、速度耐力、灵敏素质、柔韧性以及观察能力、平衡能力和动作的协调性。这些运动素质可通过多种多样的一般练习和长距离的专项练习来发展。

二、超长距离类项目

超长距离类项目主要指马拉松、超长距离公路自行车和铁人三项等。这些项目比赛距离长（如马拉松为42.195千米，公路自行车包括女子60～80千米个人赛，男子180千米个人赛，男子100千米团体计时赛等），比赛时间也长（一般为2～6小时）。运动员要动员全身的力量进行长时间的、艰苦而连续的肌肉活动。因此，这类项目的运动员如果没有良好的全面发展的体能水平，特别是没有突出的耐力水平和坚强的意志，是很难取得良好成绩的。

超长距离类项目运动员体能训练的重点是发展耐力素质和提高一般体能训练水平。以马拉松选手的训练为例，在准备期可采用徒手练习、各种器械练习、跳跃练习、力量练习、球类活动、滑冰、爬山、各种跑的专门练习、长时间的走跑交替练习、强度不大的匀速越野跑和变速越野跑、组合练习、循环练习等来发展一般耐力和各项运动素质。专项耐力以及跑的节奏感、速度感等可采用反复跑、变速跑、连续跑以及各种专项练习来发展和提高。

第三节 技能主导类表现性项群运动员体能训练

技能主导类表现性项群主要包括准确性类项目和难美性类项目。

一、准确性类项目

准确性类项目主要指射击、射箭、弓弩等表现高精度、准确性命中类项目。这类项目对运动员的心理素质有很高要求，并对平衡稳定能力、精细感觉能力（如位觉、触觉、本体感觉和视觉）、反应速度、动作协调性、静力性力量和专项耐力有较高要求。以射箭运动为例，为了使箭射向靶心，射箭技术必须准确而一致。在瞄准阶段，尤其是在撒放前，高水平射箭运动员肌电活动的平均值波动小，而且标准差也小，说明射箭用力准确性高而平稳，并且每次射箭时的用力状况比较一致。只有这样，才能提高射箭的命中精度。根据上述特点，体能训练可考虑从以下几方面进行：

（一）力量训练

重点发展运动员的臂力、握力和腿力。臂力和握力是完成瞄准和击发（撒放）动作的需要，腿力是长时间保持稳定的身体姿势的需要。为了保持长时间静力性肌肉工作，还必须具有良好的保持性肌肉耐力。可采用中等强度的静力性练习法、等动练习法、循环练习法和一些专门性练习来发展力量素质。

（二）速度训练

主要发展反应速度和动作速度。可采用突然发出的信号（如选择性练习、起动跑、转向跑等）进行练习，还可采用球类活动、游戏和专项技术练习来发展。

（三）耐力训练

准确性类项目主要需要保持长时间工作能力的专项耐力。可采用专项技术训练和专项身体训练来发展。一般耐力则采用走跑相结合并且强度较小的越野跑、爬山、球类活动等来发展。

（四）柔韧和灵敏素质训练

柔韧素质的训练可采用各种徒手练习来发展，灵敏素质主要采用徒手练习、器械练习、组合练习和各种游戏来发展。

二、难美性类项目

难美性项目主要指竞技体操、跳水、艺术体操、武术、花样游泳、花样滑冰、绷床、竞技健美操等项目。这些项目要求运动员比赛时在三维空间中交替进行难度极大的动力性和静力性的肌肉工作，同时要表现出具有强烈吸引力的人体美和运动美。因此，这些项目对速度力量、动作速度、专项耐力、柔韧性和灵敏素质都有很高的要求。

（一）竞技体操运动员的体能训练

竞技体操属于非周期性运动项目，运动员体能训练的目的是改善神经、心血管系统机能，提高肌肉群力量和弹性，发展速度、耐力、柔韧性和协调能力，提高平衡能力以及对方向和时间的判断能力等。练习手段多采用与专项技术结构相似的练习或专项动作来发展所需的运动素质，以加速掌握技术动作进程，增强比赛能力。

1. 力量训练　力量是体操运动员的重要素质，加强体操运动员的力量（特别是相对力量）的训练极为重要。发展力量可采用负重练习、克服自身体重的练习、专门力量练习器练习和专门的体操技术练习等。具体练习部位有上肢、躯干、下肢力量训练。

（1）上肢力量训练　上肢力量训练的重点是发展推撑力量、悬垂拉引力量、两臂直臂内收、外展和屈伸的力量。练习方法可采用俯撑、俯卧撑、俯撑击掌、双杠支撑摆动、支撑摆动臂屈伸、各种手倒立、杠铃推举练习、引体向上、爬绳、爬杆、套环带的十字支撑、俯卧压十字等。

（2）躯干力量训练　重点是发展腹肌、背部肌群力量。可采用仰卧起坐、仰卧举腿、仰卧两头起、俯卧起上体及其他专门练习。

（3）下肢力量训练　下肢力量训练的重点是发展弹跳力。练习手段有：原地连续纵跳、10～20米的单脚或双脚连续跳、立定跳远、跳绳、跳马助跑三步起跳、跳深练习、负重跳跃、负重起踵、原地团身后空翻。

2．速度训练　除跳马所需的位移速度外，竞技体操主要需要动作速度。如跳马的推手、技巧中的起跳、空翻或复合空翻动作中的翻转动作和转体动作。近年来世界体操运动发展很快，动力性与摆动类型动作越来越多，要求初速度快，腾空动作高而飘，每个动作发力快，动作之间的间歇短。因此，动作速度的训练极为重要。

（1）一般动作速度的练习　可采用最快的速度完成X次俯卧撑，用最快的速度完成引体向上；由屈臂俯撑快速推离地面在空中击掌1～3次；快时快次数的快速“两头起”；手倒立快速爬行等。

（2）快速完成转体和翻转动作速度的练习　原地跳起转体360°、540°、720°，连续快速侧手翻多次；连续快速后手翻多次；连续快速侧手翻向内转体360°接后手翻；利用弹板做团身或屈体前空翻以及加转体的动作；利用弹板做团身或直体后空翻以及加转体的动作；两臂俯撑推离跳马转体360°成俯撑等。

（3）助跑速度训练　常用手段有20～30米的加速跑、起动冲刺跑、行进间跑、上坡跑与下坡跑等。练习时应注意与专项要求结合，最后做一个跳马上板前的单足起跳动作。

3. 耐力训练　主要发展一般耐力和专项耐力。一般耐力可采用越野跑、球类活动、400～1 500米跑、循环练习、组合练习等。专项耐力的训练常常与各项技术训练结合在一起，主要采用成套练习、半套练习或一些反复多次的专门技术练习。

4. 柔韧训练　男子着重发展肩、腕、腰、髋等部位的柔韧性，女子着重发展肩、胸、髋、腰和踝等部位的柔韧性。肩胸部柔韧性主要采用压、拉、吊、转等方法；躯干柔韧性主要采用体前、后屈、甩腰、吊腰、单脚或双脚的前压软翻练习；腿部柔韧性主要采用压腿、扳腿、踢腿、控腿、劈腿等方式进行。此外，还可采用一些专门练习发展踝关节和腕关节柔韧性。

5. 灵敏素质和协调能力训练　竞技体操对灵敏素质和协调能力有很高要求。可采用以下方法提高灵敏素质和协调能力：①熟练掌握多种体操技术与技能。②经常变换各种练习和技术动作组合。③采取弹网或弹板等专门器械进行力所能及的各种翻腾和转体动作练习。④采用一些专项动作、组合练习和专门手段发展灵敏与协调能力。

（二）艺术体操运动员的体能训练

艺术体操项目对运动员的柔韧性、协调性、弹跳力、耐力、灵巧性、肌肉控制能力、对器械的控制能力、节奏感、平衡性、观察、判断、模仿和表演能力均有很高要求。体能训练除了应发展上述素质外，还要加强运动员的美感、审美能力和乐感的训练。

1. 启蒙阶段（6～8岁）训练　主要采用跑跳练习、游戏、舞蹈及艺术体操的徒手练习、腰腿基本功练习。还要学习绳和球的基本练习，发展弹跳力、耐力和灵敏性等专项素质。

2. 基础阶段（9～11岁）训练 主要采用舞蹈、技巧、腰腿基本功练习。用艺术体操的一些徒手练习来发展专项运动素质，并通过绳、球、圈、棒、带的基本动作练习，发展对器械的控制能力和节奏感。同时，仍应适当采用田径和一些游戏项目练习，发展一般运动素质。

3. 提高阶段（12～13岁）训练 此阶段仍应继续提高专项身体素质和一般体能训练水平，并可适当采用少量的一般身体练习。专项耐力、柔韧性、协调性和对器械及对自身的肌肉控制能力、节奏感等，则主要通过专项技术练习、成套练习、技巧、舞蹈和腰腿基本功练习来发展。

4. 高水平阶段（14岁以后） 体能训练的主要任务是继续保持柔韧性和提高力量、耐力及整个身体机能水平。训练内容以专项的舞蹈、技巧及腰腿基本功练习为主。

（三）武术运动员的体能训练

武术项目对运动员的体能素质有比较全面的要求。根据武术的特点和技术发展的需要，武术运动员必须注重速度、快速力量、弹跳力、柔韧性、灵敏和耐力素质的训练。武术传统的基本功和基本动作的练习，是发展武术运动员专项体能素质的重要手段。其中的腰、腿、臂、桩四功对身体主要部位的素质发展起着积极的重要作用。基本功和基本动作的练习，不仅能使身体各部位得到较全面的训练，运动素质得到较全面的发展，还能促进各关节的柔韧性和协调性的提高，肌肉控制能力和弹性增强，前庭分析器机能提高，专项素质得到较好发展，为学习和掌握器械套路、提高技术水平打下基础。与此同时，还要借鉴一些其他运动项目的内容来发展一般运动素质。例如：通过多级跳、短跑和长跑来发展下肢弹跳力、速度和耐力；通过负重力量练习来发展肌肉屈伸力量和弹跳力；通过球类运动、爬山、跳台阶来发展一般耐力、灵敏和下肢力量；通过完整的套路练习、半套以上练习和组合练习发展专项耐力和专项协调性等。

发展专项运动素质的基本功和基本动作练习主要有：

1. 肩臂练习　目的是增进肩关节柔韧性，加大肩关节活动范围，提高上肢专项运动能力。其主要练习方法有压肩、绕环、托臂等。

2. 腿部练习　主要发展腿部柔韧性、灵活性和力量。其练习方法有正压脚、侧压腿、后压腿、什步压腿、正扳腿、侧扳腿、后扳腿、劈腿、踢腿（如直摆性腿法、屈伸性腿法）、扫腿（前扫腿、后扫腿）等。

3. 腰部练习　在手法、眼法、身法、步法四个要素中，腰是反映身法技巧的关键，主要练腰方法有俯腰、甩腰、涮腰和下腰等。

4. 手型、手法练习　手型练习有拳、掌、勾；手法练习有冲拳、架拳、推拳、亮拳等。

5. 步型、步法练习　可以发展腿部力量和速度，提高两腿移动的灵活性和稳固性。步型练习方法有弓步、马步、虚步、仆步、歇步、坐盘、丁步。步法练习方法有击步、垫步、弧形步。

6. 跳跃练习　这对增强腿部力量，提高弹跳能力有良好的作用。如腾空飞脚、旋风腿、腾空摆莲等。

7. 平衡练习　对发展腰髋部力量及肌肉控制能力有积极作用。如提膝平衡、燕式平衡等。

8. 跌扑滚翻练习　对培养前庭分析器官稳定性，提高协调性、灵敏素质和速度力量有良好作用。如抢背、鲤鱼打挺、乌龙绞柱、侧空翻、旋子等。

（四）竞技健美操运动员的体能训练

竞技健美操要求运动员必须具备突出的力度感、良好的动作速度、节奏感、协调性、柔韧性及耐力水平。因此，竞技健美操对运动员的力量、速度、耐力、柔韧性和灵敏素质均有较高要求。

1．力量训练　主要是加强快速力量和力度感的训练。练习时，动作速度要快，节奏分明。可采用快速俯卧撑、立卧撑、腰腹肌练习、卧推和一些专门力量练习以及跳跃练习进行。

2．速度训练　主要是动作速度和节奏感的训练。可采用专门动作练习、分解练习、组合练习或专门练习进行。

3．耐力训练　主要通过越野跑、长跑、球类活动发展一般耐力；通过反复进行的成套练习、半套练习和组合练习发展专项耐力。

4．柔韧和协调性训练　竞技健美操对运动员肩、腹、髋及下肢柔韧性有较高要求，应采用各种专门练习来发展这些部位的柔韧性。协调性的提高则主要通过成套练习、组合练习和专项技术练习来发展。

第四节　技能主导类对抗性项群运动员体能训练

技能主导类对抗性项群主要包括隔网对抗、同场对抗、格斗对抗项目，这些项目属于多元动作结构的变异组合项目，其共同特点是要求运动员在很好地掌握技术、技能的前提下，必须具备良好的力量、速度（特别是复杂反应速度、起动力、动作速度、位移速度）、耐力和灵敏素质、协调性。因此，必须全面发展各项运动素质。

一、隔网对抗类项目

隔网对抗类项目主要指（单、双人）乒乓球、羽毛球、网球、软式网球、排球等项目。这些项目战术变化多种多样，对反应速度（特别是复杂反应速度）、动作速度、移动速度、起动力、力量、耐力、灵敏和协调性要求极高。

（一）力量训练

重点是发展上肢、躯干、腰、腹、背部和下肢力量。可采用杠铃、哑铃、实心球和其他带有一定重量的器械如垒球掷远和引体向上练习等。此外，各种跳跃练习、专项辅助练习，对发展上肢、躯干、下肢力量也有良好效果。隔网对抗类项目运动员的力量训练主要是发展速度力量，提高快速力量能力，因此，练习时不能只追求重量而忽视速度，应当在保证快速用力的基础上逐渐增加重量。

（二）速度训练

主要发展运动员的反应速度、起动速度、起跳速度、动作速度和短距离冲刺跑速度。经常采用的速度练习方法有小步跑、跨步跳、各种不同姿势的起跑、30～100米的冲刺跑、变速跑和各种发展简单和复杂反应速度的练习等。速度训练很重要的一点，是必须结合专项需要，进行专项速度训练。以排球运动员的训练为例，排球运动员所要求的速度不仅是单位时间内移动距离长，而且应具有很好的反应速度、起动速度、摆臂速度和爆发性的跳跃速度等，才能做到“眼明”“手快”“腿快”，球到人到，球变人变，技术、战术运用自如。排球运动员常用专项速度练习有：看手势或其他信号向前、后、左、右的快速移动，在6～9米区域内做折回跑或往返移动练习，以传接球的准备姿势做滑步、交叉步、跨步等快速移动练习，扑接改变传球或扣球方向、速度、力量的各种来球，快速摆臂做鞭打动作，用鞭打动作投掷轻器械（如棒垒球、小皮球等）练习等。对墙连续跳起扣反弹球练习，根据二传球快速移动起跳扣球等。此外，助跑摸高和立定跳远对发展快速弹跳力也极为有效。

（三）耐力训练

良好的耐力素质，可以使运动员在激烈的隔网对抗运动中，保持良好的竞技状态和长时间比赛能力。隔网对抗的球类项目比赛时间最少的有几十分钟，多的长达2～3个小时，因此必须加强耐力训练，提高耐力素质。

隔网对抗项目所需要的耐力素质，一般都是强度大、每次时间短而重复次数多的专项耐力、速度耐力和力量耐力（或弹跳耐力）等。其练习手段可采用各种长时间的专项练习、慢跑、越野跑、跳绳、爬山、多次数的负重练习等。例如：以前中国“羽毛球队体能一直是个问题，现在他们每个周末都爬山，这样不仅增强了体能，而且还磨炼了意志品质，在比赛中没有因为体能问题而输给别人”（李富荣，1999）。2000年在悉尼举行的第27届奥运会上，中国羽毛球队展示了良好的体能，荣获了4枚金牌。

（四）灵敏训练

灵敏是隔网对抗类项目所需的重要素质。在比赛中运动员必须根据来球路线和方向而改变位置和打法，要根据对手的动作来判断球的落点、方向、力量和速度。发展灵敏素质的方法，可采用技巧的垫上运动、活动性游戏以及各种球类活动和专项练习。

（五）柔韧训练

良好的一般和专项柔韧性，对于掌握难度大、动作复杂的技术具有重要作用。可采用各种压肩、转肩、甩腰、劈腿、压腿、踢腿以及其他专项柔韧练习来发展柔韧素质。

二、同场对抗类项目

技能类对抗性同场对抗项目主要有：篮球、足球、手球、水球、棒球、垒球、冰球、曲棍球等项目。这些项目竞技能力的构成特点是继续向全攻全守的打法发展，全面发展的运动素质与良好的形态条件和娴熟的技术水平相结合十分重要。由于同场对抗项目包括了所有的在激烈的近身攻防、对抗拼抢中进行比赛的集体项目，要求运动员在时间和空间上占据优势，争取主动，并且必须具备快速的奔跑能力，运动强度大，能量消耗大（ATP、CP 和乳酸供能占 80% 左右）。因此，对运动员的力量、速度、耐力、灵敏、柔韧等运动素质有全面的要求。

（一）篮球运动员的体能训练

篮球是一项地面和空间争夺都非常激烈的对抗性项目。在 40 分钟的比赛中，运动员必须不断地快速奔跑、摆脱、滑步、跳跃和抢断球，以及在复杂条件下完成高难度技术动作，因此，必须具备全面发展的力量、弹跳力、速度、耐力、灵敏和柔韧素质。

1. 速度训练　篮球运动主要要求运动员具有快速的起动力、反应速度和移动速度。发展速度的方法可采用各种专项速度练习，短跑运动员的各种速度练习，10～30 米的加速跑、变速跑，各种快速起动和急停练习，传接球练习等。此外，还可采用以下练习方式：3 米急停快速往返跑 10 趟（计时），快速 3 米对墙传球 1 分钟（计次数），全场快速往返运球投篮 2 次，半场 8 米三点运球上篮（计时）等。

2. 力量训练　篮球运动的攻守对抗，突出表现在身体接触中力量的抗衡（即允许未构成侵人犯规的身体接触）。力量在对抗中的地位越来越明显，力量对身体平衡的控制，对技术动作完成的稳定作用、实效性以及技术的发挥有着特殊意义。

例如：以“亚洲最高中锋”，参加第十一届亚运会的朝鲜男队2.32米的李明勋为例，由于他身体瘦长，缺乏良好的力量素质，在比赛中的合理身体接触、快速抢断球中并不具备优势。加上其他因素，朝鲜队在这届亚运会篮球比赛中未能取得突出成绩。篮球运动员的力量训练主要是发展手指、手腕力量，上肢、腰腹和下肢力量。可采用指卧撑、俯卧撑、托球、抓球（如抓铅球、篮球）、传接球练习、引体向上、双臂屈伸、倒立推、推举、悬垂举腿、仰卧起坐、抓举、挺举、弓身、半蹲、深蹲、半蹲跳、负重跨跳和两腿交换跳等。力量训练的目的主要是发展全身爆发力，因此力量训练时必须尽量加快动作速度。

3. 弹跳力训练　弹跳力的训练必须和力量、速度训练相结合，专门性弹跳练习与技术训练相结合，并促使运动员在各种突然交换的条件下都能迅速起跳，并在空中变换动作。可采用发展腰腹和下肢力量的练习、跳绳、跳台阶、助跑摸高、中长跑、三级跳、多级跳、跳深等练习。

4. 耐力训练　主要发展速度耐力。可采用中长跑、越野跑、游泳、爬山以及各种专项练习进行。

5. 灵敏和柔韧训练　发展灵敏素质可采用各种专项技术练习和辅助练习以及各种翻滚、手翻、闪躲和模仿练习，各种脚步动作的转换练习、抢断球游戏、绕过障碍的接力赛、传接各种难度的球、接地滚球以及在快跑中根据信号的起动、急停、后退跑、转身跑和改变方向跑等。

柔韧训练可采用各种压指、压腕、压肩、拉肩、转肩、体前后屈、劈叉、压腿、踢腿、双手持球成弓箭步，向前、后、左、右扔球和拿球以及一些体操和武术的柔韧性练习动作。

（二）足球运动员的体能训练

足球项目不仅要求运动员必须具备良好的奔跑能力，而且要熟练掌握急停、急跑和急停后转身急冲，这都要求高度的灵敏、协调性和速度。在全攻全守的战术打法情况下和激烈的比赛中，既存在规则允许情况下的合理冲撞，还要具备久跑不竭的能力。据统计，一名世界水平的优秀足球运动员在 90 分钟的高水平比赛中要跑动 9～12 千米，我国职业队员一场比赛跑动距离为 6 196 米，全场平均活动次数 684 次。因此，对力量、速度和耐力素质均有较高要求。

1. 力量训练　足球运动员的力量素质是在发展全身力量的基础上，重点发展腿部、上肢和腹、背力量。因此，各种负重练习和轻重量的练习，如实心球、快挺、快举、沙袋跑、各种深蹲、俯卧撑、仰卧起坐、蛙跳以及各种结合专项的力量练习，都是发展力量的有效方法。

2. 速度训练　足球运动员的速度突出表现在反应快、起动快、冲刺快、突然转身和完成动作快等方面。通过视觉信号的各种不同姿势的起跑、冲刺练习，结合各种技术动作的快速反应练习，对发展足球运动员的速度都非常重要。具体练习时可采用以下方法：各种姿势起跑的 10～20 米练习；原地快跑、顺风跑、下坡跑、全速跑、加速跑；迎面接力（均为短距离练习）；在快跑中看信号的急停、转身、跳跃、滚翻和改变方向跑；先做顶球、颠球、传球和倒地铲球，然后起跑 10～20 米；全速带球跑、变速带球跑、两人追抢球、快速上前传接球、断球、冲刺射门和运动射门等。

3. 耐力训练　足球运动员所需要的耐力是在一般耐力基础上的速度耐力，它是在紧张激烈的比赛中保持高速运动能力的重要条件。可采用变速跑、短距离反复冲刺跑、较长时间的各种专项练习等来发展。

此外，足球运动员还必须充分重视和发展灵敏素质和柔韧性。可采用各种专项技术练习和结合专项的一般练习来发展。

三、格斗对抗类项目

技能类格斗对抗类项目主要有击剑、柔道、摔跤、拳击、散打、跆拳道等项目。这些项目竞技能力的结构特点是鼓励主动进攻，绝对胜利的比例减少，相持能力（技术与体力）的作用加大，重视全面发展和突出绝招。同时，在双方激烈的格斗对抗中，必须以对手的身体为攻击目标，进攻取胜，并且还要注意保持自己身体重心的动态平衡，而迫使对方身体失去平衡。比赛中运动强度大，运动员几乎无喘息之机，运动员的中枢神经系统处于极度紧张和高度兴奋的状态。可见这类项目对运动员的运动素质要求很全面，特别是对力量、速度和灵敏素质有很高要求。因此，体能训练必须加强运动素质的全面发展，并在此基础上重点加强专项运动素质的培养。

以柔道运动员的体能训练为例，柔道项目不仅要求运动员必须具备清晰的头脑、吃苦耐劳的品质、顽强拼搏的精神和良好的心理品质，而且必须具备突出的最大力量、速度力量、反应速度、动作速度、耐力水平和良好的柔韧和灵敏性。因此，柔道运动员的体能训练必须根据专项特点，采用专项技术练习和一般练习的手段，重点加强最大力量、速度力量、反应速度、动作速度、专项耐力（柔道耐力训练的要求是以无氧耐力为主，有氧耐力为辅）和柔韧性、灵敏素质的训练，以促使体能训练取得最佳成效。

总之，探讨和研究各项目运动员的体能训练，研究同群和异群项目的共有特点和普遍规律，可以打破固有运动项目的界线，进行跨项目的规律性探索。例如：投掷项目和举重项目的力量训练有许多共同之处，而所有中长距离的走跑项目均与中长距离的游泳、自行车、划船、速度滑冰的体能训练有许多相似之处。这对于提高体能训练的质量效益，促进专项运动成绩与水平的提高均具有重要意义。

思考题

1. 短跑运动员的体能训练有何特点?
2. 短距离游泳运动员的体能训练应注意哪些问题?
3. 跳高运动员的体能训练应注意哪些问题?
4. 技能主导类表现性项群运动员体能训练有哪些基本要求?
5. 技能主导类对抗性项群运动员体能训练有哪些基本要求?

第十章　运动素质的转移

人体是一个有机整体，是一个完整系统。因此，运动员的一般运动素质和专项运动素质是密切相关的，各种运动素质更是相互影响、互相依赖的。在发展这些运动素质的过程中，存在着大量的转移现象。运动素质的转移就是指发展某一运动素质时，可对与其同类的素质或其他素质的发展产生影响。掌握运动素质转移的基本理论和内在规律，可以取得事半功倍的训练效果。

关于运动素质的转移，费洛列斯库、扎图奥尔斯基、博姆帕、延烽、董国珍等人都进行过研究。下面结合体能训练的具体情况及国内外有关研究成果，从运动素质转移的机制、类型、关系三方面进行论述。

第一节　运动素质转移的机制

在运动实践中可以发现，很少有一种练习是只要求一种运动能力的，往往是两种运动素质同时发挥作用。例如：田径运动中的跳跃和投掷项目、排球运动中的扣球动作等，既需要力量，同时又需要速度，这种能力的组合就是爆发力或速度力量，而当耐力与力量结合在一起时，便产生了力量耐力（如游泳、皮划艇、摔跤等项目）；耐力与速度的结合构成速度耐力；速度与协调性的结合则表现为高度的灵敏性；当灵敏与柔韧结合在一起时，则被称为灵活性（博姆帕，1990），即一种能够在大幅度运动中（如跳水、自由体操、空手道、摔跤等）快速、准确、协调地完成动作的能力。博姆帕（1990）对各种生物运动能力间的相关情况（即运动素质的转移）进行了研究，其结果如图 10－1 所示。

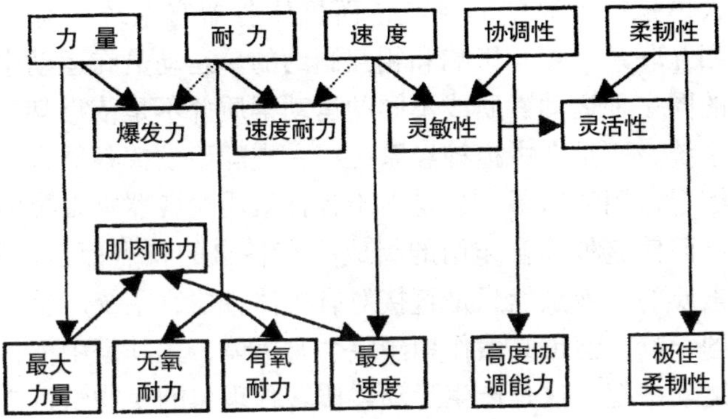

图 10－1　各种生物运动能力间的关系（博姆帕，1990）

运动素质的转移主要是由有机体的整体性、动作结构的相似性、能量供应来源的同一性决定的（各项运动素质的转移及其关系如图 10－2）。促使运动素质转移的内在机制是生理生化基础。如果两种素质发展的生理、生化基础相同，则会产生良好转移；反之，就不会产生转移，或产生不良转移。

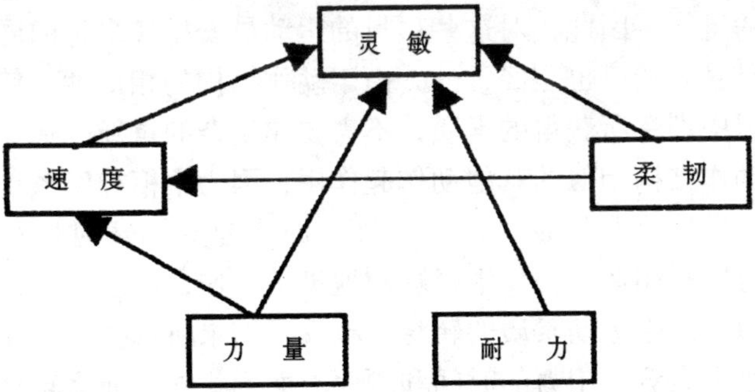

图 10－2　运动素质转移及其关系

一、有机体的整体性

人体是一个完整的系统，而机体各器官系统又是相互协同、相互联系、相互影响和相互制约的。运动员在运动中表现出来的同一种运动素质或不同的运动素质并不是依靠某一个器官和系统，而是在中枢神经系统统一支配下发挥各器官系统机能的综合作用的结果，只是由于各种素质对各器官系统的要求不同，而使这种综合作用的组成具有各自的特点而已。同时，各种素质的发展虽然只是直接对有机体各器官系统产生着深度不一的影响，但也必然作用于整个有机体，尤其是中枢神经系统的运动中枢。这是产生运动素质转移现象的生物学机制。

二、动作结构的相似性

体育运动是借助于动作来实现的，而动作和动作之间有着密切联系。不同运动动作的结构及肌肉工作特征的相似程度越大，则转移的可能性越大。例如：投掷类项目中，有些项目的最后用力动作，从其发力顺序、用力时间，到最后出手的用力方向都互有相似之处，这就使力量素质在这些动作中有了互相转移的可能。因此，对这些项目的运动员安排较多种的同一类练习是必要的，也是经常的。由于动作结构的相似性，使在某一练习中训练所获得的素质，不需要作复杂的重新改造，就可以对动作结构相似的其他动作起作用，因为中枢神经系统无论是在运动器官和植物性机能方面，原来建立的暂时性神经联系，可以在相似的动作中很顺利地进行工作，所以，动作结构的相似会产生运动素质的转移。相反，如果所选择的动作在身体的用力姿势、用力的时间和顺序方面不相同，那么转移的程度和效果就会受到很大影响。例如：20 世纪 60 年代，前苏联链球运动员在全年训练安排中采用了大量的力量练习，大幅度地提高了运动员的绝对力量，然而由于所选练习与掷链球时的用力顺序和姿势不相一致，成绩却没有得到明显的提高（延烽，1986），这就是一个典型的例子。另外，在同类转移中，速度素质转移的效果较小。因为在运动实践中，要从各种速度的练习中找出动作结构相似的练习并不多见，如跑的速度与体操的动作速度就不相似。

三、能量供应来源的同一性

在同类转移中，由于能量供应的来源基本相同，所以运动素质的转移较容易发生。例如：有氧耐力的转移，由于有氧耐力是各种其他耐力的基础，有氧耐力训练水平决定了有机体心血管和呼吸系统的机能状况，它主要依靠机体内糖原的氧化，这在各种运动活动中都是需要的，因而可产生广泛的转移。再如，速度性练习、速度力量性练习与力量练习，均以非乳酸和糖酵解供能为主，所以一旦有了其他条件（如动作结构相似时），亦可以有较大的转移现象发生。

上述产生运动素质转移的三个原因互相联系，共同作用于训练实践。对一种运动素质的转移来说，往往在某一种原因起主要作用的同时，也受着其他原因的影响。

第二节　运动素质转移的类型

一、直接转移和间接转移

从运动素质在训练过程中转移的方式来看，运动素质的转移可以分为直接转移和间接转移。

直接转移：是指一种运动素质的发展直接引起另一种素质的改变，或在同一种素质中产生直接的变化。例如：腿部伸肌动力性力量水平的提高，会立刻促进跑速或者跳跃的速率得到有效的提高。直接转移原理对提高运动训练质量起着重要的作用。强调运动员在专项体能训练之前，必须进行一般体能训练的目的就在于利用这个原理，为专项运动素质的提高创造前提条件。在运动训练中，处理一般身体训练与专项身体训练所选用的手段、负荷等，在一定程度上也是受直接转移规律所支配的。

间接转移：是指一种运动素质的发展，不能直接引起另一些素质的发展，只是为它们创造了变化的先决条件，或对同一种素质的发展起间接的作用。例如：用静力方式发展的腿部力量，虽然不可能直接导致跑速的提高，但由于静力性力量的训练改变了肌肉的形态结构，而且能较迅速地提高肌肉的最大力量，因而可以逐步转化为动力性力量，进而导致跑速的增长。与直接转移相比，间接转移需经较长的时间才能取得明显的效果。

二、同类转移和异类转移

从运动素质之间的关系看，转移可以分为同类转移和异类转移。

同类转移：是指同一类运动素质向不同运动项目或不同动作上的转移。如进行举重项目的力量练习，可以使田径中的投掷、跳跃等项目所需要的力量水平得到发展。力量素质的同类转移主要是由身体的用力部位决定的，其次是由用力时间决定的。因为耐力素质的发展基础是呼吸系统和血液循环系统，这些器官、系统的功能又对许多运动项目十分重要，因此耐力素质的同类转移是大量的（如现代五项运动员有氧耐力水平在越野跑和游泳项目中的转移等）。速度素质的同类转移，主要是由神经系统协调机制相类似的程度所决定的，它的同类转移并不多见。

异类转移：是指存在于各种运动素质之间的不同运动素质的转移。例如：力量和耐力素质之间的转移，耐力和速度素质之间的转移，力量和速度素质之间的转移。其中，尤以力量素质的提高促使速度素质的提高最为常见。一般来说，异类转移的效果并不大，只是在训练有素的高级运动员身上才表现较为明显。

三、良好转移和不良转移

从运动素质转移产生的效果看，运动素质的转移可分为良好转移（积极转移）和不良转移（消极转移）。

良好转移：是指当一种运动素质得到发展时，可促进另一种素质的提高；或在同一种素质中，从一种表现形式的发展转移为使另一种形式也得到良好的发展。例如：运动员最大速度的提高可促进速度耐力的发展；动力性力量的提高可以促进速度素质和灵敏素质的发展等。

不良转移：是指一种运动素质的发展对另一种素质的发展产生有害的不利影响；或在同一种运动素质中，某一种表现形式的发展妨碍了另一种表现形式的提高。例如：在田径十项全能的训练中，为了提高速度力量性项目的成绩而培养力量素质时，则往往会导致 1 500 米跑的耐力下降。又如：当运动员采用肌肉内部阻滞力进行静力性力量练习时，从肌肉外部可看到肌肉鼓突。同时由于对抗肌也参与这类练习，这就往往使肌肉的弹性变差，转换工作能力降低，因此使这部分肌肉在参与动力性力量的工作时的协调性下降，导致不良的后果。不良转移是提高运动成绩的一种潜在威胁。

四、可逆转移与不可逆转移

从运动素质转移产生效果的可能性看，运动素质转移又分为可逆转移和不可逆转移。

所谓可逆转移，即指发生转移的双方相互之间可以产生转移的效果，任何一方的发展都可使对方产生变化。

所谓不可逆转移，则指单方面的影响和作用。

例如：力量和速度之间的转移是可逆的；在速度素质的发展中，动作速度的提高可以提高反应速度，而反应速度提高却无论如何都不可能使动作速度得到提高，它们之间就不存在可逆现象。

上述运动素质转移中的直接和间接转移，可以是同类的，也可以是异类的。在同类和异类转移中也可能有良好的和不良的转移。在良好的和不良的转移中也有可逆和不可逆的转移。

第三节　运动素质转移的关系

运动素质的转移是进行体能训练所应注意的重要现象。正是由于这种转移现象的存在，才使得我们可以按照运动素质的内部联系选取最有效的手段，同时发展多种运动素质。在体能训练的安排中要尽可能防止不良转移的发生，尽可能地促使运动素质的转移通过不同的练习产生最好的效果。因此，必须注意以下关系：

一、转移效果与负荷的关系

任何事物的发展都要经过量变到质变的过程，运动素质的转移也不例外。要使运动素质的积极转移得以发生和获得良好的效果，就必须通过一定数量的练习，使某一种素质得到较好的发展，才可能由此向另一方转移。总的来说，运动素质的转移在一定限度内与练习的负荷成正比，练习的负荷量越大，转移的效果也就越明显。反之，转移的可能性和转移的效果就小。

二、发展素质与产生后果的关系

良好转移是身体训练中孜孜以求的重要目标。因此，在发展某种运动素质时，应该考虑多安排一些能够产生良好转移的练习，利用这些练习产生的良好转移效果来促进运动素质尽快地提高。如果在练习中预见到某种练习将产生不良转移时，就必须认真考虑安排的时机、次数和采用适宜的其他练习手段与方法来弥补其不足。

三、训练水平与转移程度的关系

随着运动员训练年限的增长、训练水平的提高，运动员有机体生物学改造渐趋完善，其有机体的可塑性相应降低，这样对练习产生的反应也就更有选择性。因此，教练员就更应精心选择练习，对原来能产生广泛、良好的转移效果的练习进行筛选，选出确实能产生良好转移效果的练习。对这类运动员来说，哪怕是能产生较小良好效果的练习，都是难能可贵的。对他们来说，运动成绩的进一步提高，往往需要依靠这些较小效果的积累、综合才能达到。运动训练的实践已证明了这些观点。例如：在运动员刚开始进行专项训练时，练习一般耐力就能促使力量和速度提高。在高水平运动员身上往往就会看到，运动员在力量练习后，耐力反而会有所降低。此外，运动员刚开始进入专项训练时，力量的发展会促进速度的提高，但是对高水平运动员进行一般力量训练，就很难促进速度提高。此时，良好转移变得更有选择性，因此在训练中对练习手段必须加以精心选择，并采用更为有效的方法。

四、间接转移与产生效果的关系

运动素质转移效果有些会很快地表现出来，有些则需要较长时间才能表现出来。间接转移的效果在短期内往往难以充分表现出来，而常常需要一个相当长时间的转化过程。要提高运动员的体能训练水平，必须充分利用一切可以利用的因素。对于确能产生间接转移效果的练习，也应给予合理的安排。对于高水平运动员来说更应如此。

五、不同训练时期与利用转移效果的关系

由于直接转移的效果明显，而且见效快，因此在竞赛期可广泛地利用，这样可以使练习产生的效果直接转移到专项所需要的方向上去。间接转移需要一定的时间，这种转移一般可在各个大周期的准备期第一阶段或比赛期开始阶段内采用，使之形成竞技状态，在进入竞赛期后发挥转移的效果。

思考题

1. 简述运动素质转移的机制。
2. 举例说明直接转移与间接转移。
3. 举例说明良好转移与不良转移。
4. 简要说明运动素质转移的关系。

主要参考文献

［1］唐思宗，杨世勇．身体训练学［M］．成都：成都科技大学出版社，1992．

［2］体育院校通用教材．运动训练学［M］．北京：人民体育出版社，2000．

［3］体育院校函授教材．运动训练学［M］．北京：人民体育出版社，1999．

［4］过家兴，等．运动训练学［M］．北京：北京体育学院出版社，1986．

［5］田麦久，武福全，等．运动训练科学化探索［M］．北京：人民体育出版社，1988．

［6］谢亚龙，王汝英，等．中国优势竞技项目制胜规律［M］．北京：人民体育出版社，1992．

［7］杨世勇，等．身体训练［M］．成都：成都体育学院，1985．

［8］杨世勇，刘青，徐明．跆拳道［M］．成都：四川科学技术出版社，2001．

［9］钱光鉴，杨世勇．中国举重运动史［M］．武汉：武汉出版社，1996．

［10］钱光鉴，杨世勇．亚洲举重史［M］．北京：人民体育出版社，1996．

［11］钱光鉴，杨世勇．举重手册［M］．北京：人民体育出版社，1996．

［12］杨世勇，等．功房器械健美入门［M］．成都：四川科学技术出版社，1998．

［13］周西宽，吴亚初，杨世勇，等．教练员学［M］．成都：四川教育出版社，1994．

［14］余学岭，杨世勇，等．100 位体育世界冠军［M］．北京：中国青年出版社，1995．

［15］杨世勇．体育科研方法论［M］．成都：成都科技大学出版社，1989.

［16］杨世勇．中国举重史［M］．成都：成都体育学院，1987.

［17］唐思宗，张富洪，杨世勇，等．健美与健美操［M］．成都：成都体育学院，1991.

［18］A·W·S·沃森（英国）．身体素质与运动成绩［M］．武维一，译．北京：人民体育出版社，1999.

［19］王宝成．力量训练与运动机能强化指导［M］．西安：陕西人民教育出版社，1993.

［20］宗华敬，等．身体训练手册［M］．天津：南开大学出版社，1989.

［21］田麦久，延烽．训练学专题选讲［M］．江苏体科所，1983.

［22］葛欧瑟（原联邦德国）．运动训练学［M］．北京：北京体育学院教务处，1983.

［23］图多·博姆帕．运动训练理论与方法［M］．马铁，等，译．北京：人民体育出版社，1990.

［24］教练员专修科身体训练法讲义［M］．天津：天津体育学院，1984.

［25］哈雷（原民主德国）．训练学［M］．蔡俊伍，等，译．北京：人民体育出版社，1986.

［26］罗伯德．V．霍克（美国）．身体素质［M］．武汉体院研究生部，译．武汉体育学院，1985.

［27］古列维奇（原苏联）．发展身体素质的循环训练［M］．陈庆树，等，译．北京：人民体育出版社，1989.

［28］马特维耶夫，霍缅科夫，等．体育理论与方法．莫斯科：莫斯科体育与运动出版社，1980.

［29］普拉托诺夫（原苏联）．运动训练的理论和方法［M］．陆绍中，等，译．武汉体育学院，1984.

［30］Zatzyorski，V. M. Athlete’s Physical Abilities［M］. Moskow: Physkultura Sport，1968.

［31］Ozolin，N. G. Sytemac Trenirovky. Systems of Training［M］.

Moskow: Physkultura Sport, 1964.

[32] Ozolin, N. G. Athlete ' s Tranining System for Competition [M]. Moskow: Physkultura Sport, 1971.

[33] Bucher, C. A. Foundation of Physical Education [M], Saint Louis: The C · A · Mosby Co, 1972.

[34] Bompa, T. Theory and Methodology of Training [M]. Toronto: York University, 1975.

[35] Berger, R. A. Effects of Varied Weight Training Programs on Strength [J]. Research Quarterly, 1962, 33: 168.

[36] 周西宽，唐思宗，等. 运动学 [M]. 成都: 四川教育出版社，1990.

[37] 体育系通用教材. 体育理论 [M]. 北京: 人民体育出版社，1987.

[38] 体育运动学校教材. 体育理论 [M]. 北京: 人民体育出版社，1984.

[39] 高等学校试用教材. 体育理论 [M]. 北京: 高等教育出版社，1986.

[40] 原苏联大专院校体育理论课教科书 [M]. 陈庆树，等，译. 北京: 教育科学出版社，1989.

[41] 福克斯（美国）. 实用运动生理 [M]. 北京: 人民体育出版社，1984.

[42] 雅科甫列夫（原苏联）. 运动生物化学 [M]. 北京: 人民体育出版社，1982.

[43] 体育系通用教材. 运动生物化学 [M]. 北京: 人民体育出版社，1982.

[44] 体育系通用教材. 运动生理学 [M]. 北京: 人民体育出版社，1983.

[45] 奥斯特朗（瑞典），罗道尔（挪威）. 运动生理学 [M]. 杨锡让，等，译. 北京: 人民体育出版社，1984.

[46] 菲利普 · J · 拉希，洛奇 · K · 柏克（美国）. 运动学和应用解剖学 [M]. 胡勣，等，译. 北京: 人民体育出版社，1985.

[47] 运动生理学参考资料 [M]. 北京体育学院，1985.

[48] 高原训练研讨会论文汇编 [C]. 国家体委科教司，1989.

[49] 纳巴特尼科娃（前苏联）. 少年运动员训练控制原理 [M]. 刘治贤，等，译. 江苏省体育科学学会，1984.

[50] 体育运动学校试用教材. 活动性游戏 [M]. 北京：人民体育出版社，1990.

[51] 广东省普通高校体育基本理论编写组编. 体育基本理论 [M]. 广州：广东高等教育出版社，1986.

[52] 刘建和，李建中，等. 运动训练学 [M]. 成都：成都体育学院，1987.

[53] 苏舫，张泊生，等. 运动训练实用手册 [M]. 石家庄：河北科学技术出版社，1991.

[54] 体育学院通用教材. 体育概论 [M]. 北京：人民体育出版社，1989.

[55] 王富轩，沙峰，等. 体育运动指导 [M]. 山东：山东体育科技增刊，1987.

[56] 沃尔科夫，费林（前苏联）. 运动选材 [M]. 郭延栋，译. 江苏省体育科学学会，1987.

[57] 邢文华，等. 身体测量与评价 [M]. 北京：北京体育学院出版社，1986.

[58] 莫·帕·卡洛金（前苏联），等. 田径教科书 [M]. 莫斯科：莫斯科体育与运动出版社，1985.

[59] 郭延栋. 竞技举重运动 [M]. 北京：人民体育出版社，1990.

[60] 多勃雷夫（保加利亚）. 举重运动员的力量、战术和意志训练 [J]. 郭金荣，译. 中国体育科技，1984，(24).

[61] 文思，杰龙达（美国），等. 男女健美精粹 [M]. 北京：人民体育出版社，1987.

[62] 运动员科学选材讲义 [M]. 国家体委群体司、科教司，1984.

[63] 田麦久，等. 项群训练理论及其应用 [J]. 体育科学，1990，

(6).

[64] 李岳生. 静力练习法发展肌肉力量的生物学基础与实践运用[J]. 中国体育科学，1981，(1).

[65] 约翰逊，等. 肌肉向心训练和离心训练的比较 [J]. 运动医学（英文版），1976，(8).

[66] 陈冠湖. 论举重运动员的身体训练 [J]. 中国体育科技，1983，(9).

[67] 田麦久. 论竞技运动项目的分类 [J]. 体育科学，1984，(1).

[68] 库兹涅佐娃. 发展中小学生运动素质的敏感期 [J]. （前苏联）学校体育，1975，(1).

[69] 体育院系通用教材. 田径·游泳·武术·体操·举重·乒乓球·排球·足球·篮球·体育测量评价·艺术体操·运动生理学·运动生物化学 [M]. 北京：人民体育出版社，1981～2000.

[70] 布茹克司，法哈（美国）. 运动生理学 [M]. 杨锡让，等，译. 北京：北京体育学院出版社，1988.

[71] 国家体委科教司. 优秀青少年运动员科学选材论文汇编 [C]. 1983.

[72] 许仲槐，等. 体育原理讲义 [M]. 广州：科学普及出版社广州分社，1985.

[73] 陈彦龙. 自行车运动 [M]. 太原：山西人民出版社，1984.

[74] 迈克，布朗特（美国）. 铁人三项赛 [M]. 王力伟，译. 北京：中国广播电视出版社，1990.

[75] 谢燕群. 运动员选材学 [M]. 成都：四川教育出版社，1990.

[76] Bill Foran. 高水平竞技体能训练 [M]. 袁守龙，等，译. 北京：北京体育大学出版社，2006.

[77] 王保成，杨汉雄. 竞技体育力量训练 [M]. 北京：人民体育出版社，2001.

[78] 王向宏. 体能训练理论与方法 [M]. 北京：北京航空航天大学出版社，2010.

［79］帕沃. V. 科米（芬兰）. 体育运动中的力量与快速力量［M］. 北京：人民体育出版社，2004.

［80］万德光，万猛. 现代力量训练［M］. 北京：人民体育出版社，2003.

［81］钱光鉴，杨世勇. 举重经典［M］. 济南：山东电子音像出版社，2008.

［82］杨世勇. 体育科研方法概论［M］. 北京：人民体育出版社，2006.

［83］杨世勇，张婕. 力拔山兮重竞技［M］. 上海：世界图书出版公司，2010.

［84］国家体育总局干部培训中心. 高水平竞技运动体能训练研究［M］. 北京：北京体育大学出版社，2009.